JOHANNES BRAHMS

Hansjürgen Schaefer

JOHANNES BRAHMS

Ein Führer durch Leben und Werk

Henschel Verlag
Berlin 1997

Die Deutsche Bibliothek - CIP-Einheitsaufnahme
Schaefer, Hansjürgen:
Johannes Brahms: ein Führer durch Leben und Werk /
Hansjürgen Schaefer. – Berlin: Henschel, 1997
ISBN 3-89487-268-3

© by Henschel Verlag Berlin
1. Auflage
Umschlaggestaltung: Morian & Bayer-Eynck, Coesfeld
Titelbild: Johannes Brahms, Portrait v. Mille zu Aichenholz,
Karikatur v. Otto Boehler; AKG photo Berlin
Lektorat: Jürgen Spiegel, Berlin
Gestaltung und Satz: AS Satz & Grafik, Berlin
Druck: Wiener Verlag, Himberg
Printed in Austria

ISBN 3-89487-268-3

INHALT

5

VORBEMERKUNGEN

In ihren »Erinnerungen an Gustav Mahler« beschwört Alma Mahler eine merkwürdige Begebenheit:»Brahms und Mahler standen einst im Sommer in der Nähe von Ischl während eines Spazierganges schweigend auf einer Brücke, unter der ein Wildbach schäumte. Lange standen sie, nachdem sie zuvor erregt über die Zukunft der Musik debattiert hatten, wobei Brahms ergrimmt über die mitlebenden jüngeren Kollegen raisonniert hatte. Jetzt schauten sie fasziniert dem Brechen der Wellen über die Steine zu, endlich hob Mahler sein Gesicht und zeigte auf die ewig weiter springenden Wellen unter der Brücke und sagte lächelnd: ›Welche ist die letzte?‹«

Brahms, der um siebenundzwanzig Jahre Ältere, der unter den jüngeren komponierenden Zeitgenossen eigentlich nur dem Böhmen Antonín Dvořák echte Sympathie entgegenbrachte, war in den letzten Jahren seines Lebens Mahler ein wenig nähergekommen. Er schätzte ihn seit einer Aufführung des Mozartschen »Don Giovanni« in Budapest als Dirigenten besonders hoch. Bereits todkrank, hatte er sich für die Berufung Mahlers zum Hofkapellmeister der Wiener Oper eingesetzt. Besonders sorgte er dafür, daß sein Freund und unermüdlicher Propagandist Eduard Hanslick, den Verdi den »Bismarck der Musikkritiker« genannt hat, alles für Mahlers Berufung an die Oper der Donau-Metropole tat. So wurde denn auch am 8. April 1897 Mahlers Ernennung bekanntgegeben, doch als er am 11. Mai mit Wagners »Lohengrin« debütierte, da war Brahms schon seit ein paar Wochen tot. Brahms, den die Wiener respekt- und liebevoll den »Igel« nannten, hatte zwar 1881 als Jury-Mitglied noch dagegen gestimmt, daß Mahlers Kantate »Das klagende Lied« den Wiener Beethoven-Preis erhielt, aber das verhinderte nicht das Interesse beider aneinander. Mahler verbrachte von 1893 bis 1896 die Sommerferien in Steinbach am Attersee in seinem einsamen »Komponierhäuschen«. Das kleine Dorf im Salzkammergut lag in der Nähe von Bad Ischl, wo sich Brahms zu jener Zeit zur Sommerfrische aufhielt. Und Mahler, der in Steinbach damals seine zweite und dritte Sinfonie komponierte, besuchte nun von dort aus Brahms mehrere Sommer lang.

So spricht vieles für die Richtigkeit der Erinnerung von Mahlers späterer Gattin an jene Episode auf der Brücke über dem Wildbach.

Aus ihr wird die tiefe Resignation des Älteren beim Nachsinnen über die

Zukunft seiner Musik, der Kunst am Ende des 19. Jahrhunderts überhaupt, deutlich. Der Norddeutsche aus bescheidensten Verhältnissen fühlte sich in jungen Jahren dem allgemeinen Streben nach demokratischer Freiheit und Menschenwürde, nach nationaler Einigung seines Vaterlandes verpflichtet, und war künstlerisch wie gesellschaftlich stets ein verantwortungsbewußt Denkender und Handelnder. Der Volksliedton in seiner Musik wurde zum Ausdruck innigsten menschlichen Fühlens und Denkens, zum Ausdruck reiner Humanität, die er in der sprunghaften kapitalistischen Entwicklung der Welt zunehmend verlorengehen sehen mußte. So sind seine zahlreichen Volksliedbearbeitungen in späteren Jahren zu verstehen, die volksliednahe Melodik in seinen Liedern und in den langsamen Sätzen seiner Sinfonien und Kammermusikwerke. Bereits im kraftvollen rhythmischen wie harmonischen Elan der Jugendwerke spiegelt sich das Feuer einer kämpferischen Persönlichkeit, die im Bewußtsein des musikalisch wie inhaltlich verpflichtenden Erbes der Klassiker antrat, um in einer sich rasch und fieberhaft wandelnden Welt auf neue Weise demokratisch-humanen Idealen in der Sprache der Tonkunst Ausdruck zu verleihen. All dies spürte Robert Schumann, als er den jungen Künstler 1853 näher kennenlernte. Er sah in ihm einen »Davidsbündler«, einen, der seines Geistes war.

Die politische und ökonomische Entwicklung in Deutschland und Österreich, von den fünfziger zu den siebziger und achtziger Jahren des vorigen Jahrhunderts, führte für den romantischen Davidsbündler zunehmend zur Desillusionierung. Auch die deutsche Reichseinigung von 1871, von derem patriotischen Elan etwas in den ersten sinfonischen Werken widerklingt, wirkte am Ende auf Brahms bei aller Bismarck-Verehrung enttäuschend. Er sah in der Hektik der »Gründerjahre« sehr deutlich die menschlichen Werte zunehmend verkommen. So entstanden die letzten, einsamen und herben »Monologe« des Musikers, der als Komponist neben der Reisehektik seiner Pianisten- und Dirigententätigkeit ein sehr ruhiges, fast biederes Leben geführt hat. Er wurde vermögend, erlebte Erfolg – und wirkte zunehmend unglücklich. Die persönlichen Krisen, menschliches Erleben und schöpferischer Zwang, eines das andere bedingend, haben den Künstler Brahms geprägt. Der Leidenschaft und Liebe gab er sich hin, und hat sich ihnen am Ende stets wieder entzogen. Er blieb einsam. Dafür haben gute Freundschaften ein Leben lang gehalten. Er suchte Verantwortung und Anstellung, war aber zugleich immer auf der Flucht vor solchen Bindungen, die sein musikalisches Schöpfertum hätten beengen können. Er war von seltener Hilfsbereitschaft, nicht nur in Gelddingen. Er war ein Familienmensch, der Eltern und Geschwistern aufs engste verbunden blieb, und war kinderlieb.

10

Brahms war in allen schöpferischen Fragen sehr zurückhaltend und hat es schon den Zeitgenossen, aber auch uns heute mit dem Zugang zu Aussage und Gehalt seiner Musik nicht einfach gemacht, den wir eben nicht anders als über die Musik selbst finden können. Es gibt kaum erklärende Bemerkungen von Brahms zu den eigenen Arbeiten. Programme oder Titel fehlen. Georg Knepler hat dazu das wesentliche gesagt: »Brahms haßte das ungebändigte, maßlose Überströmen der Leidenschaften – einer der Gründe, aus denen er Wagner nur mit Vorbehalt gelten ließ. Ihm ging es um Emotionen, die vom Verstand gezügelt, gelenkt sind, um eine seelische Haltung, die sich, technisch gesehen, in Formenstrenge widerspiegelt. Aber von einer Unterdrückung, einer Verschweigung des tief bewegten und bewegenden Gefühlsinhaltes kann keine Rede sein.« 1869, in der Zeit des Ringens um seine 1. Sinfonie, hat Brahms in einem Brief dazu wichtiges bemerkt: *Bei einem Thema zu Variationen bedeutet mir eigentlich, fast, beinahe nur der Baß etwas. Aber dieser ist mir heilig; er ist der feste Grund, auf dem ich meine Geschichten baue. Was ich mit der Melodie mache, ist nur Spielerei oder – geistreiche Spielerei. – Variiere ich die Melodie, so kann ich nicht leicht mehr als geistreich oder anmutig sein oder, zwar stimmungsvoll, einen schönen Gedanken vertiefen. Über dem gegebenen Baß erfinde ich wirklich neu, ich erfinde ihm neue Melodien, ich schaffe...* Mit der Formulierung vom »Geschichtenbauen« wird ein wichtiges Stichwort gegeben. Es findet sich bei Brahms ein zu jener Zeit einmaliger Sinnzusammenhang zwischen der Arbeit mit dem musikalischen »Material« und dem musikalischen »Erzählen«, das auf den Einsatz von Musik als spezifischer Form künstlerischer Wirklichkeitsaneignung und -gestaltung hinweist. Die »Geschichten«, um die es in der Musik von Johannes Brahms geht, sind in jedem Fall mehr als »tönend bewegte Form« (Hanslick). In vielen Fällen, zum Beispiel in zahlreichen Liedern, dem 1. Klavierkonzert und im Deutschen Requiem, lassen sich der biographische Ausgangspunkt, also auslösende persönliche Erlebnisse erkennen. Aber: »Alles dieses und manch andere Probleme und Schmerzen, so wichtig sie für das Leben des Menschen und des Künstlers waren, erklären uns die Musik des großen Komponisten nicht. Aus ihr klingen uns Weltprobleme, Menschheitsprobleme entgegen. Die persönlichen Konflikte spielten in der künstlerischen Entwicklung Brahms' (wie jedes großen Künstlers) gleichsam die Rolle eines Katalysators: Sie machten ihn empfänglich für die großen Probleme, sie schärften seine Sinne, öffneten sein Herz.« (Georg Knepler)

Aus den revolutionären Idealen der 48er Jahre wuchs ihm die Begeisterung für ein »einig Vaterland«, das er in der Bismarckschen Reichseinigung 1871 zunächst freudig begrüßte und auch musikalisch feierte. Zugleich aber blieben dem sensiblen Künstler die Schattenseiten der kapitalistischen Entwicklung zu seiner Zeit nicht verborgen. Die Brutalisierung, die Militarisierung und die Verbeamtung des öffentlichen Lebens, die Entwertung humanistischen Denkens und Handelns erfüllten ihn zunehmend mit tiefer Sorge. Und diese Sorge trieb ihn, nach dem moralischen Gegengewicht in der Kunst zu suchen. Er fand es im moralisch-humanen Ethos der Klassiker, von Bach bis Beethoven. So sehen wir ihn, vor allem in den sechziger Jahren, mit intensiven Studien der Klassiker beschäftigt. »Die Tradition, an die Brahms anknüpft, die Vergangenheit, an der er sich festzuklammern sucht, das Sterbende, das er am Leben erhalten will – es ist der bürgerliche Humanismus. In dessen edlen, aber unwiderruflich zu Grabe getragenen Illusionen erblickt er den Leitstern auch für die Zukunft. – Umgekehrt: In den modernen Strömungen seiner Zeit, wie sie ihm vor allem Liszt und Wagner zu verkörpern schienen, vermeint er die Hohlheit der bürgerlichen Gesellschaft, deren Dekadenz und Auflösung zu erblicken. Kompromisse mit der Oberflächlichkeit, Äußerlichkeit, Verlogenheit der Bürgerwelt lehnt er ab.« (Georg Knepler)

Dies alles trug ihm den Vorwurf ein, konservativ zu sein. Zu Unrecht, wie wir heute wissen. Davon zeugt u. a. der Aufsatz Arnold Schönbergs, der 1950 in »Style and Idea« erschien. Er trug den provozierenden Titel »Brahms the Progressive«. Schönberg, einer der Großen der Musik des 20. Jahrhunderts, war in Brahms' letztem Lebensjahr, 1895, einundzwanzigjährig, Mitglied des Wiener Tonkünstlervereins geworden.

Unter diesem Aspekt sollte uns Brahms' Schaffen bis zu seinen letzten, schmerzlichen Klavier-Dialogen, den »Ernsten Gesängen«, gegenwärtig werden. Es sollte an der Schwelle des 21. Jahrhunderts und angesichts seines 100. Todestages auf durchaus neue Weise ins Licht des musikalischen Interesses, des öffentlichen Interesses überhaupt, rücken. In einem Brahms-Brief heißt es: *Nun aber dürfen Sie sich in einer Stadt und in einem Land, wo alles bergab – nicht geht, sondern fällt, nicht erwarten, daß es mit der Musik besser wird. Es ist wirklich traurig und jammerschade, nicht bloß um die Musik, um das ganze schöne Land und die schönen, vortrefflichen Menschen.* Solche Worte aus dem 19. Jahrhundert wiegen schwer angesichts des zu Ende gehenden 20. Jahrhunderts mit seinen Weltkriegen, seinen Völkermorden, seinen unerfüllten Hoffnungen und Wünschen nach Freiheit und Gerechtigkeit, nach sinnvollem Mensch-Sein. Ein Schönberg-Schüler, Hanns Eisler, hat in seinen Gesprächen mit Hans Bunge eindringlich demonstriert, wie produktiv mit solchem »Erbe«, also auch dem von Brahms, umgegangen werden kann: Er spricht vom »sozialen Blick« bei Brahms, den er, auch wenn der Herbst kommt, nicht abschaffen kann. »Zum Beispiel erinnere ich mich an ein Lied von Brahms,

›Auf einem Friedhof‹ – ich glaube, das Gedicht ist von Storm –, wo der Dichter auf den Friedhof geht; von Brahms besonders schön komponiert: Es war ein Regentag, nicht wahr, er ist auf einem Friedhof gewesen, hat manches Grab betrachtet; der Schlußgedanke ist dann: Auf allen Gräbern stand das Wort ›Genesen‹. Das ist eine protestantische, pietistische Haltung, die mir seit meiner Jugend zum Kotzen ist. Denn ich glaube nicht, daß der Tod das Genesen ist, sondern das Ende.«

Der Blick auf Werk und Leben des Johannes Brahms, wie in diesem Buch unternommen, will deutlich machen, daß der Lauf auch der Musikgeschichte immer erneut Hoffnungen, Tröstungen, Gewißheiten in sich birgt, die helfen mögen, der Zukunft besseren Sinn zu geben.

Birkenwerder, Januar 1997
Hansjürgen Schaefer

LEBEN UND SCHAFFEN

Ein großartiges, eigenartig tiefes Talent

Kindheit und Jugendjahre in Hamburg

Die Vorfahren von Brahms stammten aus dem Westholsteinisch-Dithmarsischen; sie waren Bauern und Handwerker. Vielleicht nicht zufällig ist »Bram« im Volksmund der Name für den gelbgoldenen rauhen Ginster dieser Landschaft. Der Urgroßvater des Komponisten, Peter Brahms, lebte als Bauer, Tischler und Stellmacher in Brunsbüttel. Großvater Johann (1769-1839) ließ sich zunächst in Wörde, einem Dorf im Holsteinischen nieder, als Wirt im Gasthaus »Zum neuen Krug«. Er heiratete später in das 5000-Seelen-Städtchen Heide, wohnte dort zur Miete und »betrieb einen Handel, womit, blieb mir unbekannt, vielleicht mit Steingut und Porzellanwaren, Küchen- und Hausgerät, denn er wurde auf seine alten Tage ein Antiquitätenkrämer, der sein Geschäft mit Leidenschaft, oft rücksichtslos zu seinem Vorteil betrieb – wie uns dergleichen Leute mitunter in Romanen beschrieben sind«, erzählte später der Dichter Klaus Groth, ein enger Freund des Komponisten. Der 1806 in Heide geborene Sohn Johann Jakob, der Vater von Johannes Brahms, war der erste, der ein künstlerisches Handwerk wählte. Seinem Vater waren solcherlei Ambitionen nicht sehr genehm. Doch der Sohn war ein rechter norddeutscher Starrkopf, und so gab der Vater nach: Johann Jakob durfte drei Jahre lang beim Stadtmusikus in Heide lernen und ging dann für weitere zwei Jahre in die Lehre zu Theodor Müller, »privilegiertem und bestalltem Musicus zu Wesslingburen in der Landschaft Norderdithmarschen«.

Hier in Wesselburen, dem Geburtsort Friedrich Hebbels (1813), erhielt Johann die »Freisprechung« durch seinen Lehrherrn. Müller attestierte ihm am 1. Dezember 1825 im Lehrbrief: »...so erkläre ich hiermit seine Lehrjahre für überstanden und geendet, und spreche ihn deshalb frei und los. Ich zweifle nicht, es werden nicht allein Kunstverwandte, wie auch alle anderen, denen dieser offene Brief vorgezeigt wird, meinem auf Wahrheit gegründeten Zeugnisse völligen und guten Glauben beimessen, sondern auch benannten Johannes Brahms in der Hinsicht alle Unterstützung und ein geneigtes Wohlwollen zufließen lassen.«

Dem neunzehnjährigen Musikanten wurde das Heimatstädtchen Heide bald zu eng. So zog er nach Hamburg, der großen Hansestadt und Nordsee-Metropole. Sie war 1801 bis 1806 von Dänemark besetzt, gehörte dann unter Napoleonischem Zwang 1810 bis 1814 zu Frankreich, als Hauptstadt des Departements Elbmündung. 1815 wurde sie durch Beschluß des Wiener Kongresses Freie und Hansestadt im Deutschen Bund und erlebte einen beträchtlichen wirtschaftlichen Aufstieg, den später auch der große Stadtbrand von 1842 nicht stoppen konnte. Die lebenslange Aversion seines Sohnes Johannes Brahms gegen Frankreich und die Franzosen mag in dieser Geschichte Hamburgs ihre verborgenen Ursachen gehabt haben.

Der junge Stadtmusikus Johann Jakob Brahms hatte es nicht leicht, in der nun aufblühenden, von frühkapitalistischem wirtschaftlichem Progreß und buntem internationalem Treiben im Hafen und auf den Märkten geprägten Stadt seinen Platz zu finden. Er mußte ganz von vorn anfangen, und er tat das mit keckem Wagemut. Zunächst verdiente er sein Brot vor allem durch Musizieren auf Tanzböden. Er tat sich als Flügelhorn-Spieler hervor und wurde dann Hornist bei der Hamburger Bürgerwehr. Beim Jägercorps brachte er es gar zum Oberjäger. Der Dienst war nicht sehr zeitraubend. Den dadurch entstehenden Freiraum nutzten die Musikanten weidlich fürs Aufspielen bei Bällen und Festen der Hamburger Bürger. Bei diesen Gelegenheiten zog es den Jäger Brahms auch zum Kontrabaß. Ein Kollege unterrichtete ihn, und endlich erwarb er sich beträchtliche Fähigkeiten beim Spiel dieses unhandlichen Instruments, mit dem er denn auch seine berufliche Zukunft sichern sollte: Als »Kunterbassist« präsentierte er sich ab 1831 zunächst aushilfsweise im Sextett im Alsterpavillon am Jungfernstieg, wo vom Nachmittag bis kurz vor Mitternacht »gegen Tellereinnahme« musiziert wurde. So brachte er es zu solider, selbstbewußter Ausübung seines musikalischen Handwerks, in das er sich nicht so leicht dreinreden ließ. Einem mäkligen Kapellmeister soll er geantwortet haben: »dat is min Kunterbaß, da kann ick so laut up speelen, as ick mag«. Und für Kritik an fehlender Reinheit der Intonation hatte er nur die abfällige Bemerkung übrig: »En reinen Ton up den Kunterbaß is en puren Taufall«. Später fand er seinen endgültigen Platz als Kontrabassist im Carl-Schultze-Theater und blieb auch dabei, als das Theaterorchester Städtisches Orchester wurde.

Der adrette Jäger in schmucker, grüner Uniform mit silbernen Tressen war 1830 Hamburger Bürger geworden. Es zog ihn gar bald zu einem Kurzwarenladen in der Ulrikusstraße. Dieser wurde betrieben von Johanna Henrica Christiane Nissen und ihrer verheirateten Schwester Christina Friederika Detmering. Henrica sorgte für den Haushalt des Schwagers und betreute die zur Miete aufgenommenen Mitbewohner. Sie war ein nicht sonderlich hübsches, aber sehr liebes und häusliches Mädchen, mütterlicherseits aus verarmtem holsteinischem Kleinadel stammend, kunstempfänglich, sensibel und weitaus gebildeter als der junge Jägersmann. Dem hatte sie es aber angetan, man wurde sich bald einig. Am 9. Juni 1830 heiratete Johann Brahms die siebzehn Jahre ältere Henrica. Das junge Paar bezog die erste gemeinsame Wohnung im Bäckerbreitgang Nr. 78, Cordes Hof, Hamburg, Neustadt/Nord. Am 11. Februar 1831 wurde den beiden dort ein Töchterchen, Wilhelmine Louise Elisabeth, genannt Elise, geboren. (Sie heiratete später einen Hamburger Uhrmacher Grund und starb 1892.) Zu Martini gleichen Jahres zog Familie Brahms um in die Specksgasse Nr. 24, Schlüters Hof, Hamburg, Neustadt/Nord. Dort, im ärmlichen Gängeviertel der Hansestadt, kam am 7. Mai 1833 Johannes Brahms zur Welt. Wiederum zu Martini gab es den nächsten Umzug, nun zurück in die Ulrikusstraße, wo 1835 ein weiterer Sohn, Friedrich (Fritz), geboren wurde. Der wurde später Klavierlehrer, wanderte nach Venezuela aus, kehrte wieder in die Heimatstadt zurück und starb dort 1895.

Johannes wuchs also in sehr einfachen, räumlich beengten Verhältnissen auf. Er hing zärtlich an den Eltern und Geschwistern. Sein Vater hatte ebenfalls einen praktischen Sinn und seine Mutter hatte auch ein musisches Wesen, so daß sie sich ergänzten. Väterlicherseits stammte die Mutter aus einer Familie von Lehrern, Pastoren und Ratsherren, daher ihr Sinn für Literatur und Kunst, und dies hatte eine beträchtliche Wirkung auf den Sohn. Johannes erhielt eine einigermaßen gründliche Schulausbildung. Zunächst ging er fünf Jahre lang in die ziemlich mangelhafte private Elementarschule des Herrn Heinrich Friedrich Voß am Dammtorwall. Da regierte der Stock. Brahms, im allgemeinen ein pflichtbewußter, wenn auch manchmal verträumter Schüler, schwänzte nur einmal die Schule. Das aber wurde, wie er sich im Alter schmunzelnd erinnerte, *der wüschteste Tag meines Lebens.* Für die letzten drei Schuljahre gaben ihn die Eltern schließlich in die »bessere Bürgerschule« von Johann Friedrich Hoffmann, in der er sogar etwas Französisch lernte. Weihnachten 1846 überraschte er jedenfalls die Eltern mit einem Glückwunsch in dieser Sprache. Familie Brahms wohnte damals auf dem Dammtorwall 29. Vom schon erwähnten großen Brand, der im Mai 1842 viele Häuser Hamburgs in Schutt und Asche legte, blieb das Brahms-Domizil am Dammtor glücklicherweise verschont.

Schon früh zeigte der junge Johannes Brahms Interesse an Musik. Der Vater nahm's mit Genugtuung wahr und begann seinen »Hannes« selbst zu unterrichten, im Spiel der Geige, des Violoncellos und Horns. Hannes zeigte aber zudem ein besonderes Interesse für das Klavier. Ein solches gab es im Hause der Eltern nicht. Doch der Junge durfte bei einem Kollegen des Vaters üben. Mit solchem Eifer und wohl auch Erfolg, daß der sich entschloß, für eine gründlichere Ausbildung des Sohnes auf diesem Instrument zu sorgen. Drum wandte er sich 1840 an den Pädagogen Otto Cossel mit dem Bemerken:»Min Jehann soll mich so viel lehren als Sie, Herr Cossel, dann weiß hei genug. Hei will ja so gern Klavierspeeler werden.« Cossel hat die Begabung seines neuen Schülers bald erkannt. Und er gab sich mit ihm alle Mühe, ließ ihn die Etüden Czernys, Clementis, Cramers, Hummels üben, führte ihn in die Klaviermusik der Klassiker, vor allem aber auch in Bachs Musik ein. Sein dankbarer Schüler sandte ihm darauf zum Neujahr 1842 einen Brief: *Geliebter Lehrer! Abermals ist ein Jahr dahin, und ich erinnere mich daran, daß Sie mich auch in dem verflossenen Jahr so weit in der Musik gebracht haben. Wie vielen Dank bin ich Ihnen dafür schuldig! Zwar muß ich auch daran denken, daß ich wohl zuweilen Ihren Wünschen nicht folgte, indem ich nicht so übte, wie ich sollte. Ich verspreche Ihnen aber, in diesem Jahre durch Fleiß und Aufmersamkeit Ihren Wünschen nachzukommen. Indem ich Ihnen auch recht viel Glück zum neuen Jahr wünsche, verbleibe ich Ihr gehorsamer Schüler – Johannes Brahms.*

1843 präsentierte sich der Zehnjährige zum ersten Male – als klavierspielendes Wunderkind – in einem Subskriptionskonzert. Mit virtuoser Musik von Herz machte er auf sich aufmerksam. Auf dem Programm stand aber auch klassische Kammermusik, Beethovens Bläserquintett zum Beispiel, in dem Vater Brahms und Kollegen vom Alster-Sextett mitwirkten. Cossels besonderes Verdienst dabei war, einen geschäftstüchtigen Agenten ausgeschaltet zu haben, der wollte, daß Vater Brahms mit seinem Wunderkind auf Amerika-Tournee geht. Statt dessen erreichte er einsichtig und selbstlos, daß sein begabter Schüler nun einen neuen, besseren Lehrer erhielt: den damals in Hamburg hochangesehenen Theoretiker, Komponisten und Klavierlehrer Eduard Marxsen. Ein Jahr vor dem Eintritt in die Bürgerschule begann für Johannes Brahms die neue Lehre, nun im Klavierspiel (kurze Zeit noch von Cossel weiterbetreut), in Theorie und später auch in Komposition. Marxsen, der selbst noch Unterricht bei einem Schüler Mozarts hatte, lebte und lehrte in den Traditionen Bachs, der Frühklassik und Klassik. Schubert oder gar die romantischen »Zeitgenossen«, etwa Chopin, Schumann, kamen bei ihm nicht vor. Über seinen neuen Schüler hat er sich später so geäußert: »Das Studium im praktischen Spiel ging vortrefflich und es trat immer mehr Talent zu Tage. Wie ich aber später auch mit dem Kompositionsunterricht einen Anfang machte, zeigte sich eine seltene Schärfe des Denkens, die mich fesselte, und so unbedeutend auch die ersten Versuche im eigenen Schaffen aus-

fielen, so mußte ich doch darin einen Geist erkennen, der mir die Überzeugung gab, hier schlummere ein ungewöhnliches, großes, eigenartig
tiefes Talent.« Brahms hat diesem Manne lebenslang ein gutes Gedenken
bewahrt. Zu dessen 80. Geburtstag, 1886, ließ er auf eigene Kosten heimlich ein Variationswerk Marxsens drucken. Und das eigene 2. Klavierkonzert B-Dur (1881) wird die Widmung tragen: *Seinem teuren Freunde und
Lehrer Eduard Marxsen.*

Wichtig für das Werden der Persönlichkeit und die Bildung des musikalischen Charakters wurde auch, daß im Konfirmandenunterricht des
Pfarrers Johannes Geffken von St. Michael das Interesse des Fünfzehn-
jährigen für den evangelischen Choral geweckt wurde: Geffken besaß
gründliche Kenntnisse in Hymnologie und arbeitete an der Herausgabe eines neuen Hamburgischen Gesangbuches mit. Nicht zufällig beginnt also
in der Zeit der Konfirmation (1848) Brahms' lebenslang anhaltende Beschäftigung auch mit dem evangelischen Kirchenlied, darüber hinaus mit
alten deutschen Volksliedern überhaupt. Dazu kamen, von der Mutter gefördert, wachsende literarische Interessen. Bei den Antiquaren auf den
Fleetbrücken gab Brahms jeden erübrigten Groschen für Literatur aus.
Seine Dichterlieblinge waren die Romantiker Jean Paul, E. T. A. Hoffmann, Tieck, Kleist. Er legte sich Notizhefte an, in denen er Aussprüche
festhielt, die ihn besonders bewegten.

Dabei war seine Zeit knapp bemessen. Schließlich hatte er seinen Teil
beizutragen zur Ernährung der immerhin fünfköpfigen Familie. Bis in die
späte Nacht saß er am Klavier in mehr oder weniger zweifelhaften Loka-
len, spielte zum Tanz auf, für ein bis zwei Taler »un duhn«, also mit freien
Getränken. Daneben die Schule und das tägliche Klavierüben. – Mit dreizehn Jahren begann »Hannes« dieses aufreibende Geschäft, vierzehn-
jährig fing er auch an, Klavierunterricht zu geben. Im Theater übernahm
er am Klavier die Zwischenaktmusiken. Sonntags ging es in die Wirts-
hausgärten des nahen Bergedorf, nachts saß er in den Animierlokalen des
Gängeviertels am Klavier. Das oftmals gewiß recht zweifelhafte Milieu
dort ließ ihn kalt. Er verstand es, abzuschalten. Später hat er davon erzählt, daß er sich angewöhnt hatte, während des turbulenten und oft doch
recht eindeutigen Treibens um ihn herum seine Tanzmelodien mecha-
nisch herunterzuspielen, derweil auf dem Notenpult neuerworbene Texte
von Tieck oder Kleist standen, in die er sich lesend vertiefte. Auch die er-
wachende Lust am Komponieren litt nicht unter solchem Treiben. Im Alter hat er sich jener Tage erinnert: *Die schönsten Lieder kamen mir, wenn
ich früh vor Tag die Stiefel wichste.*

Im Sommer 1847 nahm der Papiermühlenbesitzer Adolf Giesemann,
ein Bekannter von Vater Brahms, den vierzehnjährigen blassen Jungen

mit hinaus in die frische, freie Luft, nach dem nahen Winsen an der Luhe. Brahms durfte bei solchen Ausflügen sogar den dortigen Männergesangverein dirigieren. Erste Kompositionen entstanden für diesen Zweck, zum Beispiel ein ABC-Lied für vier Männerstimmen und ein »Abschied des Postillons« für Männerchor. Zugleich war Giesemanns Töchterchen Lieschen in Winsen seine Klavierschülerin.

In der Bergedorfer Wirtschaft »Zur schönen Aussicht« tat er sich mit dem Musiker Christian Miller zum Vierhändig-Spielen zusammen, nicht nur für den Vortrag von Walzern und anderer Unterhaltungsmusik. Auch Schubert-Märsche oder Mozart-Sonaten kamen da ins Programm und wurden von den Zuhörern durchaus akzeptiert. Selbst auf Vater Brahms blieb das Interesse des Sohnes für »ernste Musik« nicht ohne Wirkung: Auch er begann sich zunehmend für »Klassisches« zu erwärmen.

Nach Beendigung des Unterrichts bei Marxsen fühlte sich der junge Brahms immer mehr zum Komponieren gedrängt. Er hat früh damit begonnen. Schon Lehrer Cossel war die »Komponierwut« des Jungen zuweilen fast unheimlich. Zugleich ist der junge Komponist schon hier Neugeschaffenem gegenüber, das er mit flammender Begeisterung niederschrieb, höchst kritisch. Das meiste wurde am Ende wieder vernichtet. Diese kritische Haltung wird sich durch sein ganzes Leben ziehen. Noch im Testament an Freund Simrock heißt es: *Ebenso wünsche ich, daß alles, was ich Handschriftliches (Ungedrucktes) hinterlasse, verbrannt werde. Hierfür sorge ich nun, namentlich was Noten angeht, bestmöglich selbst: Sie werden wenig finden, an dem Sie meinen Wunsch erfüllen können.* »Von den rund 150 Werken, vor allem Lieder, Klavier- und Kammermusik, die bis etwa 1852 entstanden, hat der kritische Komponist so gut wie alles vernichtet.

Zugleich begann er sich als Pianist und Virtuose in der Hamburger Öffentlichkeit allmählich durchzusetzen. Er trat erstmals öffentlich im Konzert des Geigers Birgfeld, am 20. November 1847, auf und fand positive Presse-Resonanz. Wenige Tage später, am 27. November, spielte er in einer Soiree von Therese Meyer mit ihr zusammen u. a. die virtuose »Norma«-Fantasie von Sigismund Thalberg. Die Kritik resümierte: »Dieses Duo, von der Konzertgeberin und dem erst neulich mit so entschiedenem Glücke öffentlich aufgetretenen jungen Pianisten Brahms ausgeführt, effektuierte erwünscht und wurde mit rühmenswerter Übereinstimmung und Fertigkeit ausgeführt.« Ein Jahr später, am 21. September 1848, kam es im »Saale des Hrn. Honnef (alter Rabe) vor dem Dammthore« zum ersten eigenen Konzertabend. Brahms begleitete, trug zeitgenössische Fantasien über Opernthemen vor, spielte eine Bachsche Fuge, eine virtuose Hertz-Etüde und bot auch eine »Serenade für die linke Hand allein« seines Lehrers Marxsen. Seitdem erschien er immer wieder als Solist und als Begleiter in Konzerten anderer. Sein zweites eigenes, im ganzen wesentlich anspruchsvolleres Konzert spielte er am 14. April 1849. Dazu veröffentlichte er einen Einladungstext in der Presse: *Unterzeichneter wird die Ehre haben, Sonnabend den 14. April eine musikalische Soirée zu geben, wozu er hiermit seine ergebenste Einladung zu machen sich erlaubt. Das ausführliche Programm, wobei ihm die Mitwirkung mehrerer der hiesigen ersten Künstler gütigst zugesagt ist, wird durch die Blätter bekannt gemacht werden. J. Brahms, Pianist«.* Gespielt wurde u. a. wieder eine effektvolle Thalberg-Fantasie über Mozarts »Don Juan«, aber auch Beethovens Waldsteinsonate. Brahms präsentierte sich zudem erstmals als Komponist, mit einer Fantasie über einen Walzer. In der Presse hieß es dazu: »Der Vortrag der Beethovenschen Sonate bewies, daß er schon mit Glück sich an das Studium der Klassiker wagen darf, und gereicht ihm in jeder Beziehung zur Ehre. Auch die Probe von der eigenen Komposition verrät ungewöhnliches Talent.«

Der Jüngling Brahms war bei allem Ernst des Arbeitens Träumer, Romantiker. Seine literarischen Interessen bewiesen das ebenso wie seine Freude an Natur und Landschaft. Er besuchte in seiner Heimatstadt auch die Wirkungsstätten des großen Orgel- und Opernmeisters Reinhard Keiser, die von Philipp Emanuel Bach und Felix Mendelssohn Bartholdy. Er nahm am Hamburger Musikleben als Zuhörer regen Anteil. Mit Lieschen Giesemann besuchte er die Oper und erlebte zum ersten Male Mozarts »Hochzeit des Figaro«. *Lieschen, Lieschen, horch auf die Musik! So etwas gibt es nicht wieder!* soll er begeistert ausgerufen haben. In den philharmonischen Konzerten hörte er am 11. März 1848 auch seinen später engsten Freund, den Geiger und Komponisten Joseph Joachim, der dort gemeinsam mit Robert und Clara Schumann auftrat. An diesem Abend war er besonders von Beethovens Violinkonzert ergriffen. Lange Zeit später schreibt er an Freund Joachim: *Immer und immer erinnert mich das (Beethoven-) Konzert an unsere erste Bekanntschaft, von der Du freilich nichts weißt. Du spieltest es in Hamburg, es muß viele Jahre her sein, ich war gewiß Dein begeistertster Zuhörer. Es war eine Zeit, in der ich noch recht chaotisch schwärmte und es mir gar nicht daraufankam, Dich für Beethoven zu halten. Das Konzert hielt ich so immer für Dein eigenes.«* Dem Ehepaar Schumann schickte er, als es sich 1850 für zwei Wochen in Hamburg aufhielt, eigene Kompositionen ins Hotel. Der vielbeschäftigte Robert Schumann sandte ihm das Manuskriptpaket freilich ungeöffnet zurück.

Seine im April-Konzert 1849 vorgetragene Walzer-Fantasie verschaffte Brahms neue Aufträge für Klavierfantasien über Märsche, Lieder, Opernthemen. Außerdem schaffte er sich als Arrangeur für den Hamburger Musikverlag August Cranz willkommenen Zuverdienst. Er versteckte sich dabei in durchaus romantischer Manier hinter Pseudonymen; sie lauteten in Anlehnung an E. T. A. Hoffmann Kreisler jun., aber auch Marks, Würth. Brahms selbst hat sich über die Jahre seiner Jugend im Hamburger Gängeviertel um den Michel später selten geäußert. Aber er legte Wert darauf, aus einfachsten Verhältnissen zu stammen. Noch in seinem letzten Lebensjahr kommt er auf die Härte dieser Zeit zurück: *Und ich habe es doch ganz gut vertragen; ja ich möchte diese Zeit der Dürftigkeit um keinen Preis in meinem Leben missen, denn ich bin überzeugt, sie hat mir wohlgetan und war zu meiner Entwicklung nötig.* Dem Elternhaus hat er lebenslang Anhänglichkeit und Dankbarkeit bewahrt. Er half in späteren Jahren, wo er konnte. Auch als die Eltern sich später voneinander trennten, blieb er dem Vater, der Mutter, den Geschwistern liebevoll und fürsorglich verbunden. Als der Vater noch einmal heiratete, bewies er auch der Stiefmutter und dem in die Ehe gebrachten Sohn Vertrauen und liebevolle Zuwendung. Seine Briefe belegen das.

Die Revolutionsjahre 1848/1849 machten sich auch in Hamburg bemerkbar. Auch der junge Brahms wurde von der gärenden Unruhe der Zeit gepackt. Der Sechzehnjährige interessierte sich mit Leidenschaft und ungebremstem Elan für die Nachrichten, die zu den revolutionären Ereignissen in Deutschland, Österreich und Ungarn nach Hamburg drangen. Als ein Freund ihm in seinem Todesjahr, 1897, Glaßbrenners »Berliner Geschichten« zusandte, antwortet er: *Aber an jene jämmerliche Zeit* (die Metternich-Ära) *muß man sich zuweilen erinnern und an seine frühe Jugendzeit mag man es gern, und wie haben wir seiner Zeit jene Blätter verschlungen!* Als der Aufstand der nach nationaler Selbständigkeit drängenden Ungarn auf Ersuchen des österreichischen Kaisers von den Truppen des russischen Zaren niedergeschlagen wurde, schrieb der fünfzehnjährige Brahms 1848 auf Anregung des Verlegers Cranz unter dem Titel »Souvenir de la Russie. Transcriptions en forme de Fantaisies sur des Airs russes et bohémiens pour le Piano à quatre mains par G. W. Marks« sechs Stücke über russische Themen. Das erste heißt »Russische Nationalhymne«. Aber im Arrangement des jungen Brahms wird am Beginn mit Nachdruck die Hymne der ungarischen Revolution, der Rákóczy-Marsch, intoniert. Er triumphiert dann auch am Schluß über die Zarenhymne.

Anfang der fünfziger Jahre hatte sich der junge Musiker wieder kleine Hefte angelegt. Er nannte das erste »Schatzkästlein des jungen Kreisler«. Darin finden sich mehr als ein halbes Tausend Auszüge aus Texten von mehr als hundert Autoren, von Sophokles bis Novalis, von Bibelzitaten, dem geliebten Jean Paul, von Shakespeare über Lessing, Schiller und Goethe bis zu den Musikern Beethoven und Schumann. Darunter finden sich aber auch die folgenden Zeilen aus dem 1848 von Ferdinand Freiligrath geschriebenen Gedicht »Die Lebenden und die Toten«: »O Volk, und immer Frieden nur in deines Schurzfells Falten? Sag an, birgt es nicht auch den Krieg? den Krieg herausgeschüttelt! Den zweiten Krieg, den letzten Krieg mit allem, was dich büttelt! Laß deinen Ruf: ›Die Republik!‹ die Glocken überdröhnen, die diesem allerneusten Johannesschwindel tönen!«

Dem jungen Hamburger Pianisten und Komponisten prägten sich auch Klangbilder ein, die »aufmüpfig« tun, vor allem in Gestalt ungarischer Intonationen. Der Grund: Seine Bekanntschaft mit dem ungarischen Geiger Eduard Hoffmann, genannt Reményi. Der war der Bruder des polizeilich gesuchten ungarischen Revolutionsführers György Remény, war Emigrant und in Hamburg eigentlich schon auf dem Sprung in die »neue Welt«, nach New York, wo er bis zu seinem Tode 1898 leben sollte. Er war ein glänzender Virtuose, im klassischen Repertoire souverän zu Hause, aber eben auch begeisterter Interpret von heimatlicher Zigeunermusik. Franz Liszt rühmte sein Bach-, Beethoven- und Spohr-Spiel, bemerkte aber auch, daß der Geiger nach solchen Klassik-Interpretationen meist »mit verdoppeltem Aufschwung zu seinen Lassan oder Friskas zurückkehre, gleichsam, als wolle er dem Publikum sagen: Seht doch, um wie vieles schöner die Musik ist, die wir Zigeuner machen!« Sein überschäumendes Temperament bezeugen die oft zitierten Worte: »Werd' ich spillen heut Nocht Kraitzer-Sonate, daß die Horre flieg'n!«

Der ruhigere, bedachte und gründlichere Brahms fand am abenteuerlichen Leben und Treiben des Ungarn Gefallen und gab mit ihm zusammen im Januar 1853 in Hamburg Konzerte. Um diese Zeit entstanden aber auch Brahms' erste vollwertige Kompositionen, die bald im Druck erschienen: Das Klavier-Scherzo es-Moll op. 4, das der Komponist im August 1851 Henry Litolff in einem Hamburger Hotel als erstem vorführte, die Klaviersonaten Nr. 2, fis-Moll, op. 2 und Nr. 1, C-Dur, op. 1 sowie Nr. 3, f-Moll, op. 5, dazu etliche Klavierlieder. Begonnen wurde zugleich mit der Arbeit an den »Ungarischen Tänzen«.

Angesichts der Hamburger Konzert-Erfolge verabredeten Reményi und Brahms ihre erste gemeinsame Konzertreise durch Norddeutschland. Im Programm hatten sie unter anderem Brahms' heute verlorene Violinsonate a-Moll, sein es-Moll-Scherzo, Sätze aus den Sonaten Nr. 1 und Nr. 2, Beethovens Violinsonate op. 30, Nr. 2, Ungarische Lieder und Tänze sowie das E-Dur-Violinkonzert von Vieuxtemps.

Reisejahre, Jugendliches Drängen

Es war schon ein wunderliches Paar, das sich da auf den Weg machte: Brahms, der zwanzigjährige blonde Jüngling aus Hamburg, scheu und zurückhaltend, belesen, interessiert an Kunst und Welt, grüblerisch auch, empfänglich für die Schönheiten der Natur, ein oftmals in sich gekehrter, dann aber auch munter und keck in die Welt schauender Mensch und brillanter Pianist. Neben ihm der Erzmusikant Remény, drei Jahre jünger, voll ungebärdigem Temperament, ein exzellenter Geiger, stets mit allerlei Flausen im Kopf. Die ersten Konzerte fanden im April 1853 in Winsen an der Luhe statt. Einen bestimmten »Tourneeplan« gab es für die beiden nicht. In Winsen hatte Brahms ja schon sein Publikum. Dann folgten im Mai Konzerte in Celle und Lüneburg. In Celle gab's ein Intonationsproblem: Das Klavier hatte eine zu tiefe Stimmung. So spielte Brahms seinen Part der c-Moll-Violinsonate Beethovens zum Erstaunen der Hörer »anstandslos« in cis-Moll. Hier zahlte sich das Studium bei Marxsen aus, der seinen Schüler für die prima vista-Transposition von Stücken gründlich vorbereitet hatte. Zwei weitere Konzerte folgten in Hildesheim. Das erste war nur spärlich besucht. Danach zogen die beiden Künstler nachts gemeinsam mit fröhlichen Zechern durch den Ort zur Wohnung einer Schönen, die ihnen unter dem Publikum aufgefallen war. Es kam zu einer für die braven Hildesheimer ungewohnten Serenade. Brahms erinnerte sich später: *Die Studenten sangen, Remény phantasierte über Themen aus den ›Puritanern‹, der Mond schien hell – Es war der reine Eichendorff.* Das Unternehmen sprach sich rasch herum und verhalf dem nächsten Konzertabend zu durchschlagendem Erfolg: Die Hörer drängten nun in Scharen zum Brahms-Remény-Konzert.

Die nächste Station war Hannover. Dort war Joseph Joachim, ein Landsmann Remenys, den er vom Wiener Konservatorium her kannte, königlich-hannoverscher Konzertmeister. Er war ein hochgeachteter Geiger und komponierte damals schon. Als Remény hörte, daß Joachim im Lande war, ging er mit Brahms zu dessen Wohnung und stellte seinen Partner als »Johannes Brahms, vortrefflicher Musiker und Klavierspieler aus Hamburg« vor. Joachim wandte sich im Gespräch zunächst seinem wie immer lärmend auftretenden Landsmann zu. Brahms hielt sich bescheiden zurück. Seine frischen und selbstbewußten Antworten auf Fragen machten Joachim dann doch neugierig. Schließlich ließ sich Brahms auch zum Vorspielen eigener Werke überreden. Er spielte Sätze aus seiner C-Dur-Sonate, sein Scherzo op. 4, und Lieder. Joachim erinnerte sich dieses ersten Eindrucks:»Es war dessen ausnahmsweises Kompositionstalent und eine Natur, wie sie nur in der verborgensten Zurückgezogenheit sich in vollster Reine entwickeln konnte; rein wie Demant, weich wie Schnee.« Und:»In seinem Spiel ist das ganz intensive Feuer, jene, ich möchte sagen, fatalistische Energie und Präzision des Rhythmus, welche den Künstler prophezeien.« Joachim vermittelte den beiden reisenden Musikanten denn auch die Möglichkeit des Mitwirkens an einem Hannoverschen Hofkonzert vor König Georg V. am 8. Juni. Dabei gefiel, nach Erinnerung eines Teilnehmers,»der Geiger sehr, der Pianist weniger; sein Scherzo war kein Hofkonzertstück«.

Dann freilich gab's politischen Ärger: Dem hannoverschen Polizeipräsidenten Wermuth war Remény als Bruder eines ungarischen Revolutionsführers verdächtig. Er ließ ihn verhören und verbot ihm wie seinem Begleiter Brahms den weiteren Aufenthalt in der Stadt. Der Hofpianist Heinrich Ehrlich erreichte nur mit Mühe, daß diese Order dann wieder aufgehoben wurde.

In Göttingen trafen Brahms und Remény wieder mit Joachim zusammen. Er empfahl sie an Franz Liszt weiter. Der Hochberühmte hielt damals zu Weimar mit der Fürstin Sayn-Wittgenstein in der»Altenburg« Hof. Der Kult um den großen Pianisten, den auch prominente Musiker und zumal die Schüler dort um ihren»Meister« trieben, stieß den ernsthaften Brahms ab, während Freund Remény hemmungslos lobhudelte und katzbuckelte. Treffend hat der spätere Brahms-Biograph Max Kalbeck die Atmosphäre dieses Weimarer Liszt-Domizils geschildert:»Die Altenburg verband in ihren zwei Stockwerken und zahllosen Zimmern die Kirche mit dem Boudoir, den Prunksaal mit der Bibliothek, das Hotel mit der Wohnung, das Kuriositätenkabinett mit der Werkstatt. Das Ganze präsentierte sich als merkwürdiges Liszt-Museum, dessen merkwürdigstes Objekt der Eigentümer selbst war, und stellte mit der Kollektion aller Huldigungen, die Liszt jemals erfahren, eine permanente riesige Schmeichelei für den Herrn des Hauses dar.« Brahms war zwar tief beeindruckt von Liszts unvergleichlichem Klavierspiel *(Wer Liszt nicht gehört hat, kann eigentlich gar nicht mitreden).* Liszt nahm auch freundlich von den Kompositionen des Jüngeren Kenntnis, ja, als Brahms, der Bescheidene, sich im Kreise der Liszt-Verehrer nicht bereit fand, Eigenes vorzuspielen, setzte sich dieser selbst an den Flügel und spielte prima vista Brahms' es-Moll-Scherzo und Teile der C-Dur-Sonate. Mit Liszts Musik, den neuartigen sinfonischen Dichtungen zumal, konnte sich der Hamburger dagegen nicht recht anfreunden. Überdies war der Unterschied der Temperamente und Charaktere zwischen den beiden zu groß, als daß tieferes Verstehen des einen für den anderen hätte zustande kommen können. *(Ich sah bald ein, daß ich nicht dorthin paßte. Ich hätte lügen müssen, und das konnte ich nicht.)* Nach zehn Tagen, am 24. Juni, machte sich Brahms wieder auf und davon. Zugleich trennte er sich hier von Remény, dessen Liszt-Anbetung ihm immer mehr zuwider wurde. Von dieser Zeit an ging Brahms zu Liszt und seinen Verehrern zunehmend auf Distanz; er lehnte die »Neudeutsche Schule« ab. In einem Brief aus Weimar an Joachim hieß es: *Trüge ich nicht den Namen Kreisler, ich hätte jetzt vollwichtige Gründe, etwas Weniges zu verzagen, meine Kunstliebe und meinen Enthusiasmus zu verwünschen und mich als Eremit (Schreiber?) in die Einsamkeit (eines Bureaus) zurückzuziehen und in stille Betrachtung (der zu kopierenden Akten) zu versinken. – Herr Dr. Liszt versprach mir, in einem Brief an Härtel meiner zu erwähnen, sodaß ich darauf schon hoffen darf; Sie aber, liebster Herr Joachim, möchte ich bitten, die Hoffnung, die Sie mir in Göttingen machten womöglich zu erfüllen und mich dadurch ins Künstlerleben einzuführen.* Joachim erfüllte die Hoffnung des zwanzigjährigen Hamburgers. Er brachte ihn in der Tat auf den Weg ins Künstlerleben.

Bis Ende August 1853 war Brahms wieder bei ihm in Göttingen. Joachim hörte dort Geschichts- und Philosophie-Vorlesungen an der Universität. Er lebte nach seiner musikalischen Devise »Frei, aber einsam«. Anregungen bot für Brahms, der ein Leben lang unermüdlich lernender Autodidakt war, die persönliche Bekanntschaft mit dem Schriftsteller Heinrich Hoffmann von Fallersleben. Das waren fröhlich-unterhaltsame Wochen. Die beiden Freunde spielten bei Musikdirektor Arnold Wehner Brahms' (verlorene) a-Moll-Violinsonate. Brahms komponierte »zur Verherrlichung des großen Joachim« eine Hymne für 2 Violinen und Kontrabaß (sie wurde erst 1976 veröffentlicht). Man konzertierte miteinander und Brahms musizierte mit Wehner eines der Konzerte für zwei Klaviere von Johann Sebastian Bach. Es gab heftiges Kneipen mit den Studiosi. Brahms lernte die Lieder der Burschenschafter kennen, sang sie kräftig mit, notierte sie.

Die beiden begannen ihre Kompositionen offenbar auf Brahms' Drängen auszutauschen zu Kritik und Anregung. Der gründliche Brahms legte dazu ein ganzes Reglement fest: *Dann aber will ich Dich sehr erinnern und bitten, daß wir endlich das so oft Besprochene auch ausführen. Nämlich, uns kontrapunktische Studien zuzuschicken. Alle vierzehn Tage etwa schickt jeder, der andere (in acht Tagen also) dessen Arbeiten zurück mit etwaigen Bemerkungen und eigenen und so weiter recht lange, bis wir beide recht gescheit geworden sind. Warum sollten denn wir ganz vernünftigen, ernsthaften Leute uns nicht selbst besser belehren können und viel schöner als ein Pf(arrer) es könnte. Antworte aber nicht erst (überhaupt nicht) mit Worten darauf. Schicke mir in vierzehn Tagen die ersten Arbeiten. Sogar eine »Straf-*

25

kassa« richtete der gründliche Hamburger ein, in die der jeweils Säumige zu zahlen hatte. Der andere durfte sich aus dem Ertrag Bücher kaufen. Freilich, Joachim blieb am Ende der bedeutende Geiger, das Kompositionstalent versandete. So ergab sich aus dem Kompositionsaustausch der beiden jungen Leute später der ständige, freundschaftliche Rat des Geigers zu den Arbeiten des Komponisten, wuchs eine lebenslange, schöpferische und für Brahms wichtige Freundschaft. Joachim hat viele Werke Brahms' während des Entstehens beurteilt und nicht nur seinen Rat bei der Nutzung des Streicher-Instrumentariums gegeben. Zwischen beiden bestand eine große künstlerische Übereinstimmung. Es gab natürlich auch Streit. So stritt man sich noch 1879 darum, wessen Name auf Konzertankündigungen an erster Stelle zu stehen habe. Dazu hatte Joachim den »rettenden« Einfall: »Sicher Brahms-Joachim, gelesen werde allerdings so«:

Diese Freundschaft wurde nur selten erheblicher getrübt. Aber auch das ist dann für Brahms durchaus charakteristisch: Als die Ehe von Joachim in die Brüche ging, nicht zuletzt wegen der krankhaften Eifersucht des Geigers, ergriff Brahms mit Nachdruck Partei für die Gattin Amalie, einer hervorragenden Sängerin, die sich auch als Brahms-Interpretin einen Namen machte. Er schrieb an den Ehemann Joachim: *... ich hatte doch gehofft, Dein Brief möge tröstlicher und hoffnungsvoller klingen als es nun der Fall ist. Er hat mich ernstlich traurig gemacht und kommt nur oft und schwer genug in die Gedanken. Wie vieles vereinigte sich bei Euch, das an ein langes glückliches Zusammenleben glauben ließ. Und nun – ! Eine eigentliche ernstliche Ursache ist schwer zu denken; sie ist auch schwerlich vorhanden. – Allein kommen gewiß zwei Menschen leichter auseinander als wieder zusammen, wie man wohl auch den Verstand leichter verliert als wiederkriegt.*

Er schrieb auch an Frau Amalie. Daß sie diesen Brief ohne Wissen von Brahms dann im Scheidungsprozeß dem Gericht als Entlastungsbeleg für sich vorlegte, verletzte nun wiederum Joachim tief. Erst als Brahms Jahre später dem unvergessenen Freund seine dritte Sinfonie widmete, dabei den alten Freundesnamen Jussuf benutzte, zeigte sich auch Joachim versöhnt. Und Brahms bemerkte auf einer seiner späteren Italien-Reisen, als er in Cremona in der Kirche Sant' Agostino die Statue des Heiligen Joachim entdeckte: *Das gehört sich, daß Joachim in der alten Geigenstadt seine Ehrensäule hat.*

Auf Joachims Anregung und Empfehlung begann Brahms im August 1853 von Mainz aus eine zehntägige Rheinreise, um Landschaft und Menschen dort kennenzulernen. Für den Norddeutschen ein lange nachwirkendes Erlebnis. Das Schicksalsschifflein des Johannes Brahms kam nun in Fahrt. Zunächst trieb's den Rhein entlang, von Biebrich nach Geisenheim, nach Rüdesheim, Aßmannshausen mit Überfahrt nach dem Rheinstein, ins Wisper- und Sauertal, nach Bacharach, zur Loreley, zum Königstuhl. Dann folgten u. a. Koblenz, Bad Ems, Nassau. Es ging wieder über den Rhein nach Andernach, zum Laacher See, nach Rheineck, Remagen und ins Ahrtal. Schließlich über Rolandseck, das Siebengebirge auf Joachims Empfehlung zum Kommerzienrat Deichmann und seiner Familie in Mehlem bei Bonn. Der junge Mann wurde dort gastfreundlich aufgenommen. Brahms berichtete dem Freund: *Als ich nach meiner köstlichen Rheinreise hier ankam, dachte ich eine steife Visite machen zu müssen und hatte entsetzliche Furcht, durchaus keine Lust. Den nächsten Morgen jedoch war schon an kein Weggehen zu denken; jetzt ist es mir noch viel peinlicher, an den Abschied zu denken. Wieviel Bekannte habe ich hier schon gefunden!*

Zu den neuen Bekannten gehörte auch der spätere Schumann-Biograph Wilhelm Joseph von Wasiliewski, der sich an den Besuch erinnerte: »Gegen Ende des Sommers 1853 wurde ich durch den Besuch eines schmucken, blondhaarigen Jünglings erfreut, welcher mir eine Visitenkarte Joachims überbrachte – es war Johannes Brahms. Sein frisches, natürliches, ungezwungenes Wesen berührte mich sympathisch, und so hieß ich ihn nicht nur freundlich willkommen, sondern lud ihn auch ein, für ein paar Tage in meinem Hause zu verweilen.« Mit den Deichmann-Söhnen unternahm Brahms in der zweiten Septemberhälfte 1853 noch eine weitere Rheinreise. Von einem Rheindampfer ging am 22. September 1853 folgender Bericht an Freund Joachim: *Herzlieber Freund! Denke Dir, ich streife noch immer in den herrlichen Tälern des Rheins herum. Frau Deichmann hatte den glücklichen Einfall gehabt, ihre drei Söhne, welche die Ferienzeit in Mehlem verleben, möchten noch eine Tour ins Ahrtal und zum Laacher See machen; den noch besseren hatte sie, mich zu ihrem Führer zu erkiesen und die Erlaubnis zu geben, mit dreißig Talern so weit zu gehen, als ich Lust habe. – Ich habe so viel erhabene, himmlische Genüsse gehabt, daß es übermütig von mir wäre, noch länger in ihnen schwelgen zu wollen.*

Brahms lernte bei den musikliebenden Deichmanns insbesondere Kompositionen Robert Schumanns kennen, verstehen und lieben. So folgte er gern einer weiteren Empfehlung Joachims und reiste über Bonn und Köln nach Düsseldorf zu den Schumanns. Dort traf er am 30. September 1853 ein. Joachim hatte Robert und Clara Schumann eindringlich auf den Freund vorbereitet. Er wurde herzlich aufgenommen, stellte sich mit seinen Kompositionen vor. Albert Dietrich, ein Freund Schumanns, erinnert sich: »… und nun führte er (Schumann) mir den jugendlichen, so interessant wie eigenartig aussehenden jungen Musiker zu, der in seiner beinahe noch knabenhaften Erscheinung, mit seiner hellen Stimme, den langen blonden Haaren, in seinem schlichten grauen Sommerröckchen einen höchst anziehenden Eindruck machte. Besonders schön war an ihm der energische, charakteristische Mund, und der ernste, tiefe Blick, in dem sein ganzes geniales Wesen sich aussprach. Brahms wurde aufgefordert zu spielen, und trug die F-Dur-Toccata von Bach und sein es-Moll-Scherzo (in einer Abendgesellschaft bei Euler) mit wunderbarer Kraft und Meisterschaft vor; seiner damaligen Gewohnheit gemäß summte er, vor innerer Erregung bebend die Melodie halblaut mit und hielt das Haupt tief über die Tasten gebeugt. Gegen die auf das Spiel folgenden übermäßigen Lobsprüche verhielt er sich bescheiden ablehnend.«

Schumann berichtete in einem Brief an Breitkopf und Härtel nach Leipzig: »Es ist hier ein junger Mann erschienen, der uns mit seiner wunderbaren Musik auf das allertiefste ergriffen hat und, wie ich überzeugt bin, die größeste Bewegung in der musikalischen Welt hervorrufen wird.« Brahms schrieb an Joachim: *Was soll ich Dir über Schumann schreiben; soll ich in Lobpreisungen seines Genies und seines Charakters ausbrechen, oder soll ich wehklagen, daß die Menschen wieder die große Sünde tun, einen guten Menschen und göttlichen Künstler so vielfach zu verkennen und so wenig zu verehren?*

Robert Schumann, in jenen Düsseldorfer Jahren zunehmend vereinsamt und krank, setzte sich mit schier überschwenglicher Begeisterung für Brahms ein. Am 28. Oktober 1853 erschien in der von ihm einst gegründeten »Neuen Zeitschrift für Musik« unter der Überschrift »Neue Bahnen« jener berühmte Aufsatz, in dem der Dreiundvierzigjährige auf den bis dahin wenig bekannten einundzwanzigjährigen Brahms so nachdrücklich aufmerksam machte, daß die Fachwelt aufhorchte:

»Es sind Jahre verflossen – beinahe ebensoviele, als ich der früheren Redaktion dieser Blätter widmete, nämlich zehn, – daß ich mich auf diesem an Erinnerungen so reichen Terrain einmal hätte vernehmen lassen. Oft, trotz angestrengter produktiver Tätigkeit, fühlte ich mich angeregt; manche neue, bedeutende Talente erschienen, eine neue Kraft der Musik schien sich anzukündigen, wie dies viele der hochaufstrebenden Künstler der jüngsten Zeit bezeugen, wenn auch deren Produktionen mehr einem engeren Kreise bekannt sind. Ich dachte, die Bahnen dieser Auserwählten mit der größten Teilnahme verfolgend, es würde und müsse nach solchem Vorgang einmal plötzlich Einer erscheinen, der den höchsten Ausdruck der Zeit in idealer Weise auszusprechen berufen wäre, Einer, der uns die Meisterschaft nicht in stufenweiser Entfaltung brächte, sondern wie Minerva, gleich vollkommen gepanzert aus dem Haupte des Kronion spränge. Und er ist gekommen, ein junges Blut, an dessen Wiege Grazien und Helden Wache hielten. Er heißt: ›Johannes Brahms‹, kam von Hamburg, dort in dunkler Stille schaffend, aber von einem trefflichen und begeistert zutragenden Lehrer gebildet in den schwierigsten Satzungen der Kunst, mir kurz vorher von einem verehrten bekannten Meister empfohlen. Er trug, auch im Äußeren alle Anzeichen an sich, die uns ankündigen: ›das ist ein Berufener‹. Am Klavier sitzend, fing er an, wunderbare Regionen zu enthüllen. Wir wurden in immer zauberischere Kreise hineingezogen. Dazu kam ein ganz geniales Spiel, das aus dem Klavier ein Orchester von wehklagenden und laut jubelnden Stimmen machte. Es waren Sonaten, mehr verschleierte Sinfonien, – Lieder, deren Poesie man, ohne die Worte zu kennen, verstehen würde, obwohl eine tiefe Gesangmelodie sich durch alle hindurchzieht, – einzelne Klavierstücke, teilweise dämonischer Natur von der anmutigsten Form, – dann Sonaten für Violine und Klavier, – Quartette für Saiteninstrumente, – und jedes so abweichend vom andern, daß jedes verschiedenen Quellen zu entströmen schien. Und dann schien es, als vereinigte er, als Strom dahinbrausend, alle wie zu einem Wasserfall, über die hinunterstürzenden Wogen den friedlichen Regenbogen tragend und am Ufer von Schmetterlingen umspielt und von Nachtigallenstimmen begleitet.

Wenn er seinen Zauberstab dahin senken wird, wo ihm die Mächte der Massen, im Chor und Orchester, ihre Kräfte leihen, so stehen uns noch wunderbare Blicke in die Geheimnisse der Geisterwelt bevor. Möchte ihn der höchste Genius dazu stärken, wozu die Voraussicht da ist, da ihm auch ein anderer Genius, der der Bescheidenheit innewohnt. Seine Mitgenossen begrüßen ihn bei seinem ersten Gang durch die Welt, wo seiner vielleicht Wunden warten werden, aber auch Lorbeeren und Palmen; wir heißen ihn willkommen als starken Streiter.

Es waltet in jeder Zeit ein geheimes Bündnis verwandter Geister. Schließt, die ihr zusammengehört, den Kreis fester, daß die Wahrheit der Kunst immer klarer leuchte, überall Freude und Segen verbreitend.«

Dieser Schumann-Aufsatz war aber auch für den verantwortungsbewußten Brahms eine schwere Last. Er hat nicht wenig dazu beigetragen, daß aus dem fröhlichen der ernste Brahms wurde. Der Komponist hatte das selbst rasch begriffen. Ein Jahr später schrieb er an Joachim: *Der Aar steigt einsam, doch das Volk der Krähen schart sich; gäbe doch Gott, daß mir die Flügel noch tüchtig wachsen und ich einst der anderen Gattung zugehöre.* Unmittelbar nach der Bekanntschaft mit den Schumanns hatte es noch so geklungen: *Ich brauche Dir wohl nicht lange zu erzählen, wie unendlich glücklich mich ihre über alle Erwartung freundliche Aufnahme machte. Ihr Lob hat mich so froh und kräftig gemacht, daß ich die Zeit nicht erwarten kann, wo ich endlich zu ruhigem Arbeiten und Schaffen kommen kann.*

In einem Punkt hatte Schumann bewundernswert recht: Der junge Brahms stand in seinen ersten vollgültigen Werken, den Klaviersonaten, dem es-Moll-Scherzo, den Liedern op. 2 und op. 5 stilistisch schon erstaunlich eigenständig da. Natürlich entwickelte sich seine musikalische Sprache in den späteren Jahren. Aber der besondere »Brahms-Stil« war schon fest und genau umrissen. Schumann tat ein übriges, um dem jungen Meister die Tore in die musikalische Welt zu öffnen. Er setzte sich bei Breitkopf & Härtel in Leipzig für die Veröffentlichung der ersten Werke des jungen Genies mit Nachdruck und Erfolg ein. Brahms reagierte in einem dankbaren Brief an Schumann: *Das öffentliche Lob, das Sie mir spendeten, wird die Erwartung des Publikums auf meine Leistungen so außerordentlich gespannt haben, daß ich nicht weiß, wie ich demselben einigermaßen gerecht werden kann. Vor allen Dingen veranlaßt es mich zur größten Vorsicht bei der Wahl der herauszugebenden Sachen.* Ende 1853 kommt ein weiterer Brief von Brahms: *Mynheer Domine! Verzeihen Sie diese lustige Anrede dem, der durch Sie so unendlich glücklich und froh gemacht ist. Nur das Schönste und Beste habe ich Ihnen zu erzählen. Ihrer warmen Empfehlung verdanke ich eine über alle Erwartung und besonders über alles Verdienst freundliche Aufnahme in Leipzig. Härtels erklärten sich mit vieler Freude bereit, meine ersten Versuche zu drucken. Es sind dies: op. 1, Sonate in C-Dur; op. 2, Sonate in fis-Moll; op. 3, Lieder; op. 4, Scherzo in es-Moll. Herrn Senff übergab ich zum Verlag: op. 5, Sonate in a-Moll für Geige und Pianoforte; op. 6, sechs Lieder. – Dürfte ich meinem zweiten Werke den Namen Ihrer Frau Gemahlin voransetzen? Ich wage es kaum, und möchte Ihnen doch so gerne ein kleines Zeichen meiner Verehrung und Dankbarkeit übergeben.*

Während des ersten Aufenthalts bei den Schumanns kam es sogar zu einer »Gemeinschaftsarbeit«, einer Violinsonate. »In Erwartung der Ankunft des verehrten und geliebten Freundes Joseph Joachim« schrieben Robert Schumann den zweiten und vierten Satz, Albert Dietrich den ersten und Johannes Brahms das c-Moll-Scherzo über das Ton-Motto »F. A. E.« (die Abkürzung für Joachims romantisches Motto »Frei, aber einsam«). Am 28. Oktober 1853 übergab Gisela von Arnim dem Geiger feierlich das Manuskript, aus dem dann Brahms und Joachim spielten. Der für Brahms so wichtige Aufenthalt bei den Schumanns in Düsseldorf endete Anfang November. Er kehrte erneut bei Joachim in Hannover ein. Dann ging's weiter nach Leipzig. Er lernte dort den Propheten der Lisztschen »Zukunftsmusik« und Herausgeber der »Neuen Zeitschrift für Musik«, Franz Brendel, kennen, außerdem Hector Berlioz, und traf erneut mit Liszt zusammen. Ansonsten widmete er sich den von Schumann eingeleiteten Verlagsverhandlungen. Am 17. Dezember 1853 trat er dort auch erstmals auf; er spielte in einem Abonnementskonzert seine C-Dur-Sonate und das es-Moll-Scherzo, mit freundlichem Erfolg. Das charaktertistische Urteil einer wohlmeinenden Zeugin: »Man hat so große Lust, ihn (Brahms) wegen Schumanns Weissagung lächerlich zu finden, streng gegen ihn zu sein, aber man vergißt alles, liebt und bewundert ihn ohne Ausnahme. – Seine Musik ist durchaus beethovenisch, hat eine ungeheure Tiefe und Kraft, einen großen Ernst und weniger gärende Elemente im Vergleich zu anderen Künstlern der Jetztzeit. Der zweite Satz seiner ersten Sonate, Variationen über das Volkslied ›blau, blau, Blümelein‹, ist nach meiner Meinung vollendet schön. Sein Scherzo tat mir hingegen nicht wohl.«

Wieder gab es keine Erwärmung des Verhältnisses zu Liszt und seinen Verehrern, trotz freundlichen Entgegenkommens des ›Meisters‹ selbst. Brahms berichtete dazu an Joachim: *Liszt war mit allen seinen Aposteln (auch Reményi) zum Berlioz-Konzert gekommen; es hat ihm unendlich geschadet. Durch das übertriebene Beifallgeben der weimarischen Clique rief man entschiedene Opposition hervor. Für sein eigenes Konzert am Montag fürchte ich. Trotz dem heftigen Widerstreben einiger Leipziger war mein erster Gang am Freitag zu Liszt. Ich bin sehr freundlich aufgenommen. Auch von Reményi. Alles Denken und Erinnern an Vergangenes vermied ich sorgfältig. Reményi hat sich sehr zu seinem Nachteil verändert. Liszt besuchte mich auch mit Cornelius etc. Freitag war ich bei David, auch Liszt, Berlioz etc. Sonntag sogar bei Brendel, trotz der gräßlichen Gesichter, welche die Leipziger schnitten. – Berlioz lobte mich so unendlich warm und herzlich, daß die Übrigen demütig nachsprachen. Gestern Abend bei Moscheles war er ebenso freundlich. Ich muß ihm sehr dankbar sein.*

Zum Jahresende war der nun so plötzlich in der Musikwelt bekannt gewordene Einundzwanzigjährige wieder bei den Eltern in Hamburg. Von dort gingen die ersten in Leipzig gedruckten Brahms-Noten zu Schumann, mit einem Brief: *Verehrter Freund! Hiermit nehme ich mir die Freiheit, Ihnen Ihre ersten Pflegekinder (die Ihnen Ihr Weltbürgerrecht verdanken) zu übersenden; sehr besorgt, ob sie sich noch derselben Nachsicht und Liebe von Ihnen zu erfreuen haben. Mir sehen sie in der neuen Gestalt noch viel zu ordentlich und ängstlich, ja philisterhaft aus. Ich kann mich noch immer nicht daran gewöhnen, die unschuldigen Natursöhne in so anständiger Kleidung zu sehen. Ich freue mich unendlich darauf, Sie in Hannover zu sehen, um Ihnen sagen zu können, daß meine Eltern und ich Ihrer und Joachims übergroßer Liebe die seligste Zeit unseres Lebens verdanken. Ich sah meine Eltern und Lehrer überglücklich wieder und verlebe eine wonnige Zeit in ihrer Mitte.*

Schon am 3. Januar 1854 traf Brahms wieder bei Joachim in Hannover ein. Hier lernte er unter anderen Heinrich Marschner und den für sein Leben später so wichtigen Hans von Bülow kennen. Der erinnerte sich dieser ersten Begegnung so: »Den Robert Schumann'schen jungen Propheten habe ich ziemlich genau kennen gelernt; er ist seit zwei Tagen hier und immer mit uns. Eine sehr liebenswürdige, kandide Natur und in seinem Talente wirklich etwas Gottes-Gnadentum im guten Sinne.«

In Hannover kam es auch noch einmal zu fröhlicher Begegnung mit dem Ehepaar Schumann, das dort, von einer Holland-Konzertreise zurückkehrend, Station machte. Man freute sich vor allem des offensichtlichen Erfolges, den Brahms in der Musikwelt nicht zuletzt dank Schumanns Aufsatz erringen konnte. Es zeigte sich aber auch, daß Brahms vom frühen Ruhm so leicht nicht irritiert werden konnte. Immer wieder vertrat er die Ansicht, daß es nicht gut sei, wenn junge Leute ihre unfertigen Sachen so schnell wie möglich unters Volk bringen wollen. In einem Gespräch meinte er später dazu: *Fragen Sie doch in der Musikalienhandlung Cramer nach, was er mir, als ich noch gar nicht sehr bekannt war, für Angebote gemacht hat! Er wollte alles drucken, was ich ihm geben würde. – Ich hätte das Geld damals wohl brauchen können, und doch habe ich ihm nichts gegeben... Was habe ich für Respekt vor der Druckerschwärze gehabt! Der Zettel ist noch da, auf welchem Schumann und Joachim diejenigen meiner Jugendwerke verzeichneten, die ich herausgeben sollte. Und doch sind nur ein paar Stücke davon erschienen.* Als man später fragte, ob noch etwas von seinen früheren Arbeiten vorhanden sei, meinte er: *Gott bewahre! Das Zeug ist alles verbrannt worden. Die Kisten mit den alten Skripturen standen lange in Hamburg. Als ich vor zwei oder drei Jahren dort war, ging ich auf den Boden – die ganze Kammer war aufs Schönste mit meinen Noten tapeziert, sogar die Decke. Ich brauchte mich nur auf den Rücken zu legen, um meine Sonaten und Quartette zu bewundern. Es machte sich sehr gut. Da hab' ich alles heruntergerissen – besser ich tu's als andere! – und auch das Übrige mitverbrannt.* Der Jubel bei seiner frühen Anerkennung hielt den ernsten, gründlichen jungen Mann nicht von kritischem Streben ab, das gar zu oft von Zweifeln überschattet, im Grunde wenig romantisch war. Charakteristisch dafür ist eine spätere Anmerkung zu Arbeiten anderer: *Das darf einem so nicht einfallen! – Glauben Sie, eines von meinen paar ordentlichen Liedern ist mir fix und fertig eingefallen? Da habe ich mich kurios geplagt!*

Da erreichte ihn, noch in Hannover, die Nachricht vom Selbstmordversuch Robert Schumanns. Am 27. Februar 1854, dem Rosenmontag, hatte sich der Düsseldorfer Musikdirektor, geistig verwirrt, von der Brücke in Oberkassel in den Rhein gestürzt. Er wurde zwar durch eine Schiffsbesatzung gerettet, aber anschließend in eine Irrenanstalt in Bonn-Endenich eingeliefert. Vor dem Sprung in den Fluß hatte er übrigens noch seinen Ehering hinuntergeworfen. – In Endenich verdämmerte er nun, von der Familie getrennt, sein Leben.

Drei Tage später traf Brahms bei Clara Schumann in Düsseldorf ein. Er stand der verehrten, längst auch schon heftig angebeteten Frau zur Seite, führte zeitweise das sogenannte Schumannsche Haushaltsbuch. Damit war seine »Werther-Zeit« angebrochen. Clara Schumann wurde die größte Liebe seines Lebens. Wer war diese Frau?

Sie war die Tochter des Leipziger Musikpädagogen und Klavierhändlers Friedrich Wieck, um vierzehn Jahre älter als Brahms. Ein Wunderkind, das der Vater selbst im Klavierspiel ausgebildet hatte und Thomaskantor Theodor Weinlig in Theorie und Komposition. Zu Weinligs Schülern zählte übrigens auch Richard Wagner. Bei Weinlig schrieb Clara ihr erstes Lied, »Schwäne kommen gezogen«. Neunjährig debütierte sie als Klaviervirtuosin im Leipziger Gewandhaus. Paganini bewunderte ihr Talent. Und der zweiundachtzigjährige Goethe meinte: »Das Mädchen hat mehr Kraft als sechs Knaben zusammen.« Sie ging auf erfolgreiche Kunstreisen bis Paris und Wien, wo Grillparzer sie in einem Gedicht feierte und der Kaiser ihr als erster Frau der Welt den Titel einer K. u. K. Kammervirtuosin verlieh. Sie musizierte gemeinsam mit Mendelssohn und mit Liszt und wurde schon unter ihrem Mädchennamen eine internationale Berühmtheit. Im September 1840 heiratete sie gegen den Willen des Vaters den neun Jahre älteren, damals noch kaum bekannten Robert Schumann. Der hatte, nach zermürbenden Kämpfen, Wiecks Einwilligung zur Heirat schließlich durch Gerichtsbeschluß erzwungen. Sie gebar ihm hintereinander sieben Kinder. Das letzte, Sohn Felix, kam zur Welt, als sich die Tore der Endenicher Irrenanstalt schon hinter ihrem Manne geschlossen hatten. Nach dem Tod Schumanns hatte Clara allein für Unterhalt, Erziehung und Ausbildung ihrer Kinder zu sorgen. Sie nahm ihre Konzertreisen wieder auf, gab Unterricht, wurde nachgerade zum »Klaviermythos« des 19. Jahrhunderts. Bach, Beethoven, Mozart, Mendelssohn, Chopin, später Schumann und Brahms standen im Zentrum ihrer Interpretationen. Sie wurde gefeiert in Deutschland, Rußland, England, Holland, Belgien und Frankreich. Größte Virtuosität zeichnete ihr Spiel aus. Ihre Tongebung wurde beschrieben als »schlank zwar, aber ungemein intensiv, singend und von Gefühl erfüllt«. Das charakteristische »gebundene Spiel« hatte bereits Spohr bei der Zwölfjährigen bewundert. Ihm hat sie übrigens ihr Klavierkonzert op. 7 gewidmet, das sie im November 1835 im Leipziger Gewandhaus uraufführte. Gewiß fand sie auch Kritiker. So notierte am 9. November 1872 die Liszt-Tochter Cosima, Gattin Richard

Wagners, in ihr Tagebuch: »Ich erzählte ihm [Richard Wagner] meinen Schreck, als ich die berühmte Mme. Schumann spielen hörte – diese Vortragslosigkeit!« Nun war Clara Schumann zum einen höchst engagierte Kritikerin der Musik Wagners, also für Cosima ohnehin persona non grata, zum anderen war die Liszt-Tochter natürlich auf den blendenden, extravaganten und freizügigen Klavierstil ihres Vaters fixiert. Werktreue und Beseeltheit, offenbar Charakteristika des Klavierspiels Claras, berührten sie nicht. Interessant ist aber gerade deshalb, welche Antwort ihr Wagner auf ihre Mitteilung über Claras Spiel gab:»Ja, sagt R.«, so notierte sie in ihr Tagebuch,»denn das Theater übt einen Einfluß auf alles«.

Clara Schumann war, unterstützt von Brahms, später auch Herausgeberin der ersten Schumann-Gesamtausgabe. Schumann selbst hat drei ihrer Lieder aus Rückerts »Liebesfrühling« (op. 12) in seinen Zyklus op. 37 aufgenommen. Ihre Kompositionen, vor allem natürlich Klaviermusik, aber auch – unter dem Einfluß des Gatten – Lieder sowie sehr ernstzunehmende Kammermusik, erfreuen sich heute zu Recht wachsenden Interesses.

Die Ehe der Schumanns war nicht unproblematisch. Sie kam zustande, weil der nervöse und reizbare Robert in einer geregelten bürgerlichen Existenz in Familie, mit einer musischen Frau, den Ausweg aus seinen seelischen Nöten, vielleicht auch aus homosexueller Neigung, suchte. Und die junge Frau, begabt und ehrgeizig, vom Vater an eisernes Arbeiten an der Pianisten-Karriere gewöhnt, suchte in der Partnerschaft mit dem Komponisten den Ausweg aus der väterlichen Zwangsherrschaft. So blieb es nicht aus, daß beide einander in vielen Punkten auch bitter enttäuschten. Sie erfüllte ihre Ehepflichten als Hausfrau und Mutter und suchte und fand zudem die geistige Anregung im Austausch mit dem Partner, vor allem im Literarischen; sie war eine große Jean Paul- und Goethe-Verehrerin. Aber sie wollte auch auf ihre Karriere als Pianistin und aufs Komponieren nicht verzichten. Schumann, der um seine Anerkennung als Komponist rang, fühlte sich während der erfolgreichen Konzerttourneen seiner umschwärmten Frau gedemütigt. So gab es immer wieder beträchtliche Spannungen zwischen den beiden.

In Düsseldorf, während des im ganzen glücklosen Musikdirektorats Roberts, wirkte das Auftauchen des jungen, sympathischen, blondmähnigen Hamburger Pianisten und Komponisten Brahms auf Clara wie ein Lichtstrahl in fahler Dämmerung. Brahms wurde rasch der beliebte Spielgefährte der Schumann-Kinder. Seine Kinderliebe bewahrte er sich übrigens bis ins Alter. Zeigte er sich später Erwachsenen gegenüber oft reizbar und distanziert kühl, so blieb er beim Umgang mit Kindern immer »die Sanftheit in Person«. Noch später in Wien ging er nie auf die Straße, ohne in seinen tiefen Rocktaschen Süßigkeiten für die Kinder zu haben.

Brahms sah im dankbar verehrten Meister Schumann und in dessen kunstsinniger, lebens- und welterfahrener Frau zuallererst die großen Vorbilder. Daß die Verehrung für die Pianistin bei dem jungen Mann rasch einem weit persönlicheren Gefühl wich, war eigentlich kein Wunder. Wie dies Gefühl sich entwickelte, offenbaren allein die sich wandelnden Anreden in Brahms-Briefen an Clara. »Verehrte Frau« heißt es da zunächst, dann »Teuerste Freundin«, »Geliebteste Freundin«. Schließlich: »Innigst geliebte Freundin«, »Geliebte Frau« und endlich: »Liebe Clara«. Daß sich während Schumanns Dahindämmern in Endenich bei Brahms die Fürsorge für die nun mit ihren Kindern alleinstehende Frau in tiefe Leidenschaft wandelte, ist aus den erhaltenen Briefen leicht ablesbar. Briefe Claras aus jener Zeit an Brahms sind nicht überliefert. Aber einige Zeugnisse ihrer Zuneigung gibt es doch. Während er ihr schrieb: *Jedes Wort reut mich, das ich an Sie schreibe und das nicht von Liebe spricht,* antwortete sie: »Bekomme ich nicht bald einen langen Brief? Mache mir die Weihnachtsfreude – es ist ja ernst genug für mich! Nimm Dir Zeit dazu, lieber Johannes – eine Minute mehr, und manche Freundlichkeit ist gesagt und bereitet Freude. Leb wohl, lieber Johannes. Es war schön, daß Du kamst, nur gar so kurz – fast ein Traumbild! – Innig Deine Clara.« Im Mai 1856, einige Wochen vor Schumanns Tod in Endenich, schrieb Brahms an Clara: *Ich will doch meine neuliche Überrumpelung nicht gleich wahrnehmen! Die mit dem ›Du‹ nämlich. Ich dachte ich wollte doch nicht Deine augenblickliche Güte und Liebe benutzen, es möchte Dir später nicht recht sein. Deshalb schreibe ich auch immer noch per Sie. Diese Belagerung und Eroberungsgeschichte hat denn auch wohl Zusammenhang mit der unbeantworteten Frage? Oder nicht?*

War da die Frage an Clara gemeint, ob sie eines Tages frei sein würde für den verliebten Brahms? Frei für eine gemeinsame Zukunft? – Der Schumann-Protégé und die Schumann-Gattin kamen in den wenigen Jahren bis zu Roberts Tod einander immer näher. Brahms, der Schumanns Bibliothek studierte, drang zugleich tief in den Geist der Schumannschen Musik, der damaligen deutschen musikalischen Romantik ein. Clara Schumann hatte freilich bald für den eigenen, kinderreichen Haushalt zu sorgen. Sie ging ruhelos auf Konzertreisen, sogar außerhalb des Landes. Einmal, nach Rotterdam, reiste Brahms der Geliebten nach. Das ging freilich über seine eigenen finanziellen Verhältnisse. Er verdiente sein Geld mühsam mit Stundengeben. Aus Düsseldorf berichtete er Clara Schumann über den Zustand des Kranken in Endenich in schwärmend romantischer Pose: *Ich scheue mich fast, Ihnen zu schreiben, daß ich auch Ihren geliebten Mann gesehen habe; es kommt mir – hart – vor, daß wir, die wir ihm so unendlich ferner stehen, ihn eher sehen als Sie. Ich gönne es mir nicht, wenn ich an Sie denke. Den 19.* (August 1854, H. Sch.) *war ich in Bonn, mit Reimers ging ich nach Endenich, wir sprachen den Arzt, und ich war überglücklich, als dieser mir Hoffnung machte, Herrn Schumann sehen zu können. – Es war ungefähr 4 Uhr nachmittags. Herr Sch. trank Kaffee und kam dann in den Garten (es war heitres Wetter). Ihr teurer Mann hat sich nicht im geringsten verändert, nur etwas stärker ist er geworden. Sein Blick ist freundlich und helle, seine Bewegungen sind ganz dieselben wie früher, die eine Hand hielt er beständig an den Mund, er rauchte in kleinen Zügen wie sonst, sein Gang und sein Gruß waren freier und fester, was ja natürlich ist, da ihn keine großen Gedanken, kein Faust beschäftigen. Der Arzt redete ihn an, ich konnte ihn leider nicht sprechen hören, doch war sein Lächeln und dem Ansehn nach sein Sprechen ganz wie früher. – Herr Sch. besah dann die Blumen und ging tiefer in den Garten, der schönen Fernsicht entgegen, ich sah ihn verschwinden, während ihn die Abendsonne herrlich umleuchtete. Meine Gefühle in dieser Stunde kann ich Ihnen nicht beschreiben, ich zitterte heftig und konnte mich nur mit größter Kraft halten, nicht hinauszurufen, zu ihm zu eilen. Ich konnte Ihnen nicht wünschen, meine Stelle zu vertreten. Sie hätten es nicht ausgehalten, ich konnte es kaum. – Noch einiges, was mir der Arzt und Frl. Reumont erzählte, will ich Ihnen mitteilen. Ihr Mann hat dem Frl. R. in dem Schererschen Liederbuch alle Lieder gezeigt, die er früher komponiert hat. Unter anderem sagte er, das Lied: ›Du bist wie eine Blume‹ sei sein erstes gewesen! Dem ist ja so. In dem Zimmer des Frl. R. kannte er auch den schönen Kopf von Raphael wieder, der in Ihrem Zimmer hängt, und erzählte, daß er ihn besitze in Düsseldorf. Auch zeigte Herr Sch. in einer Sammlung Porträts aller ihm bekannten berühmten Männer: Schiller, Goethe, Copernicus usw. Dann zeigte er die Dichter, die ihm persönlich bekannt sind, auf Goethe zeigend, sprach er lächelnd: ›Den leider kannte ich nicht‹. – Das ist wohl der echte Schumann? – Recht geradezu möchte ich Ihnen jetzt eine Bitte sagen, verehrte Frau, von der ich wünschte, Sie möchten dieselbe nicht mißverstehen: Seien Sie recht vorsichtig mit Ihren Briefen an die Ärzte in Endenich! Die Herren glaubten, besonders in Ihrem letzten Brief gesehen zu haben, daß Sie zu zuversichtlich auf baldige Genesung hofften, sie meinten, Herr Grimm müsse Ihnen zu freudig erregt geschrieben haben. – Ich möchte Ihnen raten, trotzdem es so sehr unbescheiden ist: in Ihren Briefen dahin nicht so viel Hoffnung zu zeigen, als Sie hoffentlich haben! – Hoffen Sie aber wie ich, fester und fester, wenn auch langsame, doch gänzliche Genesung des Teuren. – Die Herren Ärzte kennen Sie beide nicht; glaubte ich doch auch, ehe ich Sie kannte, solche Menschen und solche Ehe könne nur in der Phantasie der schönsten Männer existieren. – Der Arzt weiß nicht, was Sie leiden, und er kann Sie nur nach Ihren Briefen beurteilen, und sind diese exaltiert, so hält er Sie dafür. – Ich hätte dies Ihnen lieber mündlich gesagt,*

*um es vorsichtiger tun zu können und mit Gründen mehr zu belegen, doch
hoffe ich, Sie werden sich selbst die Notwendigkeit beweisen und bedenken,
daß die Ärzte sich mit ihren Briefen etwas nach den Ihrigen richten, etwas.
Finden sie dieselben zu hoffnungsvoll, so meinen sie, kälter schreiben zu
müssen. – Ich darf Ihnen auch nicht verschweigen, daß Ihr Mann in den letzten Tagen Gehörstäuschungen hatte. Die Wiederkehr derselben von Zeit zu
Zeit wird Sie doch nicht zu sehr beunruhigen können?. – Entschuldigen Sie
die schändliche Schrift, doch ich kann meine Hand gar nicht regieren beim
Buchstabenschreiben. Noten male ich besser. – Werden Sie nicht böse, aber
ich muß noch einen Bogen hinzulegen! So oft ich Ihre Briefe auch gelesen
habe, vergaß ich doch, einiges drin zu beantworten. – Ob ich das Meer gesehen habe? Nein. – Aber Kämpfe habe ich mit mir bestanden, nicht Ihnen
nachzureisen. Die Reise nach Ostende, das Leben in einem Badeorte ist zu
teuer, als daß ich's wagen dürfte; bei Ihrer Abreise konnte ich die Scheu davor nicht überwinden, hätte ich's nur getan, jetzt geht's nicht mehr...Ich will
rasch den Brief zusammenpacken, damit Sie in Ostende auch noch etwas anderes tun können, als meine Briefe lesen. – Bleiben Sie mir doch recht gut! Ihr
Johannes B.*

In jener Zeit komponierte Brahms wenig. Aber er schloß sein bedeu-
tendes Klaviertrio H-Dur, op. 8, in erster Fassung ab, beendete die ersten
Variationen Op. 9 über ein Thema Robert Schumanns, schrieb die Klavier-
Balladen op. 10, arbeitete an der Konzeption seines 1. Klavierkonzertes
d-Moll (zuerst viersätzig, als Sonate für zwei Klaviere, dann dreisätzig als
Sinfonie geplant). In Düsseldorf führte er seine bereits in Hamburg be-
gonnene Sammlung »Schatzkästlein des jungen Kreisler« fort. Auch neue
Lieder entstanden.

Düsseldorf verließ er im August 1854, reiste mit dem Freund Julius Otto
Grimm im Dampfschiff von Köln nach Mainz, dann mit der Bahn über
Frankfurt nach Heidelberg. Anschließend folgte eine viertägige Fußwanderung den Neckar entlang. Von dort ging's per Eisenbahn nach Ulm und
wieder zurück nach Düsseldorf. Brahms traf dort wieder mit Clara zusammen. In einem Brief an Grimm schrieb er: *Sie* (Clara Schumann) *ist
Sonnabend hier angekommen, hat uns überraschen wollen und auch wirklich überrascht – mich im Bette – Ich habe immer in Herrn Schumanns Zimmer geübt und geschrieben, oben war ich nur Nachts. ... Verzeih' die schändliche Schrift, aber Frau Schumann sitzt unten und entweder sie oder ich – einer von Beiden sehnt sich nach dem anderen.* Im November kam Clara
Schumann auch zu Konzerten nach Hamburg und besuchte Brahms' Eltern. Brahms schenkte ihr eine Klavier-Bearbeitung des Klavierquintetts
op. 44 von Schumann zum Geburtstag.

Im April 1855 nahmen die beiden in Hamburg an einer Aufführung von

Schumanns »Manfred« teil. Clara wohnte einige Tage bei den Eltern von Brahms. Dann reisten Brahms und Clara Schumann gemeinsam von Düsseldorf nach Bad Ems, wo sie im Juli mit Jenny Lind konzertierte. Es folgte eine fünftägige idyllische Fußwanderung der beiden den Rhein entlang. Im August bezogen sie gemeinsam in Düsseldorf eine neue Wohnung. Doch Clara ging schon bald wieder auf Reisen, zum Teil mit Johannes Brahms und Joseph Joachim. Im November waren sie zu zwei Soireen in Danzig. Brahms spielte dort Beethovens Fantasie op. 77, Bachs Chromatische Fantasie und Fuge und seine C-Dur-Klaviersonate; zusammen mit Clara spielte er Robert Schumanns Variationen für zwei Klaviere op. 46, und mit Joachim eine G-Dur-Violinsonate Haydns und das h-moll-Rondo von Schubert. In Bremen trat Brahms bald darauf als Solist mit Beethovens Es-Dur-Klavierkonzert auf. Ende November hörte man ihn auch in seiner Geburtsstadt u. a. mit diesem Beethoven-Konzert, für das er eigene Kadenzen schrieb. Seine Erfolge als Solist waren damals freilich mäßig. Man fand das Spiel des von Schumann so Gelobten etwas zu spröde und kühl. Das war auch im Januar 1856 so, als Brahms wieder im Leipziger Gewandhaus konzertierte. Er spielte dort Beethovens G-Dur-Konzert op. 58, auch mit eigenen Kadenzen, sowie Solo-Werke von Schumann. Die Leipziger Kritik fand seine Technik nicht virtuos genug. Auch Brahms war nicht glücklich über sein Spiel. Schon im September 1855 hatte er Freund Grimm mitgeteilt: *Ich will diesen Winter öffentlich spielen und bemerke mit Schrecken, daß meine Scheu, vor Leuten zu spielen, gar zu sehr überhand genommen hat.* Dafür begann aber mit der Arbeit am 1. Satz der 1. Sinfonie op. 68 eine neue, wichtige Etappe im kompositorischen Schaffen: die Eroberung der großen sinfonischen Formen auf den Spuren Beethovens, gemäß der Vorhersage Schumanns.

Er blieb immerfort auf Reisen, war oft von Clara Schumann, die ihre pianistische Karriere mit Energie weiter betrieb, wider Willen getrennt. Das Schicksal des unglücklichen Schumann in Endenich schwebte dabei wie ein Damoklesschwert über beiden. Gelegentlich schickte er Briefe aus der Anstalt an seine Frau. Sie klangen hoffnungsvoll. Brahms hat das Eintreffen eines solchen Briefes romantisch verklärend und zugleich beklemmend geschildert: *Sie (Clara Schumann) öffnete den Brief und konnte mir kaum zulallen ›Von meinem Mann!‹ Lesen konnte sie lange nicht. Dann aber, welch unaussprechliche Wonne. Sie sah aus, wie der F-Dur-3/4-Satz im Finale von ›Fidelio‹(Leonore: »O Gott! Welch ein Augenblick« – Florestan: »O unaussprechlich süßes Glück!«), ich kann's nicht anders beschreiben. Weinen kann man nicht darüber, aber das ganze Gesicht zieht sich zusammen vor stillem, wonnigen Schauer. – ›Juble mit mir, Geliebter, von Zweifel kann doch nicht mehr die Rede sein?‹*

Der kranke Schumann drängte auf Entlassung aus der Endenicher Anstalt. Da Clara im April 1856 auf Konzertreise nach England gehen wollte, besuchte Brahms den Patienten in Bonn. Anschließend begab er sich auf die Suche nach einer anderen angemessenen Anstalt für den keineswegs Genesenen. Er besuchte die Irren- und Wasserheilanstalt Kenneburg bei Eßlingen. Erfolglos. Im Mai nahm er am 34. Niederrheinischen Musikfest in Düsseldorf teil, lernte dort den für sein Liedschaffen als Interpreten wichtigen Sänger Julius Stockhausen kennen, schloß Freundschaft mit dem norddeutschen Landsmann und Poeten Klaus Groth. Am 29. Mai konzertierte er mit Stockhausen in Köln und spielte dort neben Werken von Beethoven, Schubert und Bach auch die Romance op. 21,1 von Clara Schumann, ein Stück, das um die Zeit der ersten Begegnung zwischen Brahms und den Schumanns entstanden war und in dem etwas vom nachhaltigen Eindruck widerklingt, den er der Frau damals machte. Am 4. Juni traf er dann die aus England zurückkommende geliebte Frau, unternahm mit ihr einen Ausflug nach Ostende und kehrte am 6. Juli mit ihr zusammen nach Düsseldorf zurück.

Über die folgenden Tage berichtete er im September an Freund Grimm: *Ich war zu Schumanns Geburtstag bei ihm (8. Juni). Ich fand ihn merkwürdig verändert plötzlich gegen das letzte Mal. Frau Clara kam dann aus England. Gleich mit Ihrer Ankunft auch schlimmere Nachrichten aus Endenich. Acht Tage vor seinem Tode (Mittwoch) erhielten wir eine telegraphische Depesche. Ich las sie nur, sie hieß ungefähr: ›Wollen Sie Ihren Mann noch lebend sehen, so eilen Sie unverzüglich hierher. Sein Anblick ist freilich grausenerregend.‹ – Wir fuhren hinüber. Er hatte einen Anfall gehabt, von dem die Ärzte glaubten, er hätte den Tod sogleich zur Folge. (Ich weiß den Namen nicht, ein Lungenkrampf?) Ich ging zu ihm, sah ihn jedoch gerade in Krämpfen und großer Aufregung, so daß auch ich wie die Ärzte Frau Schumann abrieten, zu ihm zu gehen und sie zur Rückreise zu bewegen. – Schumann lag immer, nahm nichts mehr zu sich als löffelweise Wein und Gelee. Frau Klaras Leiden aber in den Tagen war so groß, daß ich ihr Sonnabend abend vorschlagen mußte, wieder hinüberzugehen und ihn zu sehen. Jetzt und immer danken wir Gott, daß es geschehen, denn es ist für ihre Ruhe unumgänglich nötig. Sie sah ihn noch Sonntag, Montag und Dienstag früh. Den Nachmittag um vier starb er (29. Juni 1856). – Ich erlebe wohl nie wieder so Ergreifendes, wie das Wiedersehen Roberts und Klaras. Er lag erst länger mit geschlossenen Augen und sie kniete vor ihm, mit mehr Ruhe, als man es möglich glauben sollte. Er erkannte sie aber hernach und auch den folgenden Tag. Einmal begehrte er deutlich, sie zu umarmen, schlug den einen Arm weit um sie. Sprechen konnte er freilich schon länger nicht mehr, nur einzelne Worte konnte man (vielleicht mehr sich einreden zu) verstehen. Schon das mußte sie beglücken. Er verweigerte öfter den gereichten Wein, von ihrem Finger sog er ihn manchmal begierig und lange ein und so heiß, daß man bestimmt wußte, er kannte den Finger. – Dienstag Mittag kam Joachim von Heidelberg, das hielt uns etwas in Bonn auf, sonst wären wir vor seinem Entschlafen gekommen, so kamen wir eine halbe Stunde hernach. Es ging wie Dir beim Lesen; wir hätten freier atmen sollen, daß er erlöst, und wir konnten's nicht glauben. – Er war sehr sanft entschlafen, daß es kaum bemerkt worden ist. Dann sah er ruhig als Leiche aus, wie wohltuend alles war. Länger hätte es seine Frau auch nicht aushalten können. Donnerstag abend beerdigten sie ihn. Ich trug ihm den Kranz vor, Joachim und Dietrich gingen mit, Mitglieder eines Singvereins trugen den Sarg, es wurde geblasen und gesungen. Die Stadt hatte einen schönen Platz schon vorher für den Fall bestimmt und mit fünf Platanen besetzen lassen. – Wir (Joachim, Klara und ich) haben Schumanns hinterlassene Papiere geordnet (und das ist eben alles, was er geschrieben!) Man lernt den Mann mit jedem Tag höher lieben und verehren, da man so mit ihm verkehrt. Ich werde viel und oft mich darin vertiefen.*

Klaus Groth nahm an Schumanns Leichenbegängnis teil und berichtete darüber:»Bei Otto Jahn versammelten wir uns, um uns der Begräbnisfeier anzuschließen. Ferdinand Hiller war da, Reintaler, Grimm, der Bürgermeister von Bonn und eine Anzahl würdiger Männer. Als der Trauerzug durch das Coblenzer Tor getreten war, folgten wir auf ein gegebenes Zeichen, ich weiß nicht mehr genau an welcher Straßenecke. Aber das ist mir noch deutlich in Erinnerung, daß der Zug, der von Endenich hereinkam, nur klein war. An einem wundervollen Sommerabend am 31. Juni, in lauer, stiller Luft, nahte er uns. Bloßen Hauptes gingen Brahms, Joachim und Dietrich mit Lorbeerkränzen nahe dem Sarg. Brahms und Joachim habe ich noch deutlich vor Augen, beide im schönsten Haarschmuck junger Männer, Joachim dunkelbraun, Brahms hellblond, beiden Gesichtern in ebenso entschiedener Art die Genialität aufgeprägt. Feierlich still wanderte das kleine Gefolge, bis die Straße sich erweiterte, und vom Markt her, dem wir uns näherten, allmählich das Glockengeläute lauter wurde. Aber siehe, da strömte es aus den Gassen herbei, als gälte es, einen Fürstenzug zu sehen.«

Der Tod des verehrten Schumann bedeutete im Leben von Johannes Brahms eine entscheidende Zäsur. Zunächst vor allem im Persönlichen: Zwei Wochen nach Schumanns Beerdigung ging er mit Clara Schumann, ihren Söhnen Ferdinand und Ludwig, und seiner Schwester Elise auf eine Rheinreise, flußaufwärts in die Schweiz bis zum Vierwaldstätter See. Anschließend war man vier Tage bei Freund Joachim in Heidelberg. Dann ging's wieder zurück nach Düsseldorf. Aber schon am 21. Oktober war

Brahms bei den Eltern in Hamburg, gab dort ein eigenes Konzert, nahm im November an der Hamburger Gedächtnisfeier für Schumann teil; er spielte dabei Schumanns Klavierkonzert, mit Joachim Schumanns zwei Fantasiestücke op. 73 in der Bearbeitung für Violine und Klavier sowie die Chaconne d-Moll aus Bachs Solo-Suite mit Schumanns Klavierbegleitung. Weihnachten war er wieder bei Clara in Düsseldorf. Die kompositorische Arbeit erhielt neue Impulse: Es begannen die Arbeiten am Deutschen Requiem, das 1. Klavierkonzert d-Moll wurde beendet, die Variationen über ein eigenes Thema op. 21, Nr. 1 für Klavier entstanden. Dazu Orgelwerke. Ende Mai 1857 reiste Brahms, auf Clara Schumanns Empfehlung, nach Detmold und konzertierte erfolgreich bei Hofe. Am 8. Juni nahm er in Bonn an der Aufstellung des Grabsteins für Robert Schumann teil. Wenige Tage später machte er mit Clara Schumann und ihren jüngeren Kindern Sommerurlaub am Rhein, in Oberwesel und St. Goarshausen. Aber dann kam die Trennung: Clara Schumann siedelte mit ihren Kindern nach Berlin über, Brahms nahm am Beethovenfest der Naturforscher in Bonn teil und ging anschließend an den Hof des Fürsten Leopold III. zur Lippe nach Detmold als Klavierlehrer, Pianist und Dirigent des Hof-Chores.

Was war geschehen? Der Schatten des toten Schumann stand stärker als zunächst gedacht über dem künftigen Leben der Witwe und dem des nun vierundzwanzigjährigen Brahms. Der nahm die Chance der Verbindung mit der frei gewordenen geliebten Frau nicht wahr. Er zog sich zurück. Noch kurz vor Schumanns Tod hatte er ihr geschrieben: *Meine geliebte Clara, ich möchte, ich könnte Dir so zärtlich schreiben, wie ich Dich liebe, und so viel Liebes und Gutes tun, wie ich Dir's wünsche. Du bist mir so unendlich lieb, daß ich es gar nicht sagen kann. In einem fort möchte ich Dich Liebling und alles Mögliche nennen, ohne satt zu werden, Dir zu schmeicheln. Wenn das so fort geht, muß ich Dich später unter Glas setzen oder sparen und in Gold fassen lassen.* Seine Zuneigung stieß auf deutliche Erwiderung bei der älteren, in ihrer Liebe neu aufblühenden Frau, zumal nach den letzten Jahren ihrer Ehe mit dem schwierigen, kranken Schumann. Nun aber mußte die gewiß tief Enttäuschte im Oktober 1857 folgende Zeilen von Brahms lesen: *Leidenschaften gehören nicht zum Menschen als etwas Natürliches, Sie sind immer Ausnahme oder Auswüchse. Bei wem sie das Maß überschreiten, der muß sich als Kranken betrachten und durch Arznei für sein Leben und seine Gesundheit sorgen. Ruhig in der Freude und ruhig im Schmerz und Kummer ist der schöne, wahrhafte Mensch, Leidenschaften müssen bald vergehen, oder man muss sie vertreiben.*

Sie war nicht die einzige Frau im Leben des Johannes Brahms, die solches Schicksal erleiden mußte. Nur wenige Jahre später trennte er sich in

Göttingen von der jungen Agathe von Siebold und schrieb an sie: *Ich liebe Dich! Ich muß Dich wiedersehen! Aber Fesseln tragen kann ich nicht...* Der Brahms-Forscher Hans Gal bemerkt dazu treffend: »Das eigentliche Rätsel bei Brahms wie beim jungen Goethe ist seine Fluchtbereitschaft. Dies Motiv wiederholt sich in allen Liebesverwicklungen seines Lebens.«

Aus der brennenden Leidenschaft zwischen Clara und Brahms wurde eine lebenslange, enge Freundschaft. Auf dieses »Maß« schraubte Brahms in seiner künftigen Korrespondenz mit ihr die Hoffnungen und Wünsche der Alleingelassenen liebevoll diplomatisch zurück. So hieß es in einem Brief aus Detmold 1858: *Mit meinen Sachen mache doch immer, was Dir gefällt; wenn kein Mißbrauch damit geschieht, so laß abschreiben, was das Glück hat, den Leuten lieb zu sein. Ich möchte Dich nur bitten, die Leute nicht in einen Enthusiasmus zu versetzen durch Deinen, den sie nachher nicht begreifen. Du verlangst viel zu schnelle und feurige Anerkennung des Talents, das Dir gerade lieb ist. Die Kunst ist eine Republik. Das solltest Du mehr zu Deinem Spruch machen. Du bist viel zu aristokratisch. – Weise nicht einem Künstler einen höhern Rang an, und verlange nicht von Kleinern, sie sollen ihn als Höhern, als Konsul ansehen. Durch sein Können wird er ein geliebter und geachteter Bürger der besagten Republik, aber kein Konsul oder Imperator.*

Nur selten wurde die lebenslange Freundschaft zwischen den beiden getrübt. Wenn, dann meist durch Schroffheiten seitens Brahms'. Clara Schumann blieb die ihm stets am nächsten stehende Frau. Noch 20 Jahre später schrieb er an Sie: *Ich liebe Dich mehr als mich und irgendwen und was auf der Welt.* Sie hatte das ständige Recht, seine neu entstandenen Werke als erste kennzulernen. Und in der Gewißheit ihres bevorstehenden Todes gedachte der Dreiundsechzigjährige ihrer in einem ergreifenden Brief an Joachim: *Erschrecken kann uns der Gedanke, sie zu verlieren, nicht mehr, nicht einmal mich Einsamen, dem gar zu wenig auf der Welt lebt. Und wenn sie von uns gegangen ist, wird nicht unser Gesicht vor Freude leuchten, wenn wir ihrer gedenken? Der herrlichen Frau, deren wir uns ein langes Leben hindurch erfreuen durften – sie immer mehr zu lieben und zu bewundern.* Der selbst schon von der Todeskrankheit Gezeichnete, der ihr am 3. Oktober 1895 in Frankfurt am Main ein letztes Mal begegnete, wird schließlich ein Jahr später an ihrer Beerdigung teilnehmen. Nicht zuletzt unter dem Eindruck ihres bevorstehenden Todes entstanden seine »Vier ernsten Gesänge für eine Baßstimme mit Begleitung des Pianoforte« op. 121. Das Manuskript schickte Brahms später Claras Tochter Marie mit dem Bemerken: *Ich bitte Sie, sie als ein ganz eigenes Totenopfer für Ihre geliebte Mutter anzusehen.* Nicht zufällig münden die ersten drei Gesänge nach Bibeltexten über Not, Unrecht und Tod in das Bekenntnis aus dem Korintherbrief des Paulus zur »Liebe als dem größesten«. Um den Tod der Siebenundsiebzigjährigen trauernd, schrieb er wenig später sein letztes Werk, die »Elf Choralvorspiele« für Orgel, die als op. 122 erst nach seinem Tod – er starb ein knappes Jahr nach der Freundin – erschienen.

...der weiß, was er will

Der Wanderjahre zweiter Teil

Clara Schumann war es, die seine Berufung an den kleinen Lippischen Fürstenhof in Detmold vermittelte. Am 10. Oktober 1857 hatte Brahms dort seine erste Probe mit dem Hof-Chor, und am 24. Dezember spielte er im Detmolder Theater den Klavierpart in Beethovens Tripelkonzert. Er logierte im »Hotel zur Stadt Frankfurt« gegenüber dem Schloß *höchst gemütlich*. Die Hofmarschallin von Meysenburg stellte ihm einen Flügel und mußte, da sie gelegentlich an Hofkonzerten solistisch mitwirkte, bei Brahms auch Klavierstunden nehmen. »Bei Hofe« wurde ihr das nahegelegt.

In der kleinen Residenz zu Füßen des Teutoburger Waldes, in der vor ihm Albert Lortzing gewirkt hatte, der geniale Dichter Christian Friedrich Grabbe zu Hause war, regierte damals ein musikfreundlicher Landesherr. Brahms hatte der Schwester des Fürsten, Prinzessin Friederike, und den Hofdamen Klavierunterricht zu geben und als Pianist an den Hofkonzerten teilzunehmen. Wichtig für ihn wurde das Amt des Leiters des Hofchores, des »Kleinen Gesangvereins«. Er erlangte da als Komponist die bislang fehlende Sicherheit im Chorsatz. Der Prinzessin teilte er mit: *Die durchlauchtigsten Ergötzungen lassen mir keine Zeit, an mich zu denken. So freue ich mich denn, wenn Sie mich nur recht in Anspruch nehmen wo ich so von manchem Vorteil ziehe, das ich bisher entbehrt. – Wie wenig praktische Kenntnisse habe ich! Die Chorübungen zeigen mir große Blößen, sie werden mir nicht unnütz sein. Meine Sachen sind ja übermäßig unpraktisch geschrieben!* Er schrieb für seine Konzerte Chorsätze zu früher gesammelten Volksliedern und, gleichsam als Vorstudie für das begonnene Deutsche Requiem, einen »Begräbnisgesang« für Chor und Blasinstrumente, op. 13. Die Arbeit mit der Hofkapelle gab ihm auch mehr Sicherheit im Umgang mit dem Orchestersatz. Die beiden Orchesterserenaden op. 11 (D-Dur, zuerst als Oktett niedergeschrieben) und op. 16 (A-Dur) entstanden hier als Vorstudien für größere sinfonische Arbeiten. Eine Sonate in d-Moll wuchs sich zum ersten Klavierkonzert aus. Erkennbar wird dabei: Romantischer Überschwang weicht höherem kompositorischem Ernst, wachsendem Sinn für formales Gestalten. Freilich, die Etikette am Lippe-Detmoldischen Hof gefiel dem jungen Musiker weniger. Amüsiert berichtet er, daß er sogar einmal ahnungslos den *mit Durchlauchtens gespickten Singverein* ohne Halstuch dirigiert habe! Das steife Hofzeremoniell war für ihn *Pimelkram*. In einem Brief erinnerte er sich: *Mir ging es merkwürdig gut, ich habe in Detmold mich gut amüsiert und auch manches profitiert. U. a. Geld fürs ganze Jahr. Hoffentlich geht's im nächsten Jahr ebenso.* In der Residenz nahm man seine Dienste nur jeweils von September bis Jahresende in Anspruch. So blieb dem Naturfreund viel Zeit zum Durchwandern des nahen Teutoburger Waldes, oft in Gesellschaft des Lippe-Detmoldischen jungen Konzertmeisters Carl Bargheer, eines Schülers von Freund Joachim. Ein Sohn der Frau von Meysenburg schilderte Brahms in Detmold so: »Eine unbeirrt aufs Ziel lossteuernde Willenskraft trat in Brahms ganzem Wesen ausgeprägt hervor. Auch in seinen Äußerlichkeiten, seinem Gang, seinem Blick, seinen Bewegungen war irgendwelche Unsicherheit nie zu bemerken, es gab kein Zögern und kein Zweifeln. Blick und Gang schienen stets auf ein bestimmtes Ziel gerichtet. In seinem Benehmen zeigte sich bei aller Bescheidenheit des Auftretens die Sicherheit und Festigkeit des Mannes, der weiß, was er will.« Ansonsten war er, auch Vertrauten gegenüber, über seine eigentliche Arbeit, das Komponieren, beharrlich verschlossen. Bargheer erinnerte sich: »Übrigens sprach Brahms niemals von seinen Arbeiten, bevor er sie beendet hatte. Nur einmal, als ich ihn mittags beim Notenschreiben traf, alles im Zimmer, Flügel, Tische, Bett, Stühle, mit Partiturbögen belegt war, die er – ein großer Frühaufsteher – schon denselben Morgen geschrieben hatte, sagte er mir: *Ich bin dabei, die Serenade* (welche ursprünglich ein Oktett war) *für Orchester zu setzen, sie wird sich besser machen.* Als ich darauf erwiderte: Dann wird sie ja eine Sinfonie, meinte Brahms: *Wenn man wagt, nach Beethoven noch Sinfonien zu schreiben, so müssen die ganz anders ausschauen.*« Noch 1854 hatte der junge Komponist in Köln Beethovens 9. Sinfonie gehört. Der tiefe Eindruck wirkte nach. Seit damals war immer wieder von einer Sonate für zwei Klaviere die Rede. Brahms meinte: *Meine d-moll-Sonate möchte ich gerne lange liegen lassen können. Ich habe die ersten drei Sätze oft mit Frau Schumann gespielt. Eigentlich genügen mir nicht einmal zwei Klaviere.* Aber noch Anfang der siebziger Jahre sollte er behaupten: *Ich werde nie eine Symphonie komponieren! Du hast keinen Begriff davon, wie es unsereinem zu Mute ist, wenn er immer so einen Riesen* (Beethoven) *hinter sich marschieren hört.* Der Gedanke an eine solche Sinfonie ließ ihn seit damals nicht mehr los. Zunächst aber wurde aus seiner Sonate für zwei Klaviere ein Klavierkonzert, das erste, in d-Moll.

1858 verlebte Brahms die Sommermonate im nahen Göttingen. Dort war Freund Julius Otto Grimm, der die Tochter des angesehenen Klavierfabrikanten Ritmüller geheiratet hatte, der Leiter des Cäcilienvereins. Sangesfreudige junge Leute hatten sich um das Ehepaar Grimm zusammengefunden. Unter ihnen auch ein temperamentvolles, charmantes Mädchen, Agathe von Siebold, Tochter des Frauenarztes und Professors an der Göttinger Universität, begabt mit einem zauberhaften Sopran. Diese Stimme verglich der nun fünfundzwanzigjährige Detmolder Chormeister bald schwärmend mit dem Klang einer alten Amati-Geige. Und Agathes Stimme klang Brahms im Ohr, als er seine Lieder op. 14 und op. 19 schuf, darunter nachmals besonders erfolgreiche wie »Der Kuß« nach Hölty oder »Die Äolsharfe« nach Mörike. Als die ebenfalls in Göttingen weilende Clara Schumann das zunehmende Einvernehmen zwischen Brahms und Agathe bemerkte, gab es eine kleine Katastrophe: Clara reiste empört ab. Brahms fuhr zwar nach Detmold zurück, doch es folgte ein reger Briefwechsel mit Agathe. Auch Lieder wurden ausgetauscht. Brahms schrieb Duette für Sopran und Alt. Zu Neujahr war er wieder in Göttingen, bei den Freunden und der Geliebten. Die sich anspinnende Beziehung zwischen Brahms und der Professorentochter blieb natürlich in der kleinen Universitätsstadt nicht unbemerkt. So ging am Ende, im Frühjahr 1859, Julius Grimm dazwischen und forderte im Interesse Agathens von Brahms eine deutliche Erklärung. Der aber schreckte wieder zurück. Er schrieb direkt an die Geliebte seine schon erwähnte merkwürdige Absage. Darauf erhielt er von dem gedemütigten Mädchen einen Abschiedsbrief. Viel später rang Agathe sich zu größerem Verständnis für Brahms durch: »Was ich damals als Unrecht von ihm empfand, habe ich dann später als innere Notwendigkeit seinerseits einzusehen gelernt.« Brahms selbst hatte die Absage tief getroffen. Er war mit der Vollendung seines kämpferischen d-Moll-Klavierkonzertes beschäftigt, hatte es Ende März 1858 in Hannover als Solist unter der Leitung Joachims erprobt. 1859 wurde es dann in Leipzig ausgepfiffen und von der Kritik gründlich verrissen. In diesem Zusammenhang schrieb er später an Freund Widmann: *Mitleid der Frau bei Mißerfolgen des Mannes – puh! ich mag nicht daran denken, was das, wie ich wenigstens fühle, für eine Hölle gewesen wäre.* Agathe hatte danach Deutschland für mehrere Jahre verlassen. Brahms brauchte Zeit, sich auch innerlich von ihr zu trennen. In seinem 1. Streichsextett, ein Jahr nach dem Bruch mit ihr, war von diesem bedrückenden Erlebnis nichts mehr zu spüren. Doch in seinem Streichsextett von 1864 rief er im Motiv a-g-a-dh-e sehnsuchtsvoll ihren Namen. Natürlich war die Liebe zu Agathe vom durchaus noch nicht überwundenen Erlebnis mit Clara Schumann überschattet. Im Liebesfrühling mit der altersmäßig besser zu ihm passenden Frau schreckte der Komponist aber wiederum im letzten Augenblick vor definitiver Entscheidung und endgültiger Bindung zurück. Er ergriff die Flucht. Ein für ihn typisches Verhalten in der Beziehung zu Frauen aber auch beim Streben nach einem Amt, das dann immer sehr rasch im Grunde als Belastung empfunden wurde. Dieses »Fluchtverhalten« blieb für Brahms charakteristisch bis zum Lebensende. Seine Kunst stand ihm über alles. Selbst Clara Schumann, die zunächst betroffen Reagierende, hat später Verständnis für das schuldlos enttäuschte Mädchen in Göttingen, weit weniger für Brahms. Sie schrieb ihm 1860: »...die arme Agathe und vieles noch ging mir durch den Sinn! Immer sah ich das arme verlassene Mädchen und lebte alles Leid mit ihm durch. Ach, lieber Johannes, hättest Du dieses doch so weit nicht kommen lassen!« Und Brahms? Wenig später las es sich in einem seiner Briefe so: *Ich bin verliebt in die Musik, ich liebe die Musik, ich denke nichts als sie und nur an anderes, wenn es die Musik mir schöner macht. Passen Sie auf, ich schreibe wieder Liebeslieder, und nicht an A-Z, sondern an die Musik.* Sein späteres »Agathe«-Zitat im G-Dur-Streichsextett erläuterte er geradezu einem Freunde so: *Da habe ich mich von meiner letzten Liebe losgemacht.*

Nach dem Eklat mit Clara Schumann Ende September 1858 war Brahms wieder in Detmold, spielte 1859 dort die Klavierkonzerte von Mendelssohn, Schumann, Chopin, dirigierte Mozart-Klavierkonzerte, den »Messias« von Händel und die Bach-Kantate »Christ lag in Todesbanden«. Inzwischen hatte er weitere Lieder komponiert, dazu ein »Ave Maria« für Frauenchor, Orchester oder Orgel, sowie später 28 deutsche Volkslieder für eine Singstimme und vier für mehrere Stimmen mit Klavierbegleitung. Am 22. Januar war er in Hannover unter Joachims Leitung Solist seines 1. Klavierkonzertes. Es war in langem, mühevollem Arbeitsprozeß aus der d-Moll-Sonate für zwei Klaviere entstanden, in engem Kontakt mit Joachim, der immer wieder um seine Meinung gebeten wurde. Im trotzigdramatischen ersten Satz, in den Liebesgesängen des zweiten, dem robusten Humor des Rondo-Finales klingen die Erfahrungen aus Brahms' »Werther-Zeit«. Und nicht nur die Zeile »Benedictus, qui venit in nomine Domini« erinnert an Schumann. Zugleich klingt aus dem trotzigen d-Moll der Grundtonart Brahms' Beethoven-Erlebnis. Das Konzert war in der engen Verzahnung von Solo und Orchester im Grunde eine Sinfonie mit obligatem Klavier, zudem die erste großangelegte Arbeit des jungen Komponisten, in der sich Romantisches mit genauer und gründlicher thematisch-sinfonischer Arbeit verband. Mit diesem Werk ging die »Werther-Zeit« des Komponisten zu Ende. Es brachte seinem Schöpfer zunächst wenig Freude. Denn die erste Aufführung am 27. Januar 1859 im Leipziger Gewandhaus unter Julius Rietz mit Brahms als Solist, wenige Tage vor dem Bruch mit Agathe von Siebold, wurde vom Publikum, auch von der

Presse, gar nicht freundlich aufgenommen. Hier der Bericht an Freund Joachim vom 28. Januar 1859, früh, aus Leipzig: *Geliebtester Freund, noch ganz berauscht von den erhebenden Genüssen, die meinen Augen und Ohren durch den Anblick und das Gespräch der Weisen unserer Musikstadt schon mehrere Tage wurden, zwinge ich die spitze und harte Stahlfeder, Dir zu beschreiben, wie es sich begab und glücklich zu Ende geführt ward, daß mein Konzert hier glänzend und entschieden – durchfiel. – Vor allem, es ging wirklich recht gut, ich spielte bedeutend besser als in Hannover und das Orchester ausgezeichnet. Die erste Probe erregte keinerlei Gefühle bei den Musikern oder Zuhörern. Zur 2ten kam kein Zuhörer und bei keinem Musiker bewegte sich ein Gesichtsmuskel. Den Abend wurde Elias-Ouvertüre von Cherubini gemacht, dann ein Ava Maria von demselben matt gesungen, also hofft ich, Pfunds* (des Gewandhaus-Schlagzeugers) *Wirbel würde zur rechten Zeit kommen. Ohne irgendeine Regung wurde der erste Satz und der 2te angehört. Zum Schluß versuchten drei Hände, langsam ineinander zu fallen, worauf aber von allen Seiten ein ganz klares Zischen solche Demonstrationen verbot. – Weiter gibt's nun gar nichts über dies Ereignis zu schreiben, denn auch kein Wörtchen hat mir noch jemand über das Werk gesagt! David ausgenommen, der sehr freundlich war und sich außerordentlich dafür interessierte und sich Mühe darum gab. – Dieser Durchfall machte mir übrigens durchaus keinen Eindruck und das bißchen üble und nüchterne Laune hernach verging, als ich eine C-Dur-Sinfonie von Haydn und die Ruinen von Athen* (Beethoven) *hörte. Trotz alledem wird das Konzert noch einmal gefallen, wenn ich seinen Körperbau gebessert habe, und ein zweites soll schon anders lauten. Ich glaube, es ist dies das beste, was einem passieren kann; das zwingt die Gedanken, sich ordentlich zusammen zu nehmen und steigert den Mut. Ich versuche ja erst und tappe noch. Aber das Zischen war doch zu viel?*

Der Mißerfolg traf den Komponisten doch tief. Er machte ihm auch praktisch zu schaffen: Die Leipziger Verleger waren nur noch zögernd bereit, seine neueren Arbeiten herauszugeben. Erst die Bekanntschaft mit dem Verleger-Sohn Fritz Simrock, im Juni 1860 in Bonn, bringt da eine Änderung. Der Simrock-Verlag veröffentlichte seither seine Arbeiten fast ausschließlich und in rascher Folge . Mit Fritz Simrock verband ihn zudem eine herzliche Freundschaft. Da Musik zu jener Zeit im wesentlichen in den Salons des gutsituierten Bürgertums zu Hause war, aus dem auch die Verehrer und Förderer Brahmsscher Musik kamen, nimmt es nicht wunder, daß Brahms mit seinen Liedern und seiner Kammermusik hier zuerst Erfolg hatte. Freilich, seine Musik galt als »schwierig«. Verständlich, daß Brahms immer wieder seinem Verleger Mut zur Veröffentlichung machte, indem er seine Werke so empfahl: *Sie sind leicht ausführbar, und ihr Effekt* ging immer, so bei einer öffentlichen Aufführung hier, weit über mein Hoffen... Zugleich fühlte er sich in zunehmendem Widerspruch zu den sogenannten Neudeutschen um Liszt, widersetzte sich ihren gelegentlichen Vereinnahmungsversuchen und geriet damit in die Schußlinie der damaligen Grabenkämpfe um »neue Musik«. Schon 1859 klagte er Joachim, der in England konzertierte, in einem Brief aus Hamburg: *Die Kompositionen werden immer schrecklicher, z. B. Dante!* (Eine Sinfonie Franz Liszts) *Ich möchte, es stände nicht Einiges im Wege, um mit den Leuten umgehen zu können, aber es geht doch nicht, oder bin ich wirklich ein Philister? Mich juckt's oft in den Fingern, Streit anzufangen, Anti-Liszts zu schreiben. Aber ich! Der nicht einmal seinem liebsten Freund einen Gruß schreiben kann, weil er keinen Stoff hat und was ihm sonst seine Faulheit vorredet. Aber es wäre herrlich, wenn Du im Sommer in Deutschland säßest, wunderschön komponiertest und nebenbei mit einigen fliegenden Bögen diese Leute totschlügest, und ich säße dabei, freute mich und hülfe Noten schreiben.*

Ich glaube wirklich, ich wachse

Zwischen Detmold, Hamburg und Wien

Die Jahre in Detmold gingen 1860 zu Ende. Im September 1859 erschien Brahms dort noch einmal vereinbarungsgemäß. Aber der Spaß war ihm vergangen: *Ich sitze wieder in Detmold. Im Sommer nehme ich mir immer vor, länger hier zu bleiben und recht zu profitieren. Bin ich hier, dann meine ich, es müßte das letzte Mal sein. Ich will nicht mehr Egoist werden, als ich bin, und hier muß ich gar in mich hineinmusizieren!* Im August 1860 kündigte er schriftlich beim Hofmarschall von Meysenburg mit dem Hinweis, die Vorbereitung eigener Werke zum Druck ließe ihm keine Zeit mehr übrig für seine Dirigieraufgaben in Detmold. Er schrieb aus Hamburg, blieb gleich dort, *rekelte sich ordentlich aus und vergaß allmählich die langweilige Detmolder Strapaze.*

Während seines Detmolder Vertrages war er ohnehin oft außerhalb, vor allem in seiner Heimatstadt. Er tauchte dort seit Mai 1853 immer wieder auf, wohnte bei seinen Eltern, nahm aktiv am Musikleben teil, machte sich dabei auch allmählich einen guten Namen, und komponierte fleißig. Bis die Hamburger Jahre 1862 für den dann Neunundzwanzigjährigen definitiv zu Ende gingen: Da machte er sich zum ersten Male auf nach Wien, der Stadt, die zu seiner zweiten Heimat werden sollte.

Ende 1859 hatte er in einem Detmolder Hofkonzert noch Mendelssohn Bartholdys »Erste Walpurgisnacht« op. 60 dirigiert, Anfang Dezember spielte er in Hamburg das Schumannsche Klavierkonzert, dirigierte sein Ave Maria op. 12 und den Begräbnisgesang op. 13. Und im Februar 1860 spielte er in der Hansestadt in einem Philharmonischen Konzert erneut das Schumann-Konzert, dirigierte aber dazu seine Orchesterserenade op. 16. Das Konzert war auch finanziell ein Erfolg. Brahms teilte Joachim mit: *Hier für Dich und Freund Stockhausen eine kleine Erinnerung an unser Konzert: Laut höchst genauer, vorliegender Rechnung des Herrn Avé haben wir 636 Rtlr. Überschuß. Ich könnte mit besagter Rechnung diesen Brief beschweren, aber wohl unnötig. – Ich bin nach so vieler Lust auch darüber kreuzfidel, daß ich soviel Geld habe.* – Avé Lallemant war Klavierlehrer in Hamburg und Mitglied des Konzert-Komitees der dortigen Philharmoniker; er war langjähriger, enger Freund von Brahms, den sein Vater einst zu Unrecht vor ihm gewarnt hatte:»Johannes, sieh Dich für, der schmeichelt Dich mit falschem Honig«. – Im April spielte Brahms auch in Hamburg sein 1. Klavierkonzert, mit besserem Erfolg als in Leipzig.

Bis zur Abreise nach Detmold mußte er sich immer wieder mit ungeliebten Klavierstunden finanziell über die Runden helfen. Ein Zufall half, die Hamburger Zeit erfreulicher zu gestalten. Zur Hochzeitsfeier in einer befreundeten Hamburger Familie im Mai 1860 begleitete Brahms einen Damenchor an der Orgel. Er kam dabei auf die Idee, mit den Sängerinnen sein in Detmold enstandenes»Ave Maria« zu probieren. Das gestaltete sich für beide Seiten erfolgreich, weil sich die Sängerinnen zu einem regelrechten Frauenchor entwickelten. Der hing begeistert an seinem siebenundzwanzigjährigen Komponisten und Chormeister. Alle verstanden sich prächtig, nachdem sie die anfängliche Scheu voreinander überwunden hatten. Brahms erzählte in Briefen aus Hamburg: *Ich bin hier und bleibe auch wohl hier, bis ich nach Detmold gehe. Einige sehr angenehme Schülerinnen halten mich und sonderlich auch ein Frauenverein, der unter meiner Leitung singt, bis jetzt nur, was ich ihm komponiere. Mir gefällt der helle silberne Klang außerordentlich und namentlich in der Kirche mit der Orgel klingen die Frauenstimmen ganz reizend.* Man sang gelegentlich im Freien, in Eppendorf außerhalb Hamburgs. Aber auch die Konzerte in Hamburg selbst, zum Teil mit instrumental-vokal gemischten Programmen, waren erfolgreich. Brahms fühlte sich um diese Zeit in seiner Heimatstadt wohl. Er gab Konzerte, unterrichtete, komponierte fleißig, ergänzte seine Bibliothek, trieb Sport, begann endlich sogar Latein zu lernen. An Clara Schumann schrieb er Ende 1859: ... *ich habe nun einmal viel Spaß an meinen Sachen. Ich glaube wirklich, liebe Clara, ich wachse!*

Charakteristisch ist eine Erinnerung des Freundes Albert Dietrich an Brahms und sein Leben in Hamburg zu jener Zeit:»Brahms wohnte, um ruhiger arbeiten zu können, äußerst freundlich in dem Vorort Hamm. Er

49

spielte mir gegen seine Gewohnheit aus den Skizzen vor. – In seinem mir interessanten Zimmer schlief ich. Überrascht war ich von seiner reichen Bibliothek, die er sich mit rastlosem Eifer von früher Jugend an gesammelt hatte. – Mit seiner lieben guten Mutter, die mit ihrer schlichten Einfachheit reiche Herzensbildung vereinigte, saß ich morgens beim Frühstück. Der Vater verließ meist schon früh das Haus, um seinem Berufe als Contrabassist und als Musiklehrer nachzugehen. Ich besuchte eines Tages Brahms in seiner reizenden Gartenwohnung, wo wir uns mit dem Durchsehen seiner neuesten Arbeiten beschäftigten. – Eine große musikalische Freude bereitete uns in diesen Tagen ein anmutiges Damenquartett, das uns im Nachbargarten vierstimmige Lieder von Brahms ganz prächtig vorsang.«

Wichtige Klavierwerke entstanden neben viel Vokalem in jenen Tagen: Die Schumann-Variationen op. 23 und die Händel-Variationen op. 24 zum Beispiel. Und natürlich Lieder, so 1861 und 1862 die 15 Romanzen aus Tiecks »Phantasus« mit der »Liebesgeschichte von der schönen Magelone und dem Grafen von Provence«. Anregung gab die Arbeit mit dem bedeutenden Sänger Julius Stockhausen, mit dem Brahms am Klavier die großen Liedzyklen Schuberts und Beethovens aufführte. In zunehmendem Maße wurde Stockkausen dann auch einer der großen Interpreten von Brahms-Liedern.

Etwa zur gleichen Zeit erregten Brahms und seine Freunde beträchtliches »musikpolitisches« Aufsehen mit einer »Erklärung«, in der sie sich nachdrücklich gegen die sogenannte Zukunftsmusik der Liszt-Schule und deren Alleingültigkeitsanspruch zur Wehr setzten. Brahms unterzeichnete, weil ihn vor allem die Versuche ärgerten, ihn selbst in dieses Lager zu ziehen. Der Text:

»Erklärung
Die Unterzeichneten haben längst mit Bedauern das Treiben einer gewissen Partei verfolgt, deren Organ die Brendelsche Zeitschrift für Musik ist. Die genannte Zeitschrift verbreitet fortwährend die Meinung: es stimmten im Grunde die ernster strebenden Musiker mit der von ihr vertretenen Richtung überein, erkennten in den Kompositionen der Führer eben dieser Richtung Werke von künstlerischem Wert, und es wäre überhaupt namentlich in Norddeutschland der Streit für und wider die sogenannte Zukunftsmusik, und zwar zugunsten derselben, ausgefochten. Gegen eine solche Entstellung der Tatsachen zu protestieren halten die Unterzeichneten für ihre Pflicht und erklären wenigstens ihrerseits, daß sie die Grundsätze, welche die Brendelsche Zeitschrift ausspricht, nicht anerkennen und daß sie die Produkte der Führer und Schüler der sogenannten

»Neudeutschen« Schule, welche jene Grundsätze praktisch zur Anwendung bringen und teils zur Aufstellung immer neuer unerhörter Theorien zwingen, als dem innersten Wesen der Musik zuwider, nur beklagen und verdammen können.

Johannes Brahms
Julius Otto Grimm
Joseph Joachim
Bernhard Scholz

Alle, (das fühlen wir!) denen dies zur Mitunterzeichnung vorgelegt wird, möchten wünschen dieser Erklärung noch manches beizufügen; da wir aber auch zu wissen glauben, daß ein Jeder von Ihnen wenigstens mit dem Sinn des Vorigen vollständig übereinstimmt, so bitten wir dringend zu bedenken, daß es darauf ankömmt den Protest nicht aufzuschieben, und ersuchen deshalb zur Vereinfachung um Unterzeichnung des von uns Vorgeschlagenen. – Im Falle Sie gewillt sein sollten, sich uns anzuschließen, bitten wir Sie dies Blatt mit Ihrer Namensunterschrift umgehend an *Herrn Joh. Brahms, Hohe Fuhlenwiete, 74, Hamburg,* einzusenden. Die Erklärung mit unsern alphabetisch geordneten Namen soll in musikalischen Blättern veröffentlicht werden.

Die Obigen«

Das Unternehmen erzielte allerdings nicht die gewünschte Wirkung. Durch eine Indiskretion wurde die »Erklärung« zuerst im »Berliner Echo« veröffentlicht und trug gegen den Willen der Urheber nur deren vier Namen als Unterzeichner. Diese »Erklärung« wurde denn auch bald mit einem ironischen »Öffentlichen Protest« beantwortet, in dem es hieß:

»Die Unterzeichneten wünschen auch einmal die erste Violine zu spielen und protestieren deshalb gegen alles, was ihrem dazu nötigen Emporkommen im Wege liegt – namentlich gegen den zunehmenden Einfluß der von Dr. Brendel als neudeutsche Schule bezeichneten musikalischen Richtung, wie überhaupt gegen jeden Geist in der Musik. Nach Vernichtung dieser ihnen sehr unangenehmen Dinge, stellen sie dagegen allen gleichartigen Wohlgesinnten einen Bruderbund für ›unaufregende und langweilige Kunst‹ in sofortige Aussicht.

›Die Redaktion der Auskunftsmusik‹
Unterzeichnet:
J. Geiger. Hans Neubahn. Pantoffelmann. Packe. Krethi und Plethi«

Daß Brahms trotz freundlicher und produktiver Grundstimmung in jenen Hamburger Tagen es mit seinen Werken bei Fachleuten und in der Öffentlichkeit noch immer nicht allzu leicht hatte, bestätigt Clara Schumann, die damals öfter in Hamburg war und dort auch konzertierte, in ihrem Tagebuch. Unter den Eintragungen vom November und Dezember 1861 finden sich die folgenden Notizen: »Probe von Johannes' G-moll-(Klavier-) Quartett, Den 16. November. Soiree von mir. Ich war furchtbar nervös, es war wohl die Angst vor dem Quartett, das mir doch so schwer am Herzen lag. Die Herren kratzten oder schliefen, soviel ich mich auch mit ganzer Liebe hingab. Der letzte Satz schlug sehr durch. – December... Am 3. spielte ich Johannes D-moll-Konzert unter seiner Direction im philharmonischen Concert; ich war wohl die froheste im ganzen Saal, denn obgleich die Anstrengung groß war und nicht weniger die Angst, so überwog doch die Freude an dem Werke und daß er es selbst dirigierte, alles Andere, auch sogar das dumme Publicum ärgerte mich nicht – es verstand eben gar nichts und fühlte auch nichts, sonst hätte es doch mindestens gehörigen Respect zeigen müssen, dem Componisten ein Zeichen seiner Theilnahme wenigstens geben zu müssen – ist er doch ein Stadtkind.«

Seine vielen Reisen durch Deutschland in dieser Zeit, seine deutlichen Erfolge als Interpret wie als Komponist reichten Brahms am Ende doch nicht aus, sich in der »musikalischen Welt« mit dem gewünschten Nachdruck durchzusetzen. Er war gern in seiner Heimatstadt, aber sein Ansehen blieb dort immer noch gering. Man zeigte kein sonderliches Interesse. Freund Joachim gestand er: *Ich sitze wieder einsam, doch ganz gemütlich in Hamm und oft genug kommen mir Klänge von Dir unter die Finger, und immer weicher und trauriger klingen die Töne und wird es mir. Übrigens muß jeder selbst wissen, wohin er steuert.*

Er machte sich auf nach Wien, seit den Klassikern die Hauptstadt der europäischen Musik. Angeregt dazu hatten ihn Erzählungen einer jungen Wienerin, die zu seinem Hamburger Frauenchor gehörte, und das Beispiel Robert Schumanns, von dem er ja nicht nur, wie er nachdrücklich Clara Schumann zum Ausdruck brachte, das Schachspiel erlernt hatte. Beim Abschied von den Eltern tröstete er den Vater: *Wenn es Dir einmal schlecht gehen sollte, der beste Trost ist immer die Musik. Lies nur fleißig in meinem alten Saul, da wirst Du finden, was du brauchen kannst.* – In dem Händel-Band waren die Seiten vollgesteckt mit Banknoten.

Start an der Donau – Vorspiel in Wien

Mitte September 1862 traf der noch nicht ganz dreißigjährige Brahms in der Donaumetropole ein. Sein erstes Quartier nahm er in der Jägerzeile, Novaragasse Nr. 39, 2. Stiege, 1. Stock. An Joachim wurde berichtet: *Ja, so geht's! Ich habe mich aufgemacht, ich wohne hier, zehn Schritt vom Prater und kann meinen Wein trinken, wo ihn Beethoven getrunken hat. Es ist auch recht lustig und hübsch hier, da's doch nicht besser sein kann. Mit einer Frau im Schwarzwald herumwandern, wie Du* (Joachim ging derzeit auf Freiersfüßen) *ist freilich nicht blos lustiger, sondern auch schöner.*

Im gleichen Monat wurde Otto von Bismarck zum preußischen Ministerpräsidenten ernannt. Der Hamburger verfolgte auch in der österreichischen Metropole mit stets wachem Interesse die »deutschen Dinge«. Die alten Ideale der Jugendzeit, der Traum vom einigen Deutschland, von bürgerlicher Demokratie war nicht vergessen. So kam es, daß später Bismarcks Reichseinigung »von oben« zunächst seine ganze Sympathie fand, während ihn das politische Brodeln in der Hauptstadt der Donau-Monarchie nicht sonderlich berührte. Wohl aber faszinierte ihn, und das bis ans Ende seines Lebens, die besondere Atmosphäre Wiens. Franz Grasberger hat das treffend beschrieben: »Die Stadt war in Behagen getaucht, ihr Sinn Freundlichkeit und Daseinsfreude, und die Bewohner waren ein Volk der Liebenswürdigkeit und der natürlichen Musikalität. – Wien war ein Dorf und war doch zugleich Großstadt, in deren befreiender Luft man allein untertauchen konnte, wenn man wollte, deren Dorfcharakter aber andererseits wieder bei unbeschwerter Geselligkeit ein Entspannen gestattete. Dies eigentümlich doppelgesichtige Wesen der Stadt, die Behaglichkeit über das ihr innewohnende Gegensätzliche sanft ausgleichend breitete, mußte auf jedes Künstlerherz seine Wirkung ausstrahlen; für Johannes Brahms wurde es zu besonderer Anziehungskraft.« Daß in dieser Stadt aber, zumal in Sachen Musik, damals (wie übrigens heute noch) auch die Intrige zu Hause war, mußte der Norddeutsche bald erfahren. Er hatte sich in dieses Dickicht nie ganz hineinziehen lassen, hatte aus eigener Meinung keinen Hehl gemacht, sich aber aus dem Streit der Parteien im wesentlichen nobel herausgehalten. Sein Start an der Donau nahm sich verheißungsvoll aus. Brahms spielte im Hause des Pianisten Julius Epstein im Oktober 1862 zusammen mit Joseph Hellmesberger vom Blatt sein g-Moll-Klavierquartett. Danach rief Hellmesberger, ein Einflußreicher im Wiener Musikleben, pathetisch aus: »Das ist der Erbe Beethovens«, was sogleich die Runde machte. Sicher ein zu großes Wort nach Kenntnis nur eines

Werkes des Komponisten. Hellmesberger hatte sich dann auch aus der Verantwortung für solche Vorschußlorbeeren zu winden gesucht, indem er meinte, den Ausruf nach allzu reichlichem Weingenuß getan zu haben.

Aber unglücklicherweise war der Ort, an dem der Satz gesprochen wurde, zudem durch Tradition »belastet«: In Epsteins Haus hatte einst Mozart gelebt, seinen »Figaro«, die »Maurerische Trauermusik« und das d-Moll-Klavierkonzert geschrieben. In diesem Haus soll überdies einst Haydn die ihm durch Mozart gewidmeten Streichquartette zum ersten Male gehört haben. Dort habe auch, so meinte man damals, einst der junge Beethoven Mozart vorgespielt.

Trotz solcher gerade für Wien eigentlich tödlichen »Vorbelastung« ließ sich das Künstlerleben an der Donau zumindest für den Pianisten Brahms ganz gut an. Am 16. November 1862 trat er erstmals öffentlich in Wien auf, spielte mit dem Hellmesberger-Quartett sein g-Moll-Klavierquartett op 25. Die Presse wußte allerdings mit seiner Musik nichts anzufangen. Wenig später, am 29. November, folgte das erste eigene Konzert. Brahms spielte Bachs F-Dur-Tokkata, Schumanns Phantasie op. 17, seine eigenen Händelvariationen und sein A-Dur-Quartett. Stolz berichtete er den Eltern in Hamburg vom Erfolg . Da hieß es aber dann auch: *Jetzt könnte ich freilich ganz gut Konzerte machen, aber an Lust fehlt mir's, denn es nimmt mich für die Zeit zu sehr ein, sodaß ich zu nichts anderem kommen kann. Ich soll bei diesem Konzert auf die Kosten gekommen sein, im übrigen war natürlich der Saal mit Freibilletten gefüllt. Ich habe so frei gespielt, als säße ich zu Haus mit Freunden, und durch dies Publikum wird man freilich ganz anders angeregt als von unserm. Die Aufmerksamkeit solltet ihr sehn und den Beifall hören und sehen! Übrigens will ich noch sagen, daß Herr Bagge wohl der Einzige war, der über mein Quartett so absprechend schreibt, die übrigen Tageblätter lobten mich damals sehr. Ich bin sehr vergnügt, daß ich das Konzert gegeben habe.*

Auf Anregung Dr. Eduard Hanslicks, seines später energischsten und aktivsten Parteigängers, gab Brahms am 6. Januar 1863 sein zweites eigenes Wiener Konzert. Er spielte seine Klaviersonate op. 5, Beethovens Eroica-Variationen, Bachs Chromatische Fantasie und Fuge, Schumanns f-Moll-Sonate und begleitete die Sängerin Marie Wilt bei eigenen Liedern, wiederum mit beträchtlichem Erfolg. Marie Wilt wurde eine der wichtigen Interpretinnen seiner Lieder. Brahms entdeckte während dieser Monate vor allem die Wiener Volksmusik für sich. Er hörte den zahlreichen Kapellen in den Wiener Gasthausgärten mit großem Genuß zu, nicht weniger den ungarischen Damenkapellen im Prater. Er verkehrte mit beträchtlichem Vergnügen in den bürgerlichen Künstlerkreisen der Stadt. Der spätere Brahms-Biograph Max Kalbeck erzählt über die Bekanntschaft mit dem Pianisten und Liszt-Schüler Carl Tausig:»Brahms lud sich gern in der fashionablen Wohnung zu Gast, die Tausig in der Währinger innehatte, spielte mit ihm vierhändig oder lag auf dem Diwan, konsumierte den ältesten Kognak und die neuesten schlechten Witze, rauchte türkischen Tabak und ließ sich von Tausig in die Geheimnisse der Schopenhauerschen Philosophie einführen.« Wien war auch der Ort, wo er sich mit wachsender Liebe und Verehrung der Musik Franz Schuberts zuwendete. Er begann Schubert-Lieder mit Orchesterbegleitung zu versehen. An seinen Schweizer Verleger Rieter-Biedermann berichtete er: *Überhaupt verdanke ich die schönsten Stunden hier ungedruckten Werken von Schubert; deren ich eine ganze Anzahl im Manuskript zuhause habe. So genußvoll und erfreuend aber ihre Betrachtung ist, so traurig ist fast alles, was sonst daran hängt. So z. B. habe ich viele Sachen hier im Manuskript, die Spina oder Schneider gehören, und von denen es nichts weiter als das Manuskript gibt, keine einzige Kopie! – Zu unglaublich billigem Preis kam neulich noch ein ganzer Stoß ungedruckter Sachen zum Verkauf, den zum Glück die Gesellschaft für Musikfreunde erwarb. Wie viel Sachen sind zerstreut, da und dort bei Privatleuten, die entweder ihren Schatz wie Drachen hüten oder sorglos verschwinden lassen.*

An anderer Stelle hieß es später: *Meine Schubertliebe ist eine sehr ernsthafte, wohl grade, weil sie nicht flüchtige Hitze ist. – Er kommt mir vor wie ein Götterjüngling, der mit dem Donner des Jupiters spielt, also auch gelegentlich ihn absonderlich handhabt. Aber so spielt er in einer Region, in einer Höhe, zu der sich die andern lange nicht aufschwingen. Rezitative von ihm kannst Du auch sehen, z. B. im »Lazarus«, von dem ich Proben habe.*

Zu dieser Zeit fühlte sich der Komponist in Wien zwar zunehmend wohl, aber noch keineswegs als dessen zukünftiger Bürger. Noch immer war Hamburg die eigentliche Heimat. Um so empfindlicher traf ihn die Nachricht, daß Freund Julius Stockhausen zum neuen Dirigenten der Hamburger Philharmonischen Konzerte gewählt wurde, ein Amt, das Brahms insgeheim für sich erhofft hatte. Für die Hanseaten aber kam er offenbar gar nicht in Betracht. Wütend reagierten die Freunde. Joseph Joachim schrieb: »Die Kränkung Johannes' wird die Kunstgeschichte nicht vergessen«. Clara Schumann vertraute sich der tief Enttäuschte selbst so an: *Wie ich überhaupt ein etwas altmodischer Mensch bin, so auch darin, daß ich kein Kosmopolit bin, sondern wie an einer Mutter an meiner Heimatstadt hänge. – Nun kommt dieser feindliche Freund und stößt mich für – immer wohl, fort. Wie selten findet sich für unsereinen eine bleibende Stätte, wie gern hätte ich sie in der Vaterstadt gefunden. Jetzt hier, wo mich so viel Schönes erfreut, empfinde ich doch, und würde es immer empfinden, daß ich fremd bin und keine Ruhe habe.*

Brahms hatte Anfang 1863 seine Paganini-Variationen für Klavier op. 35 beendet, die ihr Entstehen dem Kontakt zu Tausig verdankten; man hat sie als »Kompendium der Klaviertechnik im höchsten und vergeistigendsten Sinn« bezeichnet. Dann hatte er sich noch in einer Musikalischen Akademie unter dem bedeutenden Dirigenten der Wiener Philharmoniker, Otto Dessoff, als Solist mit Beethovens G-Dur-Klavierkonzert vorgestellt, hatte Schumanns Fis-Dur-Romanze aus op. 28 und Schuberts »Marche characteristique« mit beträchtlichem Erfolg musiziert und in einer Soiree bei Julius Streicher mit Joseph Hellmesberger konzertiert – um sich dann aufzumachen in die ihm gegenüber so gleichgültige Heimat: *Ich leide etwas altmodisch an Heimweh, und so werde ich wohl im schönsten Frühling von hier fort und zur alten Mutter gehen.*

Im Mai 1863 ging es über Hannover nach Hamburg, wo er sich in Blankenese, Brandsweg Nr. 3, bei der Witwe Pachmann einquartierte. Dort schrieb er seine Kantate »Rinaldo«, op. 50, nach Goethe, dazu Lieder aus op. 113. Mit »Rinaldo« wollte er an einem von der Aachener Liedertafel ausgeschriebenen Wettbewerb teilnehmen. Zu Hause erlebte er Schlimmes: Die Eltern verstanden einander immer weniger. Brahms mietete für Vater und Mutter getrennte Wohnungen. Den nunmehr Dreißigjährigen traf das tief. Aber er hielt weiter unbeirrt zum Vater wie zur heiß geliebten Mutter.

In Blankenese erreichte ihn ein Angebot aus Wien. Man hatte ihn (mit nur einer Stimme Mehrheit) zum »Chormeister der Wiener Singakademie« gewählt. Der so erhofften Berufung nach Hamburg folgte nun die unerwartet definitive nach Wien. Damit fiel für ihn eine Lebensentscheidung – für Wien. Also nahm er an, freilich mit Vorbehalt. *Es ist eben ein besonderer Entschluß, seine Freiheit das erste Mal wegzugeben.* Er ergriff aber erst einmal nicht die Flucht, denn: *was von Wien kommt, klingt dem Musiker noch eins so schön, und was dorthin ruft, lockt noch eins so stark.*

Im Sommer 1863 reiste er nun zum zweiten Male an die Donau, machte zunächst in Hannover Station, um an der Hochzeit des Freundes Joseph Joachim mit der ausgezeichneten Altistin Amalie Weiß (bürgerlicher Name: Amalie Schneeweiß) teilzunehmen, die nach der Trauung eine glänzende Bühnenkarriere aufgab, dann aber als Oratorien- und Liedsängerin hoch geschätzt und gefeiert wurde. Sie war auch eine großartige Interpretin von Brahms-Liedern. Den Freund und dessen Verlobte hatte der Komponist zuvor mit schönen, herzlichen Briefzeilen gegrüßt: *So möge es denn gehen nach meinen innigsten Wünschen und ich will mich auf die Zeit freuen, wo ich auch bei Dir, wie schon bei manchem treulosen Freund, an einer Wiege kauern kann, und vergesse Betrachtungen anzustellen, das liebe lachende Kindergesicht sehend. Grüße mir herzlich Deine Braut! Der Name*

klingt wie Märchen und ich wußte zuerst nicht, ob Du mir Deinen Schmei-
chelnamen für sie schriebst, oder ihren wirklichen Namen. Dann kommt
noch eine Ankündigung: *Seinerzeit werde ich Dir ein wundervolles altes ka-*
tholisches Lied (Joseph, lieber Joseph mein, hilf mir wiegen mein Kindlein
klein) zum häuslichen Gebrauch schicken. Du wirst kein schöneres Wiegen-
lied auftreiben! – Im August gings dann noch für einige Tage zu Clara
Schumann nach Baden-Baden. Brahms lernte dort Rubinstein und Tur-
genjew kennen. Letzterer versuchte später vergeblich, ihn für Opernstoffe
zu interessieren. Und schließlich wieder Wien: Eine neue Wohnung
wurde bezogen, Singerstraße 7, 7. Stiege, 4. Stock, im »Haus des Deutschen
Ritterordens«, wo einst Mozart vom Salzburgischen Haushofmeister mit
historischem Fußtritt hinausgeworfen wurde.

Was Brahms vermutlich nicht so genau wußte, war, daß die nur fünf
Jahre alte Singakademie, zu deren Leiter man ihn nun berief, in harter
Konkurrenz zum »Singverein« der »Gesellschaft der Musikfreunde« stand.
Deren Leiter, Johann Herbeck, galt als hochgeschätzter Dirigent. Brahms
war als Dirigent nie überragend. Zeitgenössische Porträts zeigen, daß er
beim Taktschlagen häufig eine Hand in der Hosentasche behielt. Es hieß
über sein Dirigieren: »Er hat gewiß ebenso ›in sich hinein‹ dirigiert, wie er
in sich hinein spielte.«

Im September 1863 begannen die Proben mit seinem neuen Chor. Alles
ließ sich gut an. Am 15. November gab es das erste Konzert der Wiener
Singakademie unter Brahms' Leitung. Geboten wurden die Bach-Kantate
»Ich hatte viel Bekümmernis«, Beethovens »Opferlied« op. 121 b, Schumanns »Requiem für Mignon« op. 98 b, »Innsbruck, ich muß dich lassen«
im Satz Heinrich Isaaks, zwei Volkslieder im Satz von Brahms. Weitere
Veranstaltungen folgten mit ähnlichem Programm-Typ. Ein Höhepunkt
wurde das 3. Konzert am 20. März 1864. Brahms dirigierte die Teile 1, 2, 4
und 6 des Bachschen »Weihnachts-Oratoriums«. Im ganzen konnte er sich
aber mit seiner Programm-Politik und auch dem Chor gegenüber nicht
recht durchsetzen. Der Probenbesuch ließ zu wünschen übrig. Selbst für
Hanslick, den Brahms-Verehrer, hatte mancher Abend mehr den Charakter »einer Improvisation oder Vereinsübung als einer Konzert-Produk-
tion«. Daß der Komponist mit seinen wenig in die erfolgversprechenden
Schemata passenden Abenden am Geschmack der Hörer vorbeimusi-
zierte, wurde registriert. Kaum dagegen die eigentliche Absicht, nämlich
große Musik der Vergangenheit, die damals noch wenig Aufmerksamkeit
fand, mit dem eigenen Werk zusammenzuspannen, also Kontinuität zu
schaffen. Aber: Das Bild vom widerborstigen, eigenbrötlerischen Konser-
vativen Brahms erhielt wieder einmal Nahrung. Brahms selbst war
zunächst noch auf seine Arbeit und seinen Chor stolz. Am 4. April 1864 be-

richtete er an Clara Schumann: *In unserm dritten Konzert ging das Weihnachts-Oratorium doch ganz vortrefflich. Ich und der Chor mindestens hatten unsre Freude.* Der hiesigen *Kritik gegenüber hat ein Bachsches Werk schweren Stand. Hanslick mag in den 8 Tagen Höllenpein gelitten haben, da 2 Tage nachher von Herbeck die Johannis-Passion aufgeführt wurde. Leider haben wir am 17. April noch ein Konzert, und leider hatte ich Gründe, auf den Vorschlag des Komitees einzugehen, lauter ›Brahms‹ zu geben! Ave Maria, Marien- und andre Chorlieder, eine Motette, Solo-Quartette, das Streich-Sextett, und schließlich mit Carl Tausig meine Sonate für zwei Klaviere. Hierüber wirst Du Dich am meisten wundern, denn Du wirst von Tausig einen horrenden Begriff haben.* Das ist aber ein *merkwürdiger kleiner Kerl und ein ganz besonderer Klavierspieler, der sich nebenbei, soweit es einem Menschen nur möglich ist, stets zu seinem Vorteil verändert. Rubinsteinsche, Chopinsche und natürlich namentlich Lisztsche Sachen spielt er oft wunderschön. – Das Schlimmste für mich einstweilen ist der besagte Beschluß, der gefasst sein soll* (Die Beendigung des Chormeister-Amtes). *Die Akademie hat mir freilich recht viel Freude gemacht, indes ist wieder Unangenehmes genug dabei. Wie die Leute musikalisch sind, vom Blatt zu singen, schön üben, ist ganz gut, aber das Leben ist zu unruhig hier, in der kurzen Saison kann weder ein Mensch noch ein Institut bestehen, das nicht rasch mittaumelt, sondern ruhig existieren möchte und Genuß und Bildung in sich suchen möchte. Das will gelebt sein, getanzt von einem Konzert und einer Überraschung zur andern. Das Pekuniäre und Künstlerische kommt auch dadurch in eine bedenkliche Lage, daß kein recht vornehmer künstlerischer Mensch mit an der Spitze steht. Das Musikalische könnte ich recht gut und genügend besorgen, aber wie es hier steht, müßte ich ein Organisationstalent besitzen, das mir abgeht.*

Also gab er auf, im Grunde wieder einmal auf der Flucht vor weitergehender Verantwortung. Noch im April 1864 trat er vom Amt des Chormeisters der Wiener Singakademie zurück, nachdem er zuvor – und diesmal sogar einstimmig! – wiedergewählt wurde.

Ansonsten erwiesen sich die »Wiener Verhältnisse« als nicht gerade erhebend: *Hier ist's eigentlich recht unerquicklich. Hellmesberger, Laub katzbalgen sich, Herbeck ersäuft sich und das Publikum in Musik, und nun gar Dessoff! Ist man auch, wie ich, eigentlich ganz unbeteiligt an der Musikmacherei, man atmet doch in der Atmosphäre und kann sich ihr nicht entziehen, duftet sie auch nicht immer lieblich.*

Unruhig war das Leben für Brahms, zumindest seit Januar des Jahres, auch aus anderen Gründen. Preußen und Österreicher hatten die Dänen angegriffen. Erst mit dem Frieden von Wien am 30. Oktober 1864 gingen die militärischen Auseinandersetzungen zu Ende. Brahms, Hamburger und Patriot, verfolgte die Kriegshandlungen mit besonderem Eifer. Belege dafür sind die Bilder preußischer Heerführer und der Düppeler Schanzen, die er in einem Foto-Album aufbewahrt hat. Zunächst aber freute er sich der wiedergewonnenen Freiheit. Er gab wieder Klavierunterricht, eine an sich nicht sehr geliebte Beschäftigung, der er sich aber mit viel Verantwortungsgefühl widmete. Eine seiner Schülerinnen, die reizende, sechzehnjährige Tochter Elisabeth des Gesandten von Stockhausen in Hannover nahm zudem auch sein Herz ganz besonders gefangen. Ihr späterer Lehrer Julius Epstein hatte von ihr geschwärmt:»Ich war entzückt von ihrem Talent und überrascht von ihren Fortschritten. Sie hatte den weichsten Anschlag, die geläufigste Technik, die rascheste Auffassung, das ungewöhnlichste Gedächtnis und den seelenvollsten Ausdruck im Spiel – mit einem Wort, sie war ein Genie! Dabei war sie wunderschön, klug, hochgebildet, edel und von bestrickender Liebenswürdigkeit im Umgange. Man mußte sich in sie verlieben.« Als die Zuneigung zu dieser jungen Frau Brahms allzu gefährlich wurde, bat er Freund Epstein, er möge ihren Unterricht übernehmen. Später traf er sie wieder als Frau des Juristen und Leiters des Leipziger Bach-Chores, Heinrich von Herzogenberg, eines Schülers von Dessoff, dessen musikalische Potenzen er freilich beträchtlich überschätzte. Zwischen ihr, die nun Frau von Herzogenberg war, und Brahms entwickelte sich eine lebenslange Seelenfreundschaft.»Sie wissen, welche Freude jeder Hobelspan aus Ihrer Werkstatt in der Humboldtstraße erregt«, schrieb sie an ihn. Seine Briefe an sie geben ein charakteristisches Bild des Komponisten, der sein Herz nur selten öffnet, scheu und behutsam um Freundschaft, um Anerkennung wirbt: *Sehr verehrte und liebe oder sehr liebe und verehrte Freundin! Mit einer gewissen Scheu – aber bekennen will ich doch, daß Ihr Brief eine wahre Wohltat gewesen ist. Ich glaubte nämlich, Sie hätten was gegen mich. Das ist nun doch wohl nicht? Und da Sie selbst meinen, daß ich ein ganz guter Mensch sein müsse, ich Sie dessen auch ernstlich versichern kann, so gebe ich zu bedenken, daß man andrer Sachen wegen nicht auseinander laufen sollte, da man auf dem raschen, kurzen Lauf durchs Leben doch nicht viel Gutes und ganz Gute findet. – Haben Sie also besonderen Dank für das Labsal, das mir der liebe Brief war. Unterdrücken Sie aber nicht, was sie mir Freundliches über meine Musik sagen können. Es tut doch immer wohl, gestreichelt zu werden, und die Menschen sind im Allgemeinen stumm, bis sie ›was zu nörgeln haben‹.* 1864 war das Lied»Wie bist du, meine Königin...« eine stille Huldigung für die junge Frau, die ihn so von Grund auf verstanden hat. In einem langen Brief über seine 4. Sinfonie schrieb sie ihm 1885: »...ob Sie nicht auch bös sind, daß es Sie so flink reute, so warm geworden zu sein...?« – Brahms wiederum an sie: *Nochmals allerschönsten Dank, und*

wenn Sie etwa doch aus Güte den letzten Brief überzuckert haben sollten, so
schicken Sie die Pfefferbüchse nachträglich Ihrem Joh. Br.

Brahms fühlte sich in Wien zwar immer »heimischer«, wirkte aber den
Zeitgenossen gegenüber keineswegs als »Frohnatur«. »Er war meist traurig und düster«, berichtete eine andere seiner vielen Schülerinnen und
meist zugleich auch Verehrerinnen. Für Abwechslung sorgten sonntägli-
che Matineen in seiner schlichten Junggesellenwohnung im 4. Stock des
»Deutschen Hauses«. Hier versammelten sich Freunde und Schüler.
Brahms spielte ihnen vor, was sie sich wünschten.

Er überstand gelassen den »Skandal« um jene Werke, die ihn als erste
ungemein populär machten: die »Ungarischen Tänze«. Max Kalbeck resümierte dazu wehmütig: »Weder seine seelenvollen Lieder, noch seine tief-
sinnige, mit süßer Melodie gesättigte Kammermusik, noch endlich sein
menschlich-erhabenes Requiem, sondern seine Bearbeitung der ›Ungarischen Tänze‹ hat Brahms zuerst wirklich populär gemacht. Wer den Namen Brahms nicht kannte, lernte ihn durch ihre Vermittlung kennen. Kein
Wunder, daß jeder Primarius einer Zigeunerkapelle hinterdrein der in
seinen Rechten verkürzte Erfinder der ›Ungarischen Tänze‹ gewesen sein
wollte.« Auch Reményi erhob da Urheberansprüche. Brahms konterte:
Von Reményi konnte ich nicht das rechte lernen, er brachte zuviel Lüge hin-
ein. Nur im 3. und 4. Heft der Tänze erschienen von Brahms erfundene eigene Stücke, mit denen sich der Komponist vor dem Nachdruck seiner Bearbeitungen schützen wollte. Und er stellte für das übrige klar: Es sind
echte Zigeunerkinder, also nicht von mir gezeugt, nur mit Milch und Blut
aufgezogen.

Anfang 1865 entstanden die Hanslick gewidmeten Walzer für Klavier zu
vier Händen op. 39. Aber die freundlichen Klänge vom Beginn des Jahres
verstummten bald. Brahms mußte ans Totenbett der Mutter. Sie starb am
2. Februar. Hatte ihn die Trennung der Eltern zuvor schon schwer be-
drückt, so um so mehr der Abschied von der geliebten Mutter. Er hatte aus
der Ferne für sie liebevoll gesorgt. Der Schmerz über ihren Tod klingt in
seinem Waldhorn-Quartett op. 40 an, verbunden mit der Erinnerung an
glückliche Kindertage. Zugleich holte er alte, noch von Schumann inspirierte Pläne für ein »Deutsches Requiem« wieder hervor. Die Textworte,
aus der deutschsprachigen Lutherbibel sorgsam zusammengestellt, wurden schon 1861 auf der Rückseite des Manuskripts zum ersten Heft der
»Magelone-Lieder« skizziert. Im Mai 1868 wurde das Requiem mit dem Sopransolo des fünften Satzes, »Ich will euch trösten, wie einen seine Mutter
tröstet«, in unmittelbarem Erinnern an die Verstorbene beendet.

Nach einer Woche verließ Brahms die Geburtsstadt, gab auch seine
Wiener Wohnung auf, reiste nach Lichtenthal bei Baden-Baden, wo er

schon im Vorjahr weilte und mit dem Dirigenten Hermann Levi bekannt und befreundet wurde. Levi war es, der Brahms Bemerkenswertes über Kritik und Selbstkritik mitteilte:»Im Talmud, links beim Eingang, steht geschrieben: Wenn einer kommt und sagt: Du bist ein Maulesel, kauf' Dir 'nen Sattel und laß' Dich reiten. – Das heißt auf deutsch: Wenn Frau Schumann oder ich eine Bemerkung machen, höre nicht auf uns; wenn aber, wie ich in diesem Falle glaube, alle Musiker oder ein Freund wie Joachim dasselbe sagen, so scheue die Mühe nicht und verändere.«

Nun lernt er in Lichtenthal den Maler Anselm Feuerbach kennen und dessen ausgezeichnet Klavier spielende, musikinteressierte Stiefmutter Henriette. Wieder gab's Opernpläne. Doch dann begann erneut die Zeit der Konzertreisen. Brahms konzertierte rundum in deutschen Landen, besuchte die Schweiz. In Basel lernte er die Wesendoncks kennen, mit denen es später zu ergiebigem Briefwechsel kam. Außerdem den Literaten und überzeugten Demokraten Joseph Viktor Widmann, dem wir wertvolle Hinweise auf Brahms' politische und pädagogische Interessen verdanken, und den Dichter Gottfried Keller sowie den Chirurgen und Musikkenner Theodor Billroth. Billroth wurde wenig später in Wien einer seiner treuesten Freunde, an dessen Urteil ihm sehr gelegen war. Freilich, wenn's zwischen den beiden Konflikte gab, dann lag das nicht nur an Brahms. Der Bildungsbürger Billroth, taktvoll ansonsten, mit ausgeprägtem Verständnis für die Brahmssche Musik, schnitt eines Tages ohne Zustimmung aus ihm zugesandten handschriftlichen Werken von Brahms Notenzeilen heraus, um sie unter Glas in seinen Salon zu hängen. Für derlei»Kult« hatte Brahms überhaupt kein Verständnis.

Aus der Schweiz ging's zurück nach Karlsruhe, kurz vor Jahresende auch wieder einmal nach Detmold. Überall fanden, zum Teil mit beträchtlichem Erfolg, Brahms-Konzerte statt. Die pekuniären Verhältnisse des Komponisten begannen sich spürbar zu bessern. Am Erfolg seiner Arbeiten hatten ein Schweizer Verleger, dann vor allem Freund Simrock in Bonn, später in Berlin, Anteil. Aber auch Brahms verstand es allmählich, in den sich rasch entwickelnden kapitalistischen Verhältnissen durchaus selbstbewußt die eigenen Interessen zu vertreten. Er setzte seine Mittel zunehmend und in liebevoller Fürsorge für die Familie ein. Aber auch sonst suchte er mit seinem kleinen Vermögen vieles zu unterstützen, was ihm förderungswürdig erschien, nach dem Motto: *Alles, was mit drei Nullen aufhört, fängt an, mir recht zu sein! Mit der Zahl vornen nehme ich's nicht so genau!* Er war ein großzügiger Helfer, nicht nur für die eigene Familie. Zum Beispiel hatte er der 1865 in Hamburg gegründeten »Deutschen Gesellschaft zur Rettung Schiffbrüchiger« mehrfach beträchtliche Beträge überwiesen.

Als ihm der Vater im Herbst 1865 mitteilte, er wolle sich wieder verheiraten, mit einer 20 Jahre jüngeren Witwe, schrieb ihm der Sohn: *Liebster Vater, tausend Segen und so heiße Wünsche für Dein Wohl, wie ich sie immer für Dich hege, begleiten Dich auch hier. Wie gern säße ich jetzt bei Dir, drückte Dir die Hand und wünschte Dir so viel Glück, wie Du es verdienst – das wäre mehr, als für ein Erdenleben nötig ist. Auch dieser Schritt ist ja nur ein schönes Zeugnis für Dich und sagt, wie Du das glücklichste Familienleben verdient hast. – Empfiehl mich der künftigen Mutter und sage ihr, sie könnte keinen dankbareren Sohn als mich haben, wenn sie meinen Vater glücklich macht.* Auch der neuen Stiefmutter wie deren in die Ehe mitgebrachtem Sohn begegnete er mit unveränderlicher Güte und großem Verständnis und half ihnen finanziell, wo er konnte.

Ende 1866 war Brahms nach anderthalbjähriger Abwesenheit wieder in Wien. Er bezog eine neue Wohnung im »Geroldischen Haus«, Postgasse Nr. 6, 4. Stock, Nr. 8. Die zurückliegenden Monate waren für ihn auch politisch aufregend. Für Österreich war es ein kritisches Jahr durch den Krieg mit Preußen. Brahms schrieb dazu an Freund Allgeyer: *Im Übrigen vergisst man jetzt doch wirklich Alles über einen politischen Leitartikel. Und leider, ob sie sich nun 30 oder 7 Jahre schlagen, es wird so wenig für die Menschheit geschlagen wie damals, als sie sich 30 und 7 Jahre schlugen.*

Aber im Frühjahr ging es wieder auf Reisen. Brahms musizierte erfolgreich in Österreich und in Ungarn. Dann lud er den Vater zu einer Reise durch das österreichische Alpenland ein, mit einem liebevollen Brief: *Geliebter Vater, Du kommst nun vielleicht morgen von Heide zurück und ich hoffe, so vergnügt wie ich es wünsche, so vergnügt – daß Du gleich tust, was ich Dich bitte: Du hast Dir jetzt geliebtes Altes besehen, sieh jetzt Neues: komme nach Wien! Überleg nicht lange, denke nur daran, daß in Deinem Alter das Reisen mit jedem Jahr schwieriger und weniger genußvoll ist und daß mit jeder Woche in diesem Jahr der Sommer heißer und Wien nicht angenehmer wird. – ich bitte Dich dringend, mich hier zu besuchen und mit mir von hier aus kleine Touren zu machen. Es versteht sich von selbst, daß Dich die Reise nichts, auch keine Versäumnisse kosten soll, und daß wir alles so machen, daß es Dich nicht anstrengt.* Rührend besorgt und gründlich teilte ihm Brahms die genauen Modalitäten der Reise von Hamburg nach Wien mit. Am 27. Juli war der alte Herr in Wien und erlebte, vom Sohn geleitet, auch die Schönheiten des österreichischen Alpenlandes. Am 18. August fuhr er wieder nach Hamburg zurück. Brahms aber ging im November schon wieder auf Konzertreisen, diesmal mit dem alten Freund Joseph Joachim. Er musizierte mit ihm in Wien, Graz und Klagenfurt.

Am 1. Dezember gab es die erfolgreiche Wiener Uraufführung der ersten drei Sätze des »Deutschen Requiem« unter der Leitung von Johann

Herbeck. Brahms und Joachim waren im Publikum. Wenige Tage später konzertierten die beiden schon wieder in Budapest, und um die Weihnachtszeit gab es weitere Konzerte mit Brahms in Wien. Von Mitte Januar bis Mitte Februar 1868 war der Ruhelose auch wieder in Hamburg, nahm in Bremen an einer Aufführung von Goethes »Faust« teil und ging anschließend mit Julius Stockhausen auf Tournee, von Hamburg über Berlin nach Dresden, dann nach Kopenhagen und von da wieder zurück nach Bremen. Dort kam es am Karfreitag, dem 10. April 1868, zur vom Komponisten geleiteten Uraufführung des »Deutschen Requiem«. Brahms war zuvor skeptisch. Noch im Februar schrieb er an Clara Schumann: *Könntest Du am Karfreitag zuhören, das wäre mir eine unglaubliche und große Freude. Das wäre mir die halbe Aufführung!! Geht es dann gar etwas nach Wunsch, so solltest Du Dich wohl wundern und freuen. Aber leider bin ich nicht der Mensch, der mehr erlangt, als die Leute ihm gutmütig von selbst geben, und das ist immer sehr wenig.* In dieser Aufführung fehlte noch der Teil »Ich will euch trösten«. An seiner Stelle erklang die Arie »Ich weiß, daß mein Erlöser lebet« aus Händels »Messias«, gesungen von Amalie Joachim, und Schumanns Abendlied, gespielt von Joseph Joachim. Ein Zeitgenosse und Freund berichtete von diesem denkwürdigen Abend: »Der Dom war nie so voll gewesen, die Begeisterung nie so groß.«

Immerhin, nicht nur eine große Premierenfeier im Bremer Ratskeller stimmte den Komponisten ob des Erfolges optimistisch. Seine Antwort dort auf die Gratulation der Anwesenden ist so überliefert: *Wenn ich mir jetzt hier ein paar Worte erlaube, so muß ich zuerst sagen, daß mir die Gabe der Rede gar nicht zu Gebote steht. Es sind aber so Viele unter den Versammelten, denen ich so gern ein Wort des Dankes sagen möchte, so viel liebe Freunde, die mir Gutes und Angenehmes erwiesen haben, und so ganz besonders ist es mein verehrter Freund Reinthaler (Leiter der Proben), der sich mit solcher Aufopferung der Einstudierung meines Requiems hingegeben hat. So lege ich meinen Dank für alle auf seinem Haupte zusammen und bringe diesem ein dreifaches Hoch!* Schon ein Jahr später werden mehr als 20 Aufführungen dieses Werkes in ganz Deutschland, danach auch bald in London, St. Petersburg und Paris den Namen seines Schöpfers zum ersten Male weithin bekannt machen, ihm Rang und Achtung verschaffen.

Endgültig: Wahlheimat Wien

Der Tod der Mutter, die Tatsache, daß auch nach Stockhausens Rücktritt von der Leitung der Hamburger Philharmoniker niemand daran dachte, ihm die Nachfolge anzubieten, führte jetzt dazu, daß Brahms sich innerlich immer mehr von seiner Geburtsstadt löste. Darum schrieb der Sechsunddreißigjährige im April 1869 aus Wien an den Vater: *Ich meine immer so gern, bei Dir zu Hause sein zu wollen – aber schließlich geht es doch eigentlich nicht. – Ich muß mich doch entschließen, hier zu wohnen: und ich muß mich endlich entschließen, meine Miete da zu bezahlen, wo ich wohnen will. – Und sonst, und länger, was soll ich in Hamburg? Außer Dir, wen verlange ich, noch zu sehen? usw. Du weißt selbst sehr gut, wie ich nichts in jeder Beziehung dort habe. Kurz, ich sehe endlich ein, daß ich irgendwo einigermaßen zu Hause sein muß und da meine ich, will ich mir's zum nächsten Herbst hier in Wien etwas gemütlicher machen. Einstweilen könnt Ihr ja das Zimmer, wo mein Klavier steht, vermieten und meine Sachen im mittleren Zimmer zusammenstellen.*

Während eines Bonn-Aufenthaltes wirkte er mit Julius Stockhausen in einem Konzert von dessen mittelloser Schülerin Rosa Girzick in Neuenahr mit und spielte dort mit viel Erfolg einige »Wiener Walzer«. Aus ihnen wurden im nächsten Jahr die »Liebesliederwalzer« op. 52, für Klavier zu vier Händen, mit Chor und Soli ad libitum. Sie erfreuten sich rasch großer Beliebtheit und gelten nicht zu Unrecht als musikalisches Bekenntnis zur neuen Wahlheimat an der Donau.

Ein anschauliches Bild des nun allmählich auf die Vierzig gehenden Meisters, der auf der Höhe seiner kompositorischen Meisterschaft stand und sich auch bald der Sinfonik zuwenden sollte, gibt die Engländerin Florence May, die ihm im Sommer 1871 in Baden-Baden erstmals begegnete; sie wurde seine Klavierschülerin und seine Biographin: »Brahms war schon damals, als ich ihn kennenlernte, in der Blüte seines Lebens; er war achtunddreißig Jahre alt. Unter Mittelgröße, hatte seine Gestalt etwas Breites und Festgebautes, obschon noch ohne Hinneigung zur Wohlbeleibtheit, die sich erst später entwickelte. Er hatte den blonden deutschen Typus, mit hellem, schlichtem Haar, das er lang von den Schläfen zurückgebürstet trug. Sein Gesicht war glatt rasiert. Das auffallendste physische Kennzeichen bei ihm war das mächtige Haupt mit der prächtigen, geistreichen Stirn. – In Brahms' Benehmen war eine Mischung von Geselligkeit und Zurückhaltung.« Einigermaßen schockierend war's für die Engländerin, daß Brahms beim privaten Klavierspiel, auch wenn er gemeinsam mit

Clara Schumann am Instrument saß, »die geliebte Zigarre oder Zigarette während der Ausführung zwischen den Lippen behalten« durfte. Von seinem Unterricht schwärmte sie: »Er war streng und bestimmt; er war sanft und geduldig und ermutigend; er war nicht nur klar, er war das Licht selbst; er kannte jedes Detail technischen Studiums erschöpfend, konnte es beibringen und brachte es in der möglichst knappen Art und Weise bei. Er war nie gereizt, nie gleichgültig, sondern half, feuerte an und ermutigte zu jeder Zeit. Eines Tages, als ich mich über die früher mangelhafte technische Ausbildung beklagte, sagte er: *Es wird schon kommen; es kommt nicht in einer Woche, auch nicht in vier Wochen!* Wie liebte er die Bachschen Vorhalte: *Hier muß es klingen,* pflegte er zu sagen, auf die gebundene Note deutend, und er bestand darauf, daß ich, ohne die Vorbereitung forcieren zu dürfen, letztere so anschlug, daß sie die möglichst volle Wirkung der Dissonanz gab. ›Wie soll ich das klingen machen?‹ fragte ich ihn bei ein paar Takten eines Themas, dessen Noten für den dritten, vierten und fünften Finger der linken Hand gesetzt waren und deutlich, aber leise gespielt werden sollten. *Sie müssen speziell an die Finger denken, mit denen Sie spielen, und nach und nach wird es herauskommen,* antwortete er.«

Seine Musik wurde bekannter, die Verleger drängten. An Simrock schrieb er halb ironisch, halb ernsthaft: *Ich habe den ernstlichen Wunsch, Ihnen recht bald Noten schicken zu können. Leider bin ich halb Virtuose und halb Komponist. Nur wer das Brod mit Tränen aß, weiß, was es heißt, jetzt auf dem Klavier die rechten Noten zu haben.* Als Pianist, später auch als Dirigent verdiente er nun genug, um sein im Grunde nicht sehr anspruchsvolles Leben bestreiten zu können. Das Geld der Verleger brauchte er dazu schon nicht mehr. Auch wenn sie, wie Fritz Simrock drängten: »Tun Sie garnichts mehr? Soll ich auch in 73 noch keine Sinfonie von ihnen haben? – und die Quartette und so viele andere Dinge, mit denen Sie geizen?«

Brahms ließ sich nicht mehr drängen. Er folgte seinem eigenen schöpferischen Rhythmus, der Zeit und Ruhe zum Reifen der Werke brauchte. So war er, trotz der Belastung durch die ständigen Virtuosenreisen, immer am konzentrierten, genauen und gründlichen kompositorischen Arbeiten. Dabei wurde ein Hang zum gleichsam paarweisen Komponieren immer deutlicher: Oft genug folgte einem neuen Werk ein ähnlich gelagertes zweites. Zudem verstärkte sich bei ihm der Brauch, im Sommer an idyllischem, reizvoll naturnahem Ort ganz der Natur, dem geselligen Umgang und vor allem dem Komponieren zu leben. Die Komponierpraxis des Kapellmeisters Gustav Mahler finden wir auch schon bei Brahms.

Vor der »Heimkehr« nach Wien standen noch weitere Konzertreisen. In Bonn traf er wieder mit dem Vater zusammen und nahm ihn nun mit zu einer gemeinsamen Rheinreise nach Koblenz und Mainz. Danach ging's über Straßburg in die Schweiz, dann über Basel und Colmar zurück nach Hamburg. In Oldenburg musizierte er mit Clara Schumann, in Hamburg mit Julius Stockhausen. Im November war er wieder in Wien und nahm zunächst Logis im Hotel zum Kronprinzen an der Aspernbrücke. Er spielte schon wenige Tage später zusammen mit Clara Schumann in einem ihrer Konzerte.

Auch 1869 dominierten die Konzerte. Zunächst in Wien, wo Brahms seinen »Rinaldo« dirigierte, mit Stockausen gemeinsam auftrat. Die beiden reisten auch zu mehreren Abenden nach Budapest. Im Mai dirigierte Brahms in Karlsruhe sein »Deutsches Requiem«, dann ging's zum Sommeraufenthalt wieder nach Baden-Baden. Hart traf den immer noch einsamen, dennoch immer wieder einmal von Ehe und Familie Träumenden die Nachricht, daß sich Robert und Clara Schumanns dritte Tochter, Julie, mit einem italienischen Grafen verlobt hatte. Brahms liebte sie innig, auch wenn er es sich nicht hatte eingestehen wollen. Nun zog er sich wieder grollend zurück. Seine vielen Freunde stellten in jenen Tagen an ihm eine außergewöhnlich gesteigerte Grobheit im Umgang mit den Mitmenschen fest. Brahms war abweisend, verletzend sarkastisch. Im September heiratete Julie Schumann ihren Grafen Marmorito. Im Oktober kam es bei Clara Schumann zu einer privaten Aufführung von Brahms' neuestem Werk, der Alt-Rhaspodie nach Goethe, op. 53. In ihr hat sich nicht zum wenigsten die neuerliche Liebesenttäuschung des Komponisten niedergeschlagen. Vielsagend heißt der eröffnende Goethe-Text: »Aber abseits, wer ist's«. Brahms hatte das Werk mit sarkastischer Ironie sein *Brautlied für die Schumannsche Gräfin genannt und hinzugefügt: Es ist das Beste, was ich noch gebetet habe und wenn's nun auch die werten Altstimmen nicht gleich begierig singen werden, so gibt's genug Leute, die ein derartiges Gebet nötig haben.* Die hervorragende Interpretation des Alt-Solos durch Joseph Joachims Gattin Amalie trug damals nicht wenig zum nachdrücklichen Erfolg dieser Musik bei.

In Leben und Werk des Sechsunddreißigjährigen tat sich nach und nach ein großer Konflikt auf: Er fühlte sich trotz vieler Freunde einsam und begann sich zu verschließen. Das wirkte nach außen rauh und abstoßend, manchmal auch verletzend. Aber in seiner Musik rührte es nicht am immer wieder durchbrechenden klanglich-melodischen Lichtstrahl, der gleichsam tröstend in eine von den Widerständen der Zeit und des Lebens sich lösende, glückliche und freie Menschenwelt weisen möchte; so, wie in der Alt-Rhapsodie dem düsteren c-Moll des Beginnes der lichte, hoffnungsvolle Liebesgesang des abschließenden C-Dur-Adagio folgt. Der alte Satz von der rauhen Schale, in der sich ein guter, weicher Kern verbirgt, traf auf Brahms insgesamt zu. Jetzt, mit den beginnenden siebziger

Jahren des 19. Jahrhunderts, fand er in der bürgerlichen Gesellschaft der Künstler und Kommerzienräte, in der er lebte, immer weniger Seelen, denen er sich verwandt fühlen konnte. Nicht zufällig stammte von ihm aus späteren Jahren der bittere Satz: *Wenn Ihnen jemand sagt, er sei mein Freund, so glauben Sie ihm nicht.* Im Februar 1870 bezog Brahms in Wien eine neue Wohnung, Ungargasse Nr. 2, »Zur Goldspinnerin«. Zuvor, im Januar, hatte er in Wien zusammen mit Clara Schumann seine »Liebesliederwalzer« op. 52 gespielt. Im Frühling schied Johann Herbeck als artistischer Direktor der Konzerte der Gesellschaft der Musikfreunde aus. Man wollte Brahms als Nachfolger. Der aber war noch nicht bereit. Er reiste im Sommer nach München, hörte dort Wagners »Walküre« und »Rheingold«. In München überraschte ihn der Beginn des deutsch-französischen Krieges. Freunde hinderten Brahms im letzten Augenblick, sich freiwillig zur preußischen Armee zu melden. Wieder daheim, begann er die Komposition seines «Triumphliedes« op. 55 – ursprünglich wollte er ein »Te Deum« schreiben. Und als im Januar 1871 in Versailles das Deutsche Kaiserreich ausgerufen wurde, da widmete Brahms sein »Triumphlied« auf Bibeltexte (aus der »Offenbarung des Johannes«) zunächst dem »Sieg der deutschen Waffen«, dann allein dem deutschen Kaiser Wilhelm I.

Hier der Widmungstext in für Brahms unüblichem, pathetischem Amtsdeutsch, das man aus jener Zeit eigentlich nur von Bruckner-Widmungen kennt:

Allerdurchlauchtigster, Großmächtigster, Allergnädigster Kaiser und Herr!

Die Errungenschaften der letzten Jahre sind so groß und herrlich, daß es demjenigen, dem es nicht vergönnt war, die gewaltigen Kämpfe für Deutschlands Größe mitzukämpfen, umsomehr ein Herzensbedürfnis sein muß zu sagen und zu zeigen: wie beglückt er sich fühlt, diese große Zeit erlebt zu haben. Durchaus gedrängt von diesen lebhaften Gefühlen des Dankes und der Freude, habe ich versucht ihnen in der Komposition eines Triumphliedes Ausdruck zu geben. Meine Musik ist auf Worte aus der Offenbarung Johannis gesetzt, und wenngleich wohl nicht zu verkennen, was sie feiern soll, so kann ich doch den Wunsch nicht unterdrücken, durch ein äußeres Zeichen, womöglich durch die Vorsetzung des Namens Eurer Majestät, die besondere Veranlassung und Absicht des Werkes zu nennen. So wage ich denn ehrfurchtsvollst die Bitte auszusprechen, Eurer Majestät das Triumphlied bei seinem Erscheinen im Druck verehrend zueignen zu dürfen.

Eurer Kaiserlichen und Königlichen Majestät alleruntertänigster
Johannes Brahms

Die erste komplette Aufführung dieses Werkes fand am 7. April 1871 unter Hermann Levi in Karlsruhe statt. An Billroth berichtete Brahms über diesen Abend: *Daß Sie das Konzert nicht gehört, muß ich hinterher sehr beklagen. Sie haben nicht leicht ein vornehmeres und schöneres gehört. Ich habe wohl kaum je so sehr den Eindruck gehabt, daß jeder übervoll seine Schuldigkeit tue. Jeder sang und spielte, als ob von ihm allein das Ganze abhinge, wie es denn sein muß, soll etwas vortrefflich werden. Aber das war diesmal fast lustig zu sehen und zu hören. So werde ich auch mein Lied, das doch auf größere Massen berechnet ist, doch nicht leicht mit mehr Vergnügen hören. Die Leute haben es wirklich gemacht, wie unsere Soldaten in Frankreich, wo ja auch tausend an ihrem Platz, so gut wie sonst ihrer Hunderttausend, das Beste leisteten. Das Stück trat einem so vortrefflich kühn und lebendig entgegen, ich konnte mich kaum verwundern, daß es derart zündete – aber einer zweiten Aufführung werde ich vorsichtig aus dem Wege gehen.*

Bismarcks deutsche Reichseinigung »durch Blut und Eisen« hatte ihm Respekt abgenötigt. Er sah in ihr, wie so manch anderer neben ihm, die Vollendung von Ideen, die die Niederwerfung der Revolutionen von 1848/49 verhindert hatte. Freilich, Preußens Annexion Schleswig Holsteins nach dem Krieg mit Dänemark 1866 hatte er, der Hanseat, mit gemischten Gefühlen, aber doch mit Sympathie verfolgt. Auch der Krieg Preußens gegen Hannover 1866, der diese Annexion komplettierte, war ihm, dem Freund des Hannoverschen Konzertdirektors Joseph Joachim, unheimlich. Und der Druck Preußens auf Österreich, der die Donau-Monarchie aus dem Deutschen Bund trieb, dürfte ihn, der gerade in Wien seine zweite Heimat fand, nicht gerade begeistert haben. Aber die Ausrufung des Deutschen Kaiserreichs durch Bismarck hatte er mit leidenschaftlicher Anteilnahme verfolgt. Er blieb ein großer Bismarck-Verehrer lebenslang. Zu seiner ständigen Lektüre gehörte noch in seinen letzten Lebensjahren die 1894 erschienene mehrbändige Geschichte der »Begründung des Deutschen Reiches durch Wilhelm I.« von Heinrich von Sybel.

Dem Patrioten Brahms ging das »Gründerzeit«-Pathos des eigenen Werkes und dessen »zündende« Wirkung bald auf die Nerven. Und so war es ganz sicher kein Zufall, daß während des späteren Sommeraufenthaltes in Lichtenthal bei Baden-Baden, während der Friede zu Frankfurt den französisch-deutschen Krieg beendete, ein schon 1868 begonnenes Werk abgeschlossen wurde: Das »Schicksalslied« von Friedrich Hölderlin, op. 54. Über die ersten Skizzierungen dieser Komposition hat der Brahms-Freund Dietrich Aufschlußreiches berichtet: »Im Sommer (1868) kam Brahms noch einmal, um mit Reinthalers und uns einige Partien in die Umgegend zu machen. Eines Morgens fuhren wir zusammen nach

Wilhelmshaven, Brahms interessierte es, den großartigen Kriegshafen zu sehen. Unterwegs war der sonst so muntere Freund still und ernst, er erzählte, er habe früh am Morgen im Bücherschrank Hölderlins Gedichte gefunden und sei von dem Schicksalslied auf das tiefste ergriffen. Als wir später nach langem Umherwandern und nach Besichtigung aller interessanten Dinge ausruhend am Meere saßen, entdeckten wir bald Brahms in weiter Entfernung, einsam am Strand sitzend und schreibend. Es waren die ersten Skizzen des Schicksalsliedes.«

Im Mai 1871 also wurde diese Komposition beendet, im Gegensatz zum »Triumphlied« ein sehr ernstes, sehr nachdenkliches Stück. Den Hölderlinschen Text-Visionen nachspürend, wird gegen die antikische Hyperion-Vision (»Ihr wandelt droben im Licht auf weichem Boden, selige Genien« – »Und die seligen Augen blicken in stiller, ewiger Klarheit«) das tragisch-bedrückende Menschenschicksal gestellt: »Doch uns ist gegeben, auf keiner Stätte zu ruhn, es schwinden und fallen die leidenden Menschen blindlings von einer Stunde zur andern, wie Wasser von Klippe zu Klippe geworfen, jahrlang ins Ungewisse hinab.« Vor dem Hurra-Patriotismus, zu dem sich Brahms im »Triumphlied« aufraffte, kam das bohrende, tragische Bewußtsein der Widersprüche der Welt nicht zur Ruhe. Brahms empfand sie, durchschaute aber nicht, was ihre politischen und ökonomischen Wurzeln waren. Seine »politischen« Bekenntnisse verblaßten schließlich vor dem sich verstärkenden Eindruck, daß sich das Leben inmitten von Krieg und Tod immer mehr den alten Idealen der Klassiker entfremdete – auch wenn es umgeben war von einer wohlmeinenden Clique aus der saturierten Bürgerlichkeit; die aber betrachtete Menschliches mehr als attraktive »Kulisse«.

Am 18. Oktober dirigierte er in Karlsruhe die Uraufführung seines »Schicksalsliedes«, reiste dann nach Wien. Dort erfuhr er, daß er endgültig als Nachfolger Hellmesbergers und Anton Rubinsteins für die Stelle des artistischen Direktors der Gesellschaft der Musikfreunde vorgeschlagen war. Im Dezember nahm er die neue Stellung an. Zugleich bezog er eine neue Zwei-, später Dreizimmer-Wohnung in der Karlsgasse 4. Es sollte sein letztes Domizil in der neuen Wahlheimat werden.

Aber schon im Februar 1872 rief ihn die tödliche Krebskrankheit des Vaters erneut nach Hamburg. An Reinthaler berichtete er: *Mein Vater ist sehr schwer erkrankt. Ich fahre morgen nach Hamburg und kann höchstens hoffen, einige Wochen ihn noch pflegen, trösten zu können, bin ich doch schon mehrmals mit dem Gedanken von ihm gegangen, ich käme wohl nur auf solchen Ruf wieder. Aber daß den beiden glücklichen Menschen nicht ein längeres Beisammensein gegönnt ist, daß er nach langem, mühseligen Leben nicht länger ein behagliches Alter ausgenießen kann, wie traurig macht mich das!* – *Gestern Abend unterbrochen kann ich gleich sagen, daß die Nacht eine Depesche kam, und den schnelleren Fortgang, eine Art Leberkrebs, meldete. Ich fahre den Mittag und bin morgen Abends 8 Uhr dort. Wer weiß, unter welchen Umständen ich am 6. Februar das Lied vom Schicksal höre!* Der Vater starb am 11. Februar 1872. Brahms: *Am Donnerstag nahm er heißen Abschied von uns – von da ab sprach er nicht mehr und ist zum Glück schmerzlos und ruhig verschieden.*

Nur einen Monat lang war der Komponist danach wieder in Wien. Vom Frühling bis Herbst ging er auf Reisen. Im Sommer war er in Baden-Baden. An Freund Reinthaler erging der Ruf: *Ich sitze nämlich wieder in meinem Häuschen auf dem Hügel und finde es sehr richtig, daß man dort hingehe, wo einem wohl war, also komme: beim Löwenwirt ist alles, wie es war, nur die jüngste Kellnerin ist aus einem Backfisch ein reizendes Mädel geworden.* Er konzertierte auch dort, spielte wieder einmal das Schumann-Klavierkonzert und dirigierte mit beträchtlichem Erfolg seine A-Dur-Serenade.

Unter den Bekannten war nun auch Hans von Bülow. Der war, verheiratet mit der Liszt-Tochter Cosima, leidenschaftlicher Wagnerianer, bis Cosima ihn verließ und Wagners Geliebte, später dessen Ehefrau wurde. »Klein, zierlich, agil, ein Nervenbündel, bissig-geistreich, sprühend in Enthusiasmus und Bosheit. Das bewegliche Männchen mit dem schlichten, schütteren Grauhaar, der schönen, klaren, wenn auch oft unmutig gefurchten Stirn, den auffallend hellen, graublauen Augen und dem sarkastischen Mund, dessen mokanter Ausdruck durch das kleine Schnurrbärtchen und die dolchartige Bartfliege am Kinn noch erhöht wurden, quirlte vor Lebendigkeit.« (Specht)

Ein von Brahms grundverschiedener Charakter also. Dennoch kamen sich die beiden nun näher. Nicht zum wenigsten in der gemeinsamen Vorliebe für unbedingte Werktreue bei der Interpretation. Brahms erzählte, daß Bülow die ehelichen Erlebnisse unglücklich gemacht hätten. *Aber auch das Verhältnis zu Liszt. Für den hat er die größte Pietät gehabt, aus seinen Kompositionen zu machen gesucht, was sich machen ließ: kam aber allmählich doch dahinter, daß eigentlich gar nichts daran ist. Er hat mir einmal gesagt: ›Ich muß immer so vielgeschäftig und aufgeregt sein, um mich zu zerstreuen. Denn ich habe so Schweres durchlebt, daß mich die Erinnerung daran umbringen könnte‹.* Typisch das Bülow-Wort: »Gefühl ohne Denken ist Dusel«. Bülow sollte für Brahms noch als Interpret seiner Werke von großer Bedeutung sein. Im September war Brahms wieder in Wien. Er hatte sich nun seinen neuen Direktionsaufgaben zu widmen. Theodor Billroth berichtete: »Brahms wird nun also die Musikvereinskonzerte dirigieren; er bereitet Händels Te Deum und ›Saul‹ vor, zwei Bachsche Kantaten, sein Triumphlied usw. Vorläufig ist er ganz Feuer bei der

Leitung des Gesangvereins und ist immer entzückt über die Stimmen und das musikalische Talent des Chors. Sind die Erfolge günstig, so wird er, glaube ich, aushalten; ein Mißerfolg kann genügen, ihn so zu deprimieren, daß er die Lust verliert.« Am 10. November gab es das erste Konzert. Das Programm: Händels »Dettinger Te Deum«, eine Mozart-Konzert-Arie mit obligatem Klavier (KV 505), a cappella-Liedsätze von Johannes Eccard, Heinrich Isaak, Schuberts große C-Dur-Sinfonie in der Orchestrierung von Joseph Joachim. Eine Wiederholung diente im Gesellschaftssaal der Musikfreunde der festlichen Einweihung der neuen Orgel, auf der übrigens Anton Bruckner improvisierte – in Brahms wenig imponierender Wagner-Manier.

Doch schon beim nächsten Konzert, am 8. Dezember, gab's Probleme. Der dirigierende Komponist mußte abklopfen, es gab noch weitere Pannen. Dann folgten wieder erfreulichere Abende. Billroth berichtete: »Brahms ist als Musikdirektor hier äußerst tätig; er hat unvergleichlich schöne Aufführungen zustande gebracht und findet bei allen, die es gut mit der Kunst meinen, vollste Anerkennung. – Im letzten Konzert brachte Brahms eine der schwersten, noch nie aufgeführten Kantaten von Bach nach Text von Luther: Christ lag in Todesbanden. Es war verdammt herbe Musik, doch stellenweise von erhabener Wirkung. Und die Wiener nahmen aus den Händen eines Dirigenten, den sie so achten wie Brahms, auch das mit liebenswürdiger Empfänglichkeit an. Zwei darauf folgende Volkslieder a cappella (›In stiller Nacht‹ und ›Der schönste Bursch' am ganzen Rhein‹) veranlaßten dann freilich einen Beifallssturm, der die Besorgnis des Hauseinsturzes rege machte. Der alte König von Hannover war halb toll vor musikalischem Rausch. Ich möchte wohl, daß Sie so etwas mal hier hörten; man wird wirklich ganz betrunken von der Schönheit der Klangwirkung dieses Chores, dessen An- und Abschwellen, Forte und Piano wie von einer Stimme vorgetragen wird. Brahms leitet das, wie Renz ein Schulpferd.«

Brahms war nun auch in Wien eine angesehene Persönlichkeit. Er unternahm weiterhin Konzertreisen, zunehmend als Dirigent. Die Sommermonate verbrachte er konsequent »in der Natur«, in Bad Ischl, Lichtenthal bei Baden-Baden, Pörtschach, Mürzzuschlag, Tutzing, Thun, auf der Insel Rügen. Über Brahms' »Komponiersommer« berichtete sein späterer Biograph Max Kalbeck: »In Ischl hatte ich später ein paar Mal unverhofft Gelegenheit, Brahms bei der Arbeit zu belauschen. Frühaufsteher und Naturfreund wie er, war ich an einem warmen Julimorgen sehr zeitig ins Freie hinausgegangen. Da sah ich plötzlich vom Walde her einen Mann über die Wiese auf mich zugelaufen kommen, den ich für einen Bauern hielt. Ich fürchtete, verbotene Wege betreten zu haben, und rechnete schon mit allerlei unangenehmen Eventualitäten, als ich in dem vermeintlichen Bauern zu meiner Freude Brahms erkannte. Aber in welchem Zustand befand er sich, und wie sah er aus! Barhäuptig und in Hemdsärmeln, ohne Weste und Halskragen, schwenkte er den Hut in der einen Hand, schleppte mit der anderen den ausgezogenen Rock im Grase nach und rannte so schnell vorwärts, als würde er von einem unsichtbaren Verfolger gejagt. Schon von weitem hörte ich ihn schnaufen und ächzen. Beim Näherkommen sah ich, wie ihm von den Haaren, die ihm ins Gesicht hingen, der Schweiß stromweise über die erhitzten Wangen herunterfloß. Seine Augen starrten geradeaus ins Leere und leuchteten wie die eines Raubtieres, – er machte den Eindruck eines Besessenen. Ehe ich mich von meinem Schrecken erholte, war er an mir vorbeigeschossen, so dicht, daß wir einander beinahe streiften.«

Brahms genoß in Bad Ischl Johann-Strauß-Melodien. Die Konzerte des gefeierten Walzerkönigs machten dem Norddeutschen großes Vergnügen. Als Strauß seiner Stieftochter Alice auf ihren »Autographenfächer« die ersten Takte seines Walzers »An der schönen blauen Donau« schrieb, notierte Brahms, durchaus ernsthaft gemeint, dazu: *Leider nicht von Johannes Brahms.*

Freunde und Bekannte waren um ihn, trafen sich mit ihm »daheim« in Wien im Gasthof zum »Roten Igel« in geselliger Runde. Er hatte es gelernt, sich gewandt und nicht undiplomatisch in den gutbürgerlichen Kreisen zu bewegen. Freilich hinderte ihn das ebensowenig, gelegentlich durch herzhafte Grobheiten von sich reden zu machen. Er blieb Einzelgänger. Ans Heiraten dachte er immer weniger, auch wenn es ihm die Welt um ihn herum nicht leicht machte. Als Fünfziger hatte es ihn noch einmal heftig gepackt. Die Sängerin Hermine Spieß nahm sein Herz gefangen. Frucht dieses späten Liebesfrühlings waren die Lieder op. 96, auf die der einfühlsame Freund Billroth denn auch entsprechend brieflich reagierte:»Du hast mir eine große Freude durch die Zusendung Deiner neuen Lieder gemacht. Sind sie wirklich neu, so hast Du einen so kräftigen, gesunden Johannistrieb, wie es Deiner unverwüstlichen gesunden Natur entspricht. Mir scheint, es steckt etwas dahinter. Um so besser: man wählt solche Texte und macht solche Lieder nicht, um eben wieder einmal aus Gewohnheit zu komponieren. Desto herrlicher für Dich! und für uns!«

Seit er Fünfzig geworden war, trug er den bis heute berühmt gebliebenen »Brahms-Vollbart«, neigte zur Fülle, haßte beengende Kragen, war passionierter Zigaretten- und Zigarrenraucher. Seine große Menschlichkeit, vom musikalischen Werk nicht trennbar, blieb den Zeitgenossen vor allem in Erinnerung – seiner enormen Kinderliebe wegen. Einer, der als Kind auf dem Schoß von Johannes Brahms als seinem »inoffiziellen

Großvater« gesessen hatte, war der spätere Operettenkomponist Robert Stolz. Er erinnert sich:»Mir, dem goldhaarigen Nesthäkchen der Familie, das bereits seine musikalische Begabung erwiesen hatte, wurde begreiflicherweise die meiste Aufmerksamkeit von seiten Brahms' zuteil. Wenn er uns besuchte, saß ich friedlich auf seinen Knien und lauschte den langen Diskussionen zwischen Papa und meinem ›Großvater ehrenhalber‹, die häufig einer der beiden unterbrach, um mit einer kurzen Klavierpassage seine Auffassung zu unterstreichen.« – »Ich erinnere mich an Abende, an denen Brahms sich, mitten heraus aus einer Plauderei, erhob, seinen Kaffee, seine Zigarre im Stich ließ und sich ans Klavier setzte.« – »Glücklicherweise hörte ich Brahms auch öfter Brahms spielen. Unvergeßlich ist mir sein wunderschönes ›Wiegenlied‹« – »Für dich wird's Zeit, ins Bett zu gehen, junger Mann', verkündete mein Vater eines Abends, als ich auf Brahms' Knien saß und den beiden Männern hingerissen zuhörte. Und nur um für mich noch ein Viertelstündchen herauszuschinden, spielte dieser gutmütigste aller Brummbären sein Wiegenlied. Eigens für mich!« – »Als uns Brahms das nächste Mal besuchte, spielte ich es ihm selber vor. Er setzte sich neben mich ans Klavier und übte mit mir. ›Das war hübsch, Robertl, wirklich, sehr hübsch‹, sagte er dann. ›Du hast nicht nur ein gutes Gedächtnis für Noten, obwohl auch das sehr wichtig ist, du hast sogar ein echtes Gefühl für Musik.«

Das Leben des nun langsam dem Alter Zustrebenden verlief in äußerlich ruhigen Bahnen. Wien blieb das Zentrum, dorthin kehrte er immer wieder zurück.»Kompositionssommer« wechselten mit Konzertreisen als Dirigent und Pianist ab. Sie brachten zunehmenden Erfolg. Er warb in ihnen für seine Musik, konnte aus den Konzert-Honoraren das tägliche Leben sorgenlos gestalten, während sich aus den zusätzlichen Verlagshonoraren allmählich ein durchaus beachtliches Vermögen bildete. Er komponierte ständig neue Lieder. Für einige Jahre rückte auch wieder die Kammermusik in den Vordergrund: Er schrieb zwischen 1873 und 1876 seine drei Streichquartette, bis heute zentrale Werke dieses Genres in der zweiten Hälfte des 19. Jahrhunderts. Das a-Moll-Quartett wurde im Sommer 1873 in Tutzing vollendet. Stimmungsvoll und witzig geriet der briefliche Bericht über diese»Sommer-Werkstatt«: *Tutzing ist weit schöner als wir uns neulich vorstellen konnten. Eben hatten wir ein prachtvolles Gewitter, der See war fast ganz schwarz, an den Ufern herrlich grün, für gewöhnlich ist er blau, doch schöner, tiefer blauer als der Himmel. Das und die Kette schneebedeckter Berge – man sieht sich nicht satt. – Doch fühlt man leider öfter das Bedürfnis, der schönen Natur ins Gesicht zu paffen. Wenn ihr kommt, wäre es mir lieb, Ihr brächtet etwas französischen oder besser türkischen Tabak für Zigaretten mit; Verse- und Notenschreiben wäre freilich fast leichtere Versündigung.* Im nahen München war er in diesem Sommer mit Paul Heyse, Franz Wüllner, Arnold Böcklin, Rochus von Liliencron zusammen. In Bonn nahm er mit Clara Schumann am Schumann-Fest teil, von dort ging's mit ihr nach Lichtenthal bei Baden-Baden, dann allein wieder zurück nach Tutzing. Im September war er wieder in Wien, dirigierte dort ein Philharmonisches Konzert, u. a. mit seinen Haydn-Variationen op. 56 a, die er zuvor in München in einem Hauskonzert bei Hermann Levi mit diesem zusammen in der Klavierfassung, op. 56 b, vorgestellt hatte, und in dem auch seine Streichquartette op. 51 erklangen.

Jetzt stellten sich auch die ersten Ehrungen ein. Er wurde mit dem bayerischen Maximiliansorden dekoriert, übrigens gemeinsam mit Richard Wagner, der deshalb die Auszeichnung am liebsten zurückgegeben hätte. Später folgten der österreichische Leopoldsorden, der preußische Pour le mérite. Er wurde auch Mitglied der Preußischen Akademie der Künste.

1874 begannen die Dirigenten-Reisen im großen Stil, die der Komponist zur Popularisierung seiner Werke über lange Jahre unternahm. Im Januar 1874 beteiligte er sich zunächst in Wien an einem Konzert »zu Gunsten der Kaiser-Franz-Josef-Stiftung«, an dem u. a. auch Franz Liszt teilnahm. Brahms trat neben Otto Dessoff und Johann Herbeck als Dirigent auf und leitete Werke von Bach und Mendelssohn Bartholdy. Konzerte in Leipzig, für die Clara Schumann und das Ehepaar Herzogenberg kräftig Propaganda machten, wurden nun zu nachdrücklichen Erfolgen. Billroth konnte resümieren: »Brahms wird berühmt.« Dann ging's weiter in die Schweiz. Dort mietete er in Rüschlikon am Zürcher See eine Wohnung und nahm freundschaftliche Kontakte mit Widmann und Gottfried Keller auf. Dreizehn neue Liebeslieder, op. 65, entstanden, dazu natürlich wieder Lieder, op. 63. Und: Es begann nach den »Haydn-Variationen« die Wiederaufnahme der Arbeit am ersten großen Orchesterwerk nach klassischem Maß, der 1. Sinfonie c-Moll op. 68.

Im September erfolgte die Heimreise nach Wien. Im Januar 1875 hatte er gemeinsam mit dem Ehepaar Joachim einen großen Konzerterfolg; mit Joachim spielte er Bach, Amalie Joachim sang seine Lieder, von ihm begleitet. Ende März fand seine Aufführung der Bachschen Matthäuspassion statt. Am 18. April setzte er sich für den jüngeren Zeitgenossen Max Bruch ein, dessen Oratorium »Odysseus«, op. 41, er aufführte. Davor aber, am 3. April, hatte er seinen Vertrag mit der Gesellschaft der Musikfreunde gelöst. An Hermann Levi schrieb er über den Grund: *Das ist freilich in einem Wort gesagt: Herbeck! Vorgefallen ist nichts, aber die Aussichten sind nicht erfreulich, und da gehe ich lieber. Ich will mich weder mit ihm zanken, noch warten, bis er mich herausgebracht.* Die Entscheidungssituation aus

Konkurrenzgründen war nichts für Brahms. Er zog sich, wieder einmal, zurück.

Dies war seine letzte »Flucht« und seine letzte feste Anstellung. Dabei blieb das Interesse an fester Bindung durchaus lebendig. Aber spätere Angebote hat er am Ende immer rechtzeitig abgelehnt. 1876/1877 verhandelte er mit Düsseldorf. Er machte für den Präsidenten des Düsseldorfer Musikvereins Entwürfe, in denen nicht gerade zum Vergnügen seiner Partner die Forderung nach Unabhängigkeit an erster Stelle stand. Zwischendurch bot er sogar einen Ersatzmann an: Er schrieb, er könne die *Frage nicht gut unterdrücken: Wie kommt es, daß man nicht zunächst an Max Bruch denkt?* Aber auch in Düsseldorf wußte man um die Zögerlichkeit des Norddeutschen bei der Übernahme von Amtsverpflichtungen. So hieß es in einem Extrablatt über die Zustände des Düsseldorfer Musiklebens damals, in einem »Appell an die Gerechtigkeit unserer Bürgerschaft und deren Vertretung«: »Johannes Brahms kennt Düsseldorf, wo er sich zur Zeit Schumanns aufhielt, und wir kennen ihn als einen geistvollen Componisten: Als Dirigenten kennen wir ihn soweit, als er sein Schicksalslied auf dem letzten Musikfeste dirigierte, und daß er nirgends eine Stelle auf längere Zeit behalten hat, weil ihm die künstlerische Freiheit für seine Compositionen erforderlich war. Die Aussicht ist keine unwahrscheinliche, daß Brahms, unter den geschilderten Verhältnissen, wenn er trotz allem die Stellung annehmen sollte, höchstens 1-2 Jahre verbleiben würde.« Auch das Angebot, 1879 Thomaskantor zu Leipzig zu werden, lehnte der Komponist ab. Und als ihm drei Jahre vor seinem Tode seine Geburtsstadt doch noch die Leitung der Philharmonischen Konzerte anbot, kam als Antwort ein langes Schreiben, in dem es hieß: *Es ist nicht vieles, was ich mir so lange und so lebhaft gewünscht hätte seiner Zeit – das heißt aber zur rechten Zeit! Es hat auch lange gewährt, bis ich mich an den Gedanken gewöhnte, andere Wege gehen zu sollen. – Wärs also nach meinem Wunsch gegangen, so feierte ich heute etwa ein Jubiläum bei Ihnen. Sie aber wären in dem gleichen Falle, wie eben heute, sich nach einer jüngeren, tüchtigen Kraft umsehen zu müssen. Möchten Sie diese finden und möchte sie mit so gutem Willen, passablem Können und ganzem Herzen bei ihrer Sache sein, wie es gewesen wäre*

Ihr sehr und hochachtungsvoll ergebener J. Brahms

Die ersten Jahre sinfonischen Schaffens

Mit dreiundvierzig Jahren vollendete Johannes Brahms seine 1. Sinfonie, c-Moll, op. 68. Zwanzig Jahre lang hatte er sich mit ihr herumgeschlagen, im Bewußtsein historischer Verantwortung: *Die Symphonie ist seit Haydn kein bloßer Spaß mehr, sondern eine Angelegenheit auf Leben und Tod.* Unmittelbar vorangegangen war eine Konzertreise nach Holland, wo die Gemeinde begeisterter Brahmsianer zugenommen hatte. Januar 1876 dirigierte er in Amsterdam sein »Deutsches Requiem«. Im Mai schockierte ihn die Nachricht, daß ihm die Universität Cambridge, auf Joachims Betreiben, die Ehrendoktorwürde zuerkannt hatte. Brahms kam nicht zum Verleihungsritual nach England; so wurde aus der Ehrung nichts. Im Sommer gab er dann auf Rügen und danach in Baden-Baden der 1. Sinfonie ihren letzten Schliff. Nach den beiden Orchesterserenaden und den Haydn-Variationen das erste große Orchesterwerk klassischen Ausmaßes. Seit 1855 hatte er sich immer wieder an diese Arbeit gesetzt. Im September 1868 teilte er Clara Schumann das Einleitungsthema des Horns im Finale mit: *Also blus das Alphorn heut.* Die Sommerwochen in Saßnitz auf Rügen machten Brahms auch Vergnügen. Joachim teilte er mit: *Über Rügen wirst Du Dich sehr freuen, es ist ganz herrlich und schön, und ich habe einen Sommer dort – sehr lange ausgehalten.* Ein Freund berichtete über diese Tage: »Brahms erwartete mich, und wir plauderten noch ein Stündchen. Anderntags war er schon zum Kaffee wieder oben bei mir – ich wohne auf dem Fahrnberg, er unten im Dorfe. Er sieht prächtig aus und geht hier, wie es ihm gefällt, immer mit sehr sauberer Wäsche, aber ohne Halskragen und Binde, und gewöhnlich mit offener Weste, den Hut in der Hand. – Sein Appetit ist vortrefflich – Wenn wir zusammen baden, kann ich seine muskulöse Gestalt nicht genug ansehen. Er hat übrigens ein ganz solennes Schmerbäuchlein. Im Wasser macht er mich darauf aufmerksam, daß es nicht nur möglich, sondern auch angenehm und stärkend für die Augen sei, diese beim Tauchen offen zu halten.« Sommervergnügungen und das Ringen um die letzte Gestalt der c-Moll-Sinfonie hinderten ihn aber nicht daran, das Geschehen der Welt mitzuverfolgen. Er erfuhr im Juli von der Niederlage der US-Armee unter General Custer gegen die Sioux-Indianer im fernen Dakota und nahm sofort lebhaft und engagiert Partei für die um ihre Freiheit kämpfenden Rothäute. – Nach einigen Tagen in Hamburg reiste er im September weiter nach Lichtenthal bei Baden-Baden. Dort wurde die Sinfonie beendet. Und schon am 4. November gleichen Jahres dirigierte Otto Dessoff in Karlsruhe die Uraufführung, in Anwesenheit von

Brahms. Noch im November dirigierte Brahms seine »Erste« in Mannheim, in München und dann im Dezember auch »zu Hause« in Wien. Eine Aufführung des Werkes im Leipziger Gewandhaus, zusammen mit den Haydn-Variationen, wurde am 18. Januar 1877 für den dirigierenden Komponisten zum besonderen Triumph. Er verlebte die Zeit dort in anregendem Verkehr mit den Herzogenbergs. Der Erfolg mit seiner »Ersten« wiederholte sich rund eine Woche später in Breslau. Daß Brahms in seinem sinfonischen Erstling sehr bewußt auf beethovenschen Schicksalspfaden wandelte, haben auch die Zeitgenossen rasch bemerkt. Die thematische Verwandtschaft im Finale hat Brahms selbst ironisch kommentiert: *Ja, und jeder Esel merkt das auch gleich.* Hanslick, der unermüdliche Brahms-Propagandist, urteilte sachlich und sorgsam: »Es ist kaum noch vorgekommen, daß die gesamte Musikwelt mit so hochgespannter Erwartung der ersten Symphonie eines Komponisten entgegensah. Ein Beweis, daß man Brahms gerade in dieser höchsten und schwierigsten Form Ungewöhnliches zutraute, aber je größer die Erwartung des Publikums, je dringender das Verlangen nach einer Symphonie, desto schwieriger und skrupulöser zeigte sich Brahms. Eine unerbittliche Gewissenhaftigkeit und strenge Selbstkritik gehört zu den hervorstechendsten Charakterzügen Brahms' – jedesmal möchte er sein Bestes leisten mit Aufgebot aller Kräfte; er kann und mag nichts ›leicht nehmen‹. – Diese Strenge gegen sich selbst, diese Sorgfalt in Kleinstem und Größtem, zeigt sich auch in der bewunderungswürdigen Arbeit der neuen Symphonie. Wenn sie sich vielleicht zu sehr zeigt und der Hörer über der erstaunlichen kontrapunktischen Kunst die unmittelbar zündende Wirkung vermißt, so kann man ihm nicht ganz Unrecht geben. Die neue Symphonie ist ein so ernstes, kompliziertes, von gewöhnlichen Effekten so weit abstehendes Werk, daß es sich schnellem Verständnis nicht gleich entfaltet. – Sie ist ein Besitz, auf den die Nation stolz sein kann, auf lange hinaus ein unausgeschöpfter Born ernsten Genusses und fruchtbaren Studiums.«

Die zunehmende positive Resonanz auf die »Erste« löste bei Brahms einen Schaffensfrühling aus. Vor allem wurden die Lied-Zyklen op. 69 bis op. 72 komplettiert mit einer Reihe von Meisterstücken. Und im Juni 1877 begann während der Sommerwochen in Pörtschach am Wörthersee, getreu der Brahmsschen Methode des »paarweisen Komponierens«, die Arbeit an der 2. Sinfonie D-Dur, op. 73. Sie wurde im September in Lichtenthal bei Baden-Baden beendet. In einem Brief an Frau von Herzogenberg hieß es: *Die neue ist aber wirklich keine Symphonie, sondern bloß eine Sinfonie, und ich brauche sie Ihnen auch nicht vorher vorzuspielen. Sie brauchen sich bloß hinzusetzen, abwechselnd die Füßchen auf beiden Pedalen, und den f-moll-Akkord eine gute Zeitlang anzuschlagen. Abwechselnd unten und oben, ff und pp, – dann kriegen Sie allmählich das deutlichste Bild von der neuen.* Am 30. Dezember erfolgte in Wien unter Hans Richter in Anwesenheit des Komponisten die Uraufführung. Im Januar dirigierte Brahms das neue Werk selbst in Leipzig, danach stellte er schließlich den Hamburgern, »auf vielfachen Wunsch wiederholt«, seine 1. Sinfonie vor. In Holland dirigierte er seine D-Dur-Sinfonie im Januar und Februar 1878 mehrfach und erfolgreich.

Im April unternahm er seine erste italienische Reise, mit Theodor Billroth und Carl Goldmark. Es ging nach Florenz, Perugia, Assisi, Rom und Neapel, wo Brahms Schumanns Sohn Felix traf. Danach zurück über Rom, mit Ausflügen in die Albaner Berge, zum Nemi-See und nach Monte Calvo. Die Rückreise führte ihn über Florenz im Mai erneut nach Pörtschach am Wörthersee. Insgesamt weilte Brahms siebenmal in Italien, dessen klassizistische Helle ihn ungemein anzog und inspirierte: Von März bis Mai 1881 bereiste er, wieder mit Billroth, Venedig, Florenz, Pisa, Rom, Neapel, Messina und Palermo. Im Mai 1884 reiste er mit Rudolf von Leyden zum Garda-See, nach Turin, Mailand und Genua, und war beim Herzog von Meiningen Gast am Comer See. Er spielte ihm dort zusammen mit von Leyden die vierhändige Fassung seiner 3. Sinfonie vor. 1888 war er mit dem Schweizer Freund Widmann in Verona, Rimini, San Marino, Ancona, Loreto, Spoleto und Rom, und kehrte durch den Gotthard-Tunnel nach Thun zurück. Dort erlebte er die Thronbesteigung des deutschen Kaisers Wilhelm II. und verteidigte im August noch eine Rede des neuen Monarchen, die Widmann als zu nationalistisch empfunden hatte. 1890 war er, wieder mit Widmann, noch einmal in Italien. Und ein letztes Mal trieb es ihn von April bis Mai 1893, sechzigjährig, ins gelobte südlich-heitere Land, gemeinsam mit Widmann, Friedrich Hegar und Robert Freund, drei Jahre vor seinem Tode.

Nach der Rückkehr aus Italien begann er im Mai 1878 die Arbeit am 2. Klavierkonzert B-Dur, op. 83, das dann im Sommer 1881 in Preßbaum bei Wien vollendet wurde, noch unter dem Eindruck der vorhergegangenen südländischen Reise. Brahms widmete es seinem Hamburger Lehrer Eduard Marxsen. Im Sommer 1878 entstand in Pörtschach auch das Joseph Joachim zugeeignete einzige und einzigartige Violinkonzert D-Dur op. 77. Die Zeitgenossen empfanden das Stück wegen seiner Schwierigkeiten als »Konzert gegen die Violine«. Joachim hatte an der geigentechnischen Gestaltung des Soloparts tätig und kritisch Anteil genommen. Ein reger Briefwechsel bahnte sich an. So schrieb Brahms dem Freund: *Du solltest nach keiner Seite eine Entschuldigung haben, weder Respekt vor der zu guten Musik, noch die Ausrede, die Partitur lohne die Mühe nicht. Nun bin ich zufrieden, wenn Du ein Wort sagst und vielleicht einige hineinschreibst:*

Schwer, unbequem, unmöglich usw. Die ganze Geschichte hat vier Sätze; vom letzten schrieb ich den Anfang – damit mir gleich die ungeschickten Figuren verboten werden! Joachim hatte das Werk bald in den europäischen Musikzentren erfolgreich durchgesetzt. Den Londonern hatte er's gleich zweimal »zugemutet«.

Insgesamt wurde das Schaffen von Brahms von der gutwilligen Öffentlichkeit mit vorsichtiger Hochachtung behandelt. Der Komponist hatte sich Respekt verschafft, zumindest bei seinen Verehrern. Mit der Welt, der Öffentlichkeit, ja selbst den Freunden, hatte er aber immer weniger im Sinn. In einem Brief an Freund Allgeyer ist zu lesen: *Es hat sich den Freunden gegenüber nichts geändert, nur die ›Art des Umgangs‹, auch dies ist ja keine neue Erfahrung. Ich übe sie höchstens entschiedener.* Und, an gleicher Stelle: *Ich habe in meinem Leben noch keinen vertraulichen Brief geschrieben. Es fehlt vor allem die Geduld.*

In seinem Leben ergab sich allmählich eine bestimmte, im Grunde gleichbleibende Zeiteinteilung. Von Herbst bis Weihnachten war er in Wien. Anschließend folgten die Konzertreisen, den Frühsommer und Sommer verbrachte er komponierend auf dem Lande. Im März 1879 wurde Brahms Ehrendoktor der Breslauer Universität. Er revanchierte sich zwei Jahre später mit seiner »Akademischen Festouvertüre« op. 80, in der die Erinnerung an die Bekanntschaft mit Studentenliedern aus der Jugendzeit lustig und auch sarkastisch wiederauflebt. Entsprechend Brahms' Neigung zum kontrast- und paarweisen Komponieren folgte gleich darauf die bitterernste »Tragische Ouvertüre« op. 81, von der vermutet wird, sie sei Teil einer geplanten »Faust«-Musik. Für die beiden Ouvertüren zahlte ihm übrigens Verleger Simrock die für die damalige Zeit beträchtliche Summe von 1500 Mark.

Der Pörtschacher Sommer 1879 brachte Lieder, die 1. Violinsonate op. 78, die beiden Klavierrhapsodien op. 79. Eine anschließende Konzertreise mit dem alten Freund Joachim nach Ungarn wurde gekrönt von dem Empfang durchs Konservatoriums-Komitee Klausenburg (Cluj). Die beiden wurden zu Ehrenmitgliedern des Komitees ernannt. – Der Sinfoniker pausierte.

Er traf sich mit Clara Schumann, um an der von ihr herausgegebenen Gesamtausgabe der Werke ihres Mannes teilzunehmen und machte dazu interessante Vorschläge, z. B.: *Ich möchte nämlich vorschlagen, von einigen der früheren Schumannschen Werke zwei Ausgaben erscheinen zu lassen, die alte und neue Lesart, jede für sich. Nicht wie z. B. bei Op. 5 jetzt geschehen: in einem Anhang die ältere Lesart, und nicht wie bei Op. 6 die verschiedenen Bearbeitungen in Noten und Anmerkungen geben. Letzteres verdirbt mir auch bei Schriftstellern den Genuß, wie viel mehr bei Musik.*

Im Februar 1880 besuchte er Antonín Dvořák in Prag. Seitdem setzte er sich für den acht Jahre jüngeren Böhmen selbstlos ein. Sein Urteil: *Ich möchte vor Neid aus der Haut fahren über das, was dem Menschen so ganz nebenbei einfällt.* Dvořák wurde an den Verleger Simrock empfohlen, Brahms wollte ihm sein ganzes Vermögen zur Verfügung stellen. Das Angebot lehnte aber der bescheidene Dvořák ab. Während dieser Zeit entstanden auch weitere »Ungarische Tänze« für Klavier zu vier Händen (Heft III und IV). Elisabeth von Herzogenberg war von ihnen tief angetan und schrieb ihm: »Das glaub' ich, daß Ihnen die Spaß machen; denn wenn auch die ersten schon köstlich waren, ich dächte, so fabelhaft hätten Sie's damals noch nicht getroffen, das Unbeschreibliche des ungarischen Orchesterklanges, das in seinem Gemisch von Quirlen und Schlagen, Klirren und Pfeiffen, Gurgeln und Quinquilieren so einzig ist, wiederzugeben, daß das Klavier ordentlich aufhört, Klavier zu sein und man sich mitten versetzt fühlt unter die Kerls, bei denen Sie wieder so eine herrliche Anleihe machten, Ihnen dabei mehr gebend als nehmend.«

Der Sommeraufenthalt 1880 in Bad Ischl galt unter anderem seiner vorletzten vokalsinfonischen Komposition, der »Nänie« op. 82, für Chor und Orchester, auf die Schillerworte »Auch das Schöne muß sterben«. Sie entstand im Andenken an den im Januar des gleichen Jahres in Rom gestorbenen Freund Anselm Feuerbach und ist dessen Mutter Henriette gewidmet. Beiden war der Komponist von Herzen verbunden. Die Widmung begleitete ein schöner Brahms-Brief: *...Gar oft mußte ich, wenn mir die schönen Worte durch den Sinn gingen, Ihrer und Ihres Sohnes Gedenken, und ich empfand unwillkürlich den Wunsch, meine Musik seinem Gedächtnis zu widmen. Damit dies ein äußeres Zeichen habe, erlaube ich mir die Frage, ob ich das Stück, falls ich es veröffentliche, Ihnen zueignen darf. Es ist möglich, daß Sie dies nicht wünschen, ja, daß Sie nicht gerade gern an mich erinnert sind? Denn unter anderem haben Sie zu einer Zeit, in der Ihnen gewiß viele Zeichen der Teilnahme wurden, von mir kein Wort gehört. Und doch werden wenige herzlicher Ihrer gedacht haben und gewiß wenige Ihren herrlichen Sohn ernstlicher verehren als ich. Falls mir Ihr Wohlwollen ein wenig erhalten blieb, und falls es Ihnen kein unangenehmer Gedanke ist, Ihren und den Namen Ihres Sohnes in der angedeuteten Weise mit dem meinen verbunden zu sehen, bitte ich um ein Wort der Einwilligung. – In hoher Verehrung Ihr ergebener Johannes Brahms.*

Am 6. Dezember 1881 dirigierte Brahms aus dem Manuskript die Uraufführung in Zürich. Bis heute hat dieses Werk selten den Weg in die Öffentlichkeit gefunden. Bedauerlich, denn es zeigt in der für Brahms typischen strengen und zurückhaltenden Art dessen Sinn für antikes Maß, charakterisiert sein Weltverständnis, seinen zunehmend tragisch gefärb-

ten Schicksals-Begriff, den er in den Schiller-Worten vorgebildet fand:
»Das Schöne, das Menschen und Götter bezwinget, nicht die eherne Brust
rührt es des stygischen Zeus«, mündend in innigste Trost-Gebärde:»Auch
ein Klaglied zu sein im Mund des Geliebten ist herrlich, denn das Gemeine
geht klaglos zum Orkus hinab.«

Sieg überall

Intermezzi mit den »Meiningern«

Im Oktober des gleichen Jahres meldete sich der nach wie vor dirigierend
und klavierspielend für seine Musik werbende Brahms in Meiningen an.
Dort war Hans von Bülow der Leiter des kleinen Hoforchesters, das unter
ihm zu einem exzellenten, vor allem im klassischen Repertoire geschulten
Ensemble wurde. Bülow hatte sich in den siebziger Jahren vom fanati-
schen Wagner-Propagandisten zum Brahms-Verehrer gewandelt. Von
ihm stammte das Bonmot, Brahms' erste Sinfonie sei Beethovens
»Zehnte«. Das Wort provozierte. Wagner verhöhnte denn auch bald öffentlich Brahms als »grundgediegenen Symphonisten, der in eine Num-
mer Zehn verkleidet ist.« Bülow hat freilich auch erläutert, was er meinte:
»Ich nenne sie die zehnte, nicht, als ob sie nach der ›neunten‹ zu rangieren
wäre; ich würde sie eher zwischen die zweite und die Eroica stellen, ähnlich wie ich behaupte, daß unter der Ersten (C-Dur) nicht die von Beethoven, sondern die von Mozart komponierte, unter dem Namen ›Jupiter‹ bekannte, zu verstehen sei.«

Brahms wollte in Meiningen sein B-Dur-Klavierkonzert *in Ruhe und
ohne die unbehagliche Aussicht auf ein Konzert probieren. In einem Brief erklärt er dazu: Das kann ich sonst nirgendwo haben. Nirgendwo sonst aber
hätte man es sonderbar gefunden, und hätte ich mir den größten Esel von
Musikdirektor ausgesucht. Warum denn hier und bei Bülow, der freilich ein
sehr eigengearteter, ein sehr streitlustiger, aber doch ein geistreicher, ernster
und tüchtiger Mann ist? Du mußt Dir auch vorstellen können, wie ganz eminent seine Leute eingeübt sind; kommt nun unsereins dazu und musiziert mit
ihnen, wie ihm ums Herz ist, so weiß ich nicht, wo er es vortrefflicher haben
kann.* Brahms spielte in Meiningen mehrfach bei Hofe, dirigierte auch,
wurde endlich mit dem Comthurkreuz 2. Klasse des Herzoglich Sachsen-
Ernestinischen Hausordens von Herzog Georg II. von Meiningen dekoriert. Mit dem kunstsinnigen, theaterbesessenen Herzog und dessen mor-
ganatischer Gemahlin, der Freifrau von Heldburg, verstand er sich in Sachen Kunst ganz gut. Wie schon in Detmold hatte er auch in Meiningen

fürs ansonsten übliche kleinaristokratische Hofwesen nichts übrig. Brahms' erstes Konzert in Meiningen fand am 27. November 1881 statt. Der Komponist dirigierte seine Akademische Festouvertüre, seine 1. Sinfonie und spielte sein 2. Klavierkonzert unter von Bülows Direktion. Ein Jahr später, im Januar 1882, waren die Meininger unter Bülow mit Brahms in Berlin und Leipzig. Das ganze wurde ein großer Triumph für das in den Musikzentren bis dato kaum bekannte kleine Residenzorchester. Stolz schrieb Bülow der Mutter:»Sieg überall, wo ich mit meinen fünfzig Leuten, statt wie früher nur meiner zehn Finger, hingekommen!« Man nahm auf die Tournee sechs Beethoven-Programme, zwei Brahms- und ein Mendelssohn-Programm mit. Triumphale Erfolge gab's in Leipzig, aber auch auf einer Soiree in Hamburg, wo Brahms mit den Meiningern sein 2. Klavierkonzert spielte, und vor allem in Berlin. Hier spielte Brahms sein B-Dur-Konzert unter der Direktion von Bülow, Bülow wiederum spielte das 1. Klavierkonzert unter der Direktion von Brahms. Als Bülow 1885 sein Amt in Meiningen aufgab, ihm der junge Richard Strauss, dann der brahmsbegeisterte Fritz Steinbach folgten, blieb Brahms den Meiningern weiterhin in Freundschaft verbunden. Dem Herzog hatte er seinen 1882 in Bad Ischl komponierten»Gesang der Parzen« auf den berühmten Text aus Goethes»Iphigenie« (»Es fürchte die Götter das Menschengeschlecht«) für sechsstimmigen Chor und Orchester, sein letztes vokalsinfonisches Werk, gewidmet. Bülow setzte sich auch in Wien nachdrücklich für Brahms ein: Er spielte am 2. Februar 1882 dort einen ganzen Abend lang ausschließlich Klavierwerke von Brahms.

...Wenn Ihnen das Ding also nicht schmeckt

Das sinfonische Finale

Sechs Jahre vergingen, ehe Brahms wieder Sinfonisches komponierte. Seine 3. Sinfonie F-Dur, op. 90, entstand im Sommer 1883 in Wiesbaden, in unmittelbarer Rhein-Nähe. Eine muntere Musikanten-Gesellschaft hatte sich dort zusammengefunden, darunter Julius Stockhausen, die Sopranistin Hermine Spies, die sich bald tief ins Herz des nun Fünfzigjährigen sang und die über ihr»Brahms-Erlebnis« selbst berichtet hat:»Welch eine Reihe von Genüssen habe ich in mich aufgenommen. Das hält lange vor. Daß ich Brahms nun auch als Mensch genießen konnte, ist mir von ganz besonders hohem Wert. Wie reizend war er mit uns, als wir die Rebusse machten, wie gemütlich war es in Eurem reizenden Heim [das Heim Albert Dietrichs in Oldenburg]. Dies war für mich der schönste Tag der ganzen Reise. Ich spiele jetzt natürlich den ganzen lieben langen Tag Brahms. Es ist für mich eine wahre Erholung, nach all der Berufsmusik einmal zum Vergnügen zu musizieren. Ich habe sämtliche Werke von Brahms zu Weihnachten geschenkt bekommen und wühle jetzt wahrhaft in herrlichster Musik.«

Brahms trug jetzt einen Vollbart. Schon die Wiener hatten sich darüber amüsiert und reimten:»Nun hat er doch was um den Hals zu tragen, aber es ist leider immer noch kein Kragen.« Der um seine Kleidung nicht sonderlich bemühte Komponist haßte es, sich mit steifen Kragen zu quälen. Unterm schützenden Vollbart fühlte er sich mit einem kragenlosen Jägerhemd wohler. Als Gast in Rüdesheim erlebte er Ende September die Enthüllung des Niederwalddenkmals im Taunus, nahe Bingen. Er hatte die Vollendung des Denkmals mit viel Interesse verfolgt und beobachtete die Einweihung am 28. September durch Kaiser Wilhelm I.

Die neue Sinfonie wurde Hans von Bülow, dem »herzlich geliebten«, in »treuer Freundschaft« gewidmet. Die nicht ganz makellose Uraufführung durch Hans Richter in Wien war ein großer Erfolg. Freilich blieb sie nicht unwidersprochen. Hugo Wolf, der damals in Wien als Kritiker durch seine Wagner- und Bruckner-Verehrung wie seine Feindschaft gegenüber Brahms auf sich aufmerksam machte, merkte zur 3. Sinfonie an:»Er (Brahms) ist ein tüchtiger Musiker, der sich auf seinen Kontrapunkt versteht, dem zuweilen gute, mitunter vortreffliche, zuweilen schlechte, hie und da schon bekannte und häufig gar keine Einfälle kommen. Brahms ist einem versprengten Emigranten aus der Zeit der Französischen Revolution zu vergleichen, und wahrhaftig! darin ähnelt er ganz den beiden Emigranten im Drama ›Napoleon‹, von denen Grabbe folgendes charakteristisches Bild entwirft: ›Welche Rockschöße, welche Backentaschen, welche altfränkische Mienen und Gedanken, welche Gespenster aus der guten alten und sehr dummen Zeit! Von der Revolution und ihren blutigen Jahren wissen sie nichts; sie aber sind geblieben, wie bisweilen der Bergstrom verbraust und das Gräslein bleibt und vielleicht darum sich für stärker hält als die Fluten, welche es eben noch überschütteten und die Ufer auseinanderrissen.« Hans Richter, der Dirigent der Uraufführung in Wien am 2. Dezember 1883, nannte das neue Werk»Brahmsens Eroica«, sicher damit auf den energischen und stolzen Beginn des ersten F-Dur-Satzes zielend. Dabei blieb freilich unbeachtet, daß schon dieser Satz am Ende merklich an Kraft verliert, resignierend ausklingt. Und der Unruhe des anschließenden langsamen Variationen-Satzes folgt ein Poco Allegretto wehmütiger Haltung. Wie weit liegt da schon die Zeit seiner 1. Sinfonie zurück, in der er energisch, dramatisch-kämpferisch an die Beethovensche Dramaturgie »Durch Nacht zum Licht« anknüpfte! Auch dieses Werk erklang, zumeist unter Brahms' Leitung, bald schon in vielen Städten Deutschlands, aber ebenso in Budapest mit der Meininger Kapelle unter Bülow.

Wieder wurde die neue Sinfonie in der folgenden Zeit durch eine ganze Reihe bedeutender neuer Lieder schöpferisch »umkränzt«. Bis zur nächsten, der vierten und letzten Sinfonie (e-Moll, op. 98) verging, dem Prinzip des Brahmsschen paarweisen Komponierens getreu, keine lange Zeit. Sie entstand in den Sommermonaten 1884 (erster und zweiter Satz) sowie im Sommer 1885 (dritter und vierter Satz) in Mürzzuschlag auf der steirischen Seite des Semmering. Die Uraufführung dirigierte Brahms am 25. Oktober 1885 in Meiningen, und sie wurde auf Wunsch Herzog Georgs II. unmittelbar wiederholt. Es ist das tragische Werk unter den Brahms-Sinfonien. Seinen tiefen Ernst glossierte Brahms auf seine Weise gegenüber der »Seelenfreundin« Elisabeth von Herzogenberg: *In hiesiger Gegend werden die Kirschen nicht süß und eßbar. Wenn Ihnen das Ding also nicht schmeckt, genieren Sie sich nicht.* Hugo Wolf schimpfte einfach: »... eine solche Nichtigkeit, Hohlheit und Duckmäuserei ...ist noch in keinem Werk von Johannes Brahms in so beängstigender Weise ans Tageslicht getreten.« Vorsichtig das Urteil des unermüdlichen Brahmsianers Hanslick: »... unabhängig von jedem direkten Vorbild verleugnet sie doch nirgends den idealen Zusammenhang mit Beethoven.« Der alte, später wieder versöhnte Freund Joseph Joachim nannte sie seinen »Liebling unter den vier Sinfonien«. Er dirigierte denn auch die Berliner Erstaufführung des Werkes. Wiederum setzte Brahms sich für sein jüngstes Werk als Dirigent in vielen deutschen Städten ein, auch mit der Meininger Hofkapelle. Im November 1885 kam es wegen dieser Sinfonie zwischen Brahms und Bülow zum Streit: Brahms dirigierte in Frankfurt/Main eine Aufführung der Sinfonie, deren Leitung sich eigentlich Bülow vorbehalten hatte. Im April 1886, anläßlich des Geburtstages des Meininger Herzogs, dirigierte der Komponist dort seine Haydn-Variationen und die 4. Sinfonie. Dabei traf er, nicht zum ersten Male, mit Bülows Meininger Amtsnachfolger Richard Strauss zusammen. Auch diesmal folgten der neuen Sinfonie eine Fülle neuer Lieder und bedeutende Kammermusik nach.

Kuriositäten sammle ich nicht

Freunde und Feinde

Brahms schrieb seine letzte, die 4. Sinfonie e-Moll mit zweiundfünfzig Jahren. Was folgte, waren in seinen letzten zwölf Lebensjahren Lieder, Klaviermusik, Kammermusik und Chormusik und gleichsam als sinfonisch-konzertanter Nachklang das a-Moll-Doppelkonzert. Es wurde einsam um ihn. Er konnte ein sorgenfreies Leben führen. Seine Werke erschienen rasch im Druck, brachten ihm ein ansehnliches Vermögen ein. Er, der sich gerne aus dem Streit der Musik-Parteien heraushielt, bot dennoch öffentlich unvermindert mit seinem Schaffen Reibungsflächen. Die zahlreichen Freunde, voran die Seelenfreundin Clara Schumann, der Geiger Joseph Joachim, auch Hans von Bülow waren Musiker oder entstammten wohlsituierten Bürgerkreisen wie der Arzt Billroth, die Frau von Herzogenberg. Sein eifrigster Propagandist war Eduard Hanslick, Professor und führender Musikkritiker Wiens. Er hatte die in seiner Hauptschrift »Vom Musikalisch Schönen« verfochtene ästhetische These, der Inhalt der Musik sei im wesentlichen nicht mehr und nicht weniger als ihre tönend bewegte Form, in den Werken von Brahms ideal verwirklicht gesehen. Brahms schätzte den *wohlwollenden, ehrlichen, ernst bescheidenen Mann* hoch, betonte aber doch mit der ihm eigenen vorsichtigen Zurückhaltung: *Daß er in seinem Fach ungemein tüchtig ist, darf ich umso eher sagen, als wir nach sehr verschiedenen Seiten aussehen.* Und noch wenige Wochen vor seinem Tode bemerkte er zu seinem späteren Biographen Specht: *Ich glaube, daß Hanslick zu meiner Musik niemals ein wirkliches Verhältnis gehabt hat.*

Damals galten lange Zeit als große Antipoden von Brahms vor allem Richard Wagner und Anton Bruckner. Bruckner, der eigenste Kopf unter den »Wagnerianern«, dessen Werk sich am schwersten vor allem in Wien durchzusetzen vermochte, stand dem Musikverständnis von Brahms zweifellos am fernsten. Die Abgrenzungsbemühungen gegenüber Bruckner waren denn auch energisch. Aber selbst bei Bruckner strebte Brahms immer nach einem Mindestmaß an Konzilianz, wenngleich ihm das spürbar schwerfiel. Als Frau von Herzogenberg ihm über ihr zwiespältiges Erlebnis einer Aufführung der Brucknerschen 7. Sinfonie in Leipzig berichtete und ihn ihrer Zweifel wegen um Rat bat, antwortete er: *Ich begreife: Sie haben die Symphonie von Bruckner einmal an sich vorübertosen lassen, und wenn Ihnen nun davon vorgeredet wird, so trauen Sie Ihrem Gedächtnis und Ihrer Auffassung nicht. Sie dürfen dies jedoch; in Ihrem wunderbar hübschen Brief steht alles klar und deutlich, was sich sagen läßt – oder was man selbst sagt und so schön gesagt haben möchte. Sie sind doch nicht bös, daß auch Hanslick dieser Meinung ist und mit aller Andacht und allem Vergnügen Ihren Brief gelesen hat? Übrigens sind eine Symphonie und ein Quintett von Bruckner gedruckt. Suchen Sie sich einen Einblick zu verschaffen, Ihr Gemüt und Ihr Urteil zu stählen – mich brauchen Sie gewiß nicht. Alles hat seine Grenzen. Und Bruckner liegt jenseits, über seine Sachen kann man nicht hin und her, kann man nicht reden. Über den Menschen auch nicht. Er*

ist ein armer, verrückter Mensch, den die Pfaffen von St. Florian auf dem Ge-
wissen haben. Ich weiß nicht, ob Sie eine Ahnung davon haben, was das
heißt, seine Jugend bei den Pfaffen verlebt zu haben? Ich könnte Ihnen davon
und von Bruckner erzählen. Andernorts hieß es apodiktisch: *Und Bruckners Werke unsterblich oder*
vielleicht gar Symphonien? Es ist zum Lachen. Andererseits wird uns von
einem Zeitgenossen berichtet:»Als Bruckner 1896 gestorben war, fand die
feierliche Aussegnung in unserer Karlskirche statt. Ganz Wien drängte
sich zu dieser Feier. Mit allen Schlupfwinkeln meines Revieres vertraut,
war ich durch ein Seitenpförtchen über die Sakristei in die Kirche ge-
schlüpft. Unweit von mir stand zu meinem Erstaunen, beinahe im Dunkel,
von einem Pfeiler vor der allgemeinen Neugierde versteckt, Johannes
Brahms. Tränen rannen ihm über die hageren, vom nahen Tod schon gezeichneten Wangen und in den Bart.« (Bernhard Paumgartner)

Anders war es für Brahms im Falle Wagners. Dessen Werke hat er
gründlich studiert. Freilich blieb ihm die pathetische Klangwelt dieser
Partituren fremd. Er distanzierte sich behutsam. Freund Klaus Groth berichtete, daß Brahms ihm nach der Lektüre einer abfälligen Kritik über
Wagner sagte: *Und für jede solche Äußerung hält man mich als den eigent-*
lichen Urheber, und ich kenne Wagner besser, als sie alle! Begegnet sind sich
die beiden selten. Eine frühe Begegnung in Wien, bei der Brahms dem
Bayreuther seine Händel-Variationen vorgespielt hatte, wurde von diesem
nachsichtig-respektvoll kommentiert:»Man sieht, was sich in den alten
Formen noch leisten läßt, wenn einer kommt, der versteht, sie zu behandeln.« Ansonsten gab es immer wieder spöttische Bemerkungen über
Brahms und seine Musik. In Wagners Aufsatz»Über das Dirigieren« erscheint Brahms als »heiliger Johannes« von »muckerhaftem Wesen«. Es
gibt einen aufschlußreichen Briefwechsel zwischen den beiden: Brahms
hatte für seine Autographensammlung von seinem Freund Tausig ein
Wagner-Autograph, nachkomponierte Takte zum »Tannhäuser«, als Geschenk erhalten. Wagner meinte, er habe die Noten Tausig nur zur Auf-
bewahrung übergeben. Und nun korrespondierten beide wie Souveräne
in diplomatisch-gestelztem Stil miteinander. Wagner an Brahms:»Vermutlich ist es meinerseits sehr unnötig, Sie an dieses Verhältnis zu erinnern, und es wird keinerlei weitere Auseinandersetzung bedürfen, Sie zu
bestimmen, dieses Manuskript, welches Ihnen nur als Kuriosität von Wert
sein kann, während es meinem Sohne als teures Andenken verbleiben
könnte, gern und freundlich mir zuzustellen.« Brahms übersandte die
Handschrift und schrieb dazu: *Wenn ich gleich sage, daß ich Ihnen das frag-*
liche Manuskript ›gern und freundlich‹ zurückstelle, so muß ich mir doch
wohl trotzdem erlauben, einige Worte beizufügen. Ihrem Sohn kann doch –

gegenüber der großen Summe Ihrer Arbeiten – der Besitz dieser Szene nicht so wertvoll sein wie mir, der ich, ohne eigentlich Sammler zu sein, doch gern Handschriften, die mir wert sind, bewahre. ›*Kuriositäten*‹ *sammle ich nicht. Ich meine fast, mir gegenüber die Verpflichtung zu haben, eingehender Ihrem Schreiben zu erwidern – doch muß ich wohl fürchten, Mißdeutungen in keinem Fall entgehen zu können, denn, wenn Sie erlauben, das Sprichwort vom Kirschenessen ist wohl nicht leicht besser angewandt als bei unsereinem Ihnen gegenüber. Möglicherweise ist es Ihnen nun ganz angenehm, wenn ich nicht mehr glauben darf, Ihnen etwas geschenkt zu haben. Für diesen Fall nun sage ich, daß, wenn Sie meiner Handschriftensammlung einen Schatz rauben, es mich sehr freuen würde, wenn meine Bibliothek durch eine mehr Ihrer Werke, etwa die Meistersinger, bereichert würde.*

Wagner revanchierte sich also mit einer Partitur-Sendung, der des »Rheingold«, da ihm die Partitur der »Meistersinger« »gänzlich ausgegangen« sei. Und er schrieb dazu: »Man hat mir manchmal sagen lassen, daß meine Musiken Theaterdekorationen seien; das Rheingold wird stark unter diesem Vorwurf zu leiden haben. Indessen dürfte es vielleicht nicht uninteressant sein, im Verfolgen der weiteren Partituren des Ringes des Nibelungen wahrzunehmen, daß ich aus den hier aufgepflanzten Theaterkulissen allerhand musikalisch Thematisches zu bilden verstand. In diesem Sinne dürfte vielleicht gerade das Rheingold eine freundliche Beachtung bei Ihnen finden. Hochachtungsvollst grüßt Sie Ihr sehr ergebener und Verpflichteter Richard Wagner; Bayreuth, den 26. Juni 1875«

In seiner Antwort auf die Partitursendung Wagners wird deutlich, wie ernsthaft sich Brahms auch mit diesem Werk beschäftigt hat: *Den besten und richtigsten Dank sage ich freilich täglich dem Werk selbst – es liegt nicht ungenützt bei mir. Vielleicht reizt dieser Teil anfangs weniger zu dem eingehenden Studium, das Ihr ganz großes Werk verlangt; dieses Rheingold aber ging noch besonders durch Ihre Hand, und da mag die Walküre ihre Schönheit hell leuchten lassen, daß sie den zufälligen Vorteil überstrahlt. Doch verzeihen Sie eine solche Bemerkung! Näher liegt wohl die Ursache, daß wir schwer einem Teil gerecht werden, das uns über ihn hinaus das Ganze zu sehen verlangt. Bei diesem Werke gar bescheiden wir uns gern noch mehr und länger. Wir haben ja den wohl ergreifenden, doch eigentümlichen Genuß – wie etwa die Römer beim Ausgraben einer riesigen Statue – Ihr eines Werk sich teilweise erheben und ins Leben treten zu sehen. Bei Ihrem undankbaren Geschäft, unserem Erstaunen und Widerspruch zuzusehen, hilft dann freilich einzig das sichere Gefühl in der Brust und eine immer allgemeiner und größer werdende Achtung, welche Ihrem großartigen Schaffen folgt.*

Übrigens hatte Brahms sich mehrfach fest vorgenommen, selbst nach Bayreuth zu den Festspielen zu fahren. Aber er fürchtete, dadurch erneut in den Streit um Wagner hineingezogen zu werden: *Daß ich aber mit Bay-reuth so gar nicht zum Entschluß kommen kann, ist doch wohl ein Zeichen, daß das ›Ja‹ nicht heraus will. Ich brauche kaum zu sagen, daß ich die Wag-nerianer fürchte, und daß diese mir die Freude am besten Wagner verderben könnten.* Übrigens verbanden die so unterschiedlichen Komponisten aber auch gemeinsame Vorlieben: Die für die Musik des Walzerkönigs Johann Strauß etwa, aber auch die für Bizets Oper »Carmen«!

Bei den jüngeren komponierenden Zeitgenossen war Brahms grund-sätzlich vorsichtig. Er ließ sich ungern seine Kreise stören. Sein Urteil über eine sinfonische Dichtung des jungen Richard Strauss: *Ganz hübsch.* Manchmal wurde er auch ironisch, so gegenüber Max Bruch, den er ei-gentlich schätzte. Der legte ihm ein Oratorium vor. Brahms reagierte mit der süffisanten Frage: *Sagen Sie: wo beziehen Sie denn dieses wunder-schöne Notenpapier?* Auch Gustav Mahler gegenüber war er reserviert. Dessen Scherzo aus der c-Moll-Sinfonie nannte er zum einen ein *geniales Stück,* auf der anderen Seite aber urteilte er: *Bisher habe ich gedacht, daß Richard Strauss der Anführer der Revolution sei, aber jetzt sehe ich, daß Mahler der König der Umstürzler ist.* Doch auch in diesem Falle blieb Brahms gleichermaßen zurückhaltend wie engagiert und setzte sich, wie anfangs berichtet, für Mahler als Dirigenten für die Wiener Oper ein.

Hugo Wolf, sein schärfster und zügellos bissigster Kritiker, hatte ihn einst besucht, um ihm eigene Arbeiten vorzulegen. Brahms berichtete: *An den Kompositionen, die er mir brachte, war nicht viel. Ich ging alles genau mit ihm durch und machte ihn auf manches aufmerksam. Einiges Talent war ja vorhanden, aber er nahm die Sache zu leicht. Ich sagte ihm dann ganz ernsthaft, woran es ihm fehlte. – Da hatte er genug und kam nicht wie-der. Nun speit er Gift und Galle.*

Einzig dem Böhmen Antonín Dvořák brachte er uneingeschränkte Zu-neigung und Wertschätzung entgegen. Er protegierte ihn nach Kräften, empfahl ihn seinem Verleger, bot ihm großzügig Geld an, suchte ihn in die musikalische gutbürgerliche Gesellschaft, in seinen eigenen Freundes-kreis einzuführen. So schrieb er an Miller von Aichholz, in dessen Haus er eine Zeitlang Sonntags zum Mittagessen eingeladen war: *Falls Dvořák zum morgigen Konzert kommen sollte und frei wäre, hätten Sie was dage-gen, wenn ich ihm das Vernügen machte, ihn zu Ihnen mitzubringen? Ich werde ihm von meinem Tellerchen und aus meinem Becherchen geben, und Reden hält er (soviel ich weiß) nicht!*

Brahms, der schon frühzeitig für seine Musik den eigenen Weg gefun-den hatte und ihn konsequent fortgesetzt hat, hielt anderes und auch neues vorsichtig von sich fern. Daß er dabei immer selbstkritisch geblie-ben ist, klang schon an. Ein schöner Beleg dafür ist eine von Max Kalbeck überlieferte Äußerung: *Ja, ich schäme mich nicht zu sagen, daß es mir selbst eine große Freude ist, wenn ein Lied, ein Andante oder sonst was mir gut gelungen scheint. Wie muß es erst den Göttern Mozart, Beethoven und denen, deren tägliches Brot das ist, zumute gewesen sein, wenn sie den Schlußstrich unter ›Figaros Hochzeit‹ und ›Fidelio‹ gesetzt haben, um anderen Tages ›Don Juan‹ und ›Neunte Symphonie‹ zu beginnen! – Was ich nicht begreife, ist, wie unsereiner eitel sein kann…*

Immer leiser wird mein Schlummer

Neue Kammermusik

Den Sommer 1886 verbrachte der Dreiundfünfzigjährige im Schweizer Alpenland, in Hofstetten am Thuner See, nur eine Stunde Bahnfahrt von Bern, dem Wohnort seines Freundes Joseph Viktor Widmann, entfernt. Der berichtete über das Leben, das Brahms dort führte: »Schon beim ersten Tagesgrauen munter, braute er sich auf seiner Wiener Maschine das erste Morgenfrühstück selbst, zu dem ihm eine treue Verehrerin aus Marseille den trefflichsten Mokka in solcher Fülle geliefert hatte, daß er gleich anfangs an meine Haushaltung davon abgeben konnte. – Die Morgenstunden waren der Arbeit gewidmet, die in der Thuner Wohnung, wo ihm eine große Laube und eine Flucht von mehreren ineinandergehenden geräumigen Zimmern ein von niemand gestörtes, sinnendes Umherspazieren gestattete, ganz besonders gut geriet. – Zu Mittag speiste Brahms, wenn die Witterung es einigermaßen erlaubte, in irgendeinem Wirtshausgarten; das Table d'hôte-Essen blieb ihm zeitlebens verhaßt, und wo immer möglich, vermied er es, schon aus dem einfachen Grunde, weil er nicht gern Toilette machte. – Bei schlechtem Wetter hing ihm ein alter braungrauer Plaid, der auf der Brust von einer ungeheuren Nadel zusammengehalten wurde, um die Schultern, und er vervollständigte die seltsame, unmodische Erscheinung, der alle Leute erstaunt nachblickten, und die mich manchmal an eine gewisse Illustration in einer älteren Ausgabe von Chamissos Peter Schlemihl erinnerte.« Brahms fühlte sich dort wohl und meldete dem Freund Dr. Fellinger: *daß ich hier in Hofstetten bei Thun eine ganz überaus reizende Wohnung gefunden habe und mich nur hüten muß, nur alles Mögliche hier gar zu sehr zu loben.* In Thun lebte und arbeitete er drei Sommer lang, bis 1888. Kammermusik und Lieder rückten jetzt wieder in den Vordergrund: Sonaten für Violoncello und Klavier (op. 99), Violine und Klavier (op. 100, op. 108), Lieder aus op. 104 und op. 105. Über die Violinsonate A-Dur op. 100, die »Thuner Sonate«, schwärmte Frau von Herzogenberg:»Was haben Sie da Liebes und Behagliches gemacht, das ist ja eine wahre Liebkosung, das ganze Stück, und mit welcher Freude begrüßte und umarmte ich im ersten Satz die Melodie des Klaus Grothschen Liedes! Wie klar und sonnig ist der erste Satz, wie lieblich das Pastorale des zweiten, und den dritten werde ich am Ende noch am allerliebsten haben.« Aber die friedliche Idylle in Thun war für das Komponieren nicht allgemein bestimmend. Dramatische und tragische Züge prägen das c-Moll-Klaviertrio op. 101. Und in den Liedern nehmen die mild ausschwingenden Weisen, die sanft in die Tiefe steigenden melancholischen Linien zu (»Wie Melodien zieht es mir«,»Immer leiser wird mein Schlummer«). Aus der Komponierwerkstatt verriet Brahms damals der Freundin: *Ich halte es für besonders pfiffig von mir, daß ich mir beim Spazierengehen Melodien einfallen und wachsen lasse.*

Herbst und Winter war er wieder auf Reisen, insbesondere nach Budapest, wo er seine 4. Sinfonie dirigierte. Und die Ehrungen nahmen weiter zu. Er wurde Ehrenpräsident des Wiener Tonkünstlervereins und wurde zum stimmfähigen Ritter des Ordens pour le mérite für Wissenschaft und Künste ernannt.

Im Thuner Sommer 1887 entstand noch einmal ein Konzert: Das Konzert a-Moll für Violine und Violoncello op. 102. Es sollte auf typisch brahmssche, zurückhaltende und doch eindringliche Weise die für einige Jahre unterbrochene Freundschaft zu Joseph Joachim wieder auffrischen. Darum beginnt das Cello mit rezitativischer Umspielung des alten Joachim-Mottos f(rei), a(ber) e(insam). Im September wurde das neue Konzert in Lichtenthal bei Baden-Baden von Brahms mit Robert Hausmann (Cello) und Joachim (Violine) Clara Schumann vorgeführt. Am 18. Oktober spielten es Hausmann und Joachim unter der Leitung von Brahms im Kölner Gürzenichsaal in Uraufführung. Weitere Aufführungen in gleicher Besetzung folgten. Besonderen Erfolg hatte die Aufführung des Werkes im Leipziger Neujahrskonzert 1888. Zuvor hatte der Herbst ihm Wohnungssorgen in Wien bereitet: Die Witwe, bei der er in Miete lebte, war gestorben. Nun wollte Brahms die ganze Etage haben, in der er bislang drei Zimmer bewohnte. Also brauchte er neue Möbel und Wirtschaftsgegenstände. Ein Hilferuf erging an den Freund Dr. Fellinger, dessen Gattin sich der Probleme fürsorglich annahm.

Zuvor hatte Joachim, der mit dem Doppelkonzert wiedergewonnene Freund, den Komponisten nach England einzuladen versucht. Brahms' typische Antwort war: *Für Deine freundlichen Mitteilungen schönsten Dank. Ich lasse mir nun einmal von so hübschen und erfreulichen Sachen lieber erzählen, als daß ich sie erlebe und all den Trubel dazu. Für mich ist f. a. e.* (frei, aber einsam) *ein Symbol geblieben, und darf ich es, trotz allem, wohl*

segnen. Wenn ich gleich Eure künstlerische Arbeit und Freude dort gewiß
nicht unterschätze, so ist mir doch auch wieder mein Bischen Unabhängig-
keit recht, und daß die englischen Pfunde bei mir nichts gelten, und ich jetzt
behaglich an einen Frühling in Sizilien denken kann. Der Thuner Sommer
1888 brachte wieder reiche Ernte an Liedern und Kammermusik. Vokales
und Instrumentales mischten sich. Es wurden die »Fünf Gesänge« für gemischten Chor a cappella op. 104 und die Solo-Gesänge op. 105, 106, 107
abgeschlossen. In ihnen herrscht eine wehmütige Grundstimmung des liebevollen Erinnerns, auch des Abschiedes. Und es begann die Arbeit an den
»Fest- und Gedenksprüchen« op. 109 für achtstimmigen Chor a cappella.
Am 23. Mai 1889 ernannte ihn seine Vaterstadt auf Anregung Hans von
Bülows zum Ehrenbürger. Eine späte Ehrung. Brahms bedankte sich tele-
graphisch für die Ernennung und widmete die »Fest- und Gedenksprüche«
»seiner Magnifizenz, dem Herrn Bürgermeister Dr. Carl Petersen in Hamburg verehrungsvoll«. Der Anlaß zu dieser Komposition von deutschen Bi-
belsprüchen lag freilich tiefer und hatte durchaus einen gewichtigen politischen Akzent. Den Anstoß gab das sogenannte Dreikaiser-Jahr (mit dem
Tod Kaiser Wilhelms I., der Thronbesteigung und dem Tod Kaiser Fried-
richs III., der Thronbesteigung Kaiser Wilhelms II.). Am 30. Mai 1889
schickte Brahms das Werk an Hans von Bülow nach Hamburg und bemerkte dazu: *Für Dein Musikfest hätte ich drei kurze hymnenartige Sprüche*
für achtstimmigen Chor a cappella, die geradezu für nationale Fest- und Ge-
denktage gemeint sind, und bei denen recht gern und ausdrücklich die Tage
Leipzig, Sedan und Kaiserkrönung angegeben sein dürften. Es war das
Hamburger Musikfest, auf dem am 9. September die Uraufführung der
»Fest- und Gedenksprüche« in Anwesenheit des nachdrücklich gefeierten
Komponisten stattfand. Der Ernst, das händelsche Pathos dieser Musik,
weist nachdrücklich darauf, wieviel Brahms daran lag, in den nationalistisch überheblichen Zeiten der deutschen Gründerjahre seine Lands-
leute vor selbstischem Verhalten und Größenwahn zu warnen. Heißt es
doch in den sehr überlegt ausgewählten Bibeltexten dieser Musik unter
anderem: »Hüte Dich nur, und bewahre Deine Seele wohl, daß Du nicht
vergessest der Geschichte, die Deine Augen gesehen haben. Und daß sie
nicht aus Deinem Herzen komme alle Dein Leben lang. Und sollst Deinen
Kindern und Kindeskindern kundtun.« Widmann, der Schweizer Freund,
nannte den Norddeutschen in Wien sehr zu Recht den »treuen Eckart des
deutschen Volkes«. Der Alternde war unvermindert »ein höchst aufmerk-
samer Zeitungsleser und Beobachter aller wichtigen Vorgänge des politischen Lebens, wobei er in allen Dingen immer erwog, ob ein Geschehnis
dem deutschen Reiche und dem deutschen Volke zum Heil ausschlagen
oder ihm zum Schaden gereichen werde.«

Auch die Wahlheimat Österreich ließ ihm erneut Ehrungen zukommen. Im Sommer 1889 wurde ihm das Commandeurkreuz des Österreichisch Kaiserlichen Leopold-Ordens verliehen. Zum Jahresende hatte er Audienz bei Kaiser Franz Joseph I., um sich für diesen Orden zu bedanken. Die letzten acht Sommer seines Lebens verbrachte er auf österreichischem Boden, im geliebten Ischl. An Widmann schrieb er im Mai: *Lieber Freund! Es ist ein leiser Mollakkord, den ich hinübersende, und auch Ihnen klingt es hoffentlich nicht lustig: Ich habe für den Sommer in Ischl gemietet. Was ich dort suche und wünsche, wissen Sie, weniger aber, was ich entbehren werde.* Die Liebe zum einfachen österreichischen Volk saß ihm tief im Herzen. So berichtete er vom *eigenen Vergnügen,* nach einer Reise *die ersten österreichischen Kondukteure und Kellner wiederzusehen.* Und erzählte stolz: *Ich wünschte, Sie könnten, wie ich, sehen, was es heißt hier geliebt zu sein. Das kennen und können wir bei uns, Sie bei sich nicht. So offen tragen wir unser Herz nicht, so schön und warm zeigt sich die Liebe nicht, wie hier, vor allem beim besten Teil des Volkes (ich meine eben: beim Volk, bei der Galerie).*

Das Lamm mit der Löwenmähne

Letzte Monologe

Dem tschechischen Komponisten Josef Bohuslav Foerster verdanken wir sachkundige und persönliche Schilderungen des alternden Brahms: »Der Igel Brahms, so hieß er unter den Wiener Musikern. Der Spitzname barg aber in diesem Falle nichts Herabsetzendes in sich. Er wurde überall mit einem freundlichen Lächeln und sogar mit dem Tonfall von pflichtschuldiger Ehrerbietung ausgesprochen. Freilich aber galt der ›Igel‹ in gleichem Maße dem Äußeren des Meisters wie seiner ganzen Art und seinen Gewohnheiten. Brahms kannte fast nur eines von beiden: die Einsamkeit seines Schweigens oder aber seinen Zornausbruch. Doch ist auch hier zu unterscheiden. Sein ›Zorn‹ hatte stets einen versöhnlichen Schlußton. Brahms war ein Lamm, dem eine Löwenmähne gewachsen war. Hinter der schroffen abweisenden Art war jederzeit unschwer ein reiches Gefühlsleben zu erkennen. Sagte er Nein, so sprach er es stets wie unter Zwang aus, niemals so, daß es hoffnungslos abweisend gewesen wäre, obwohl sich in seiner umdüsterten Miene eine feste Entschlossenheit spiegelte. – In der Regel war Brahms in Gedanken versunken – darin ähnelte er sehr Antonín Dvorák – und erwachte nur mühsam aus seiner Versunkenheit, doch scherzte er auch gern und vermochte mit kindlicher Unbefangenheit zu lachen. In seiner wahren Gestalt zeigt er sich im Freundes-kreis, und vielleicht irre ich nicht, wenn ich sage, daß Peter Altenberg sei-nen bekannten Ausspruch ›Künstlerseele – Kinderseele‹ nach einem Ge-spräch mit Brahms niedergeschrieben hat. – Hans von Bülow, dieser uner-bittliche Kritiker sagte von dem alten Hagestolz, der sich nur selten in den Straßen Wiens zeigte, aber, wenn er es doch tat, in der Gestalt eines klei-nen beleibten alten Mannes mit langem weißem Haar und Bart vorüber-wandelte, ganz wie eine zum Leben erwachte Figur aus einem Genrebild Navrátils – nun, er sagte von ihm, er sei das dritte große B, neben Bach und Beethoven.«

1891 war der nun Achtundfünfzigjährige gemeinsam mit Joseph Wid-mann wieder in Meiningen. Widmann gab vom Bild des Komponisten da-mals am Meininger Hof anschaulichen Bericht:»Kostete es ihm sonst keine kleine Überwindung, sich in feierliche Toilette zu stecken, so machte es ihm hier dagegen Spaß, zur Galatafel im Glanz seiner vielen, zum Teil sehr hohen Orden zu erscheinen, was mir übrigens an ihm durchaus nicht wie eine Verleugnung seiner volkstümlichen Grundsätze, sondern insofern wie eine Bestätigung derselben erschien, als solcher Or-densschmuck und die damit verbundenen Ehren für ihn hauptsächlich das stolze Bewußtsein bedeuteten, der geistige Adel des angeborenen Ge-nius sei ebensosehr von Gottes Gnaden wie irgend welche hohe Geburt, und nehme mit Recht die Auszeichnungen in Anspruch, die in früheren Zeiten dem als Plebejer geborenen Sohn des Volkes allerdings vorenthal-ten blieben. – So freute sich Brahms des Glanzes und der Ehre, die ihn in Meiningen umgaben, ohne ihnen indessen bei der Innerlichkeit seiner Natur mehr als eine flüchtige Regung zu schenken.«

Diesmal kam Brahms mit dem geschätzten Meininger Klarinettisten Richard Mühlfeld in engeren persönlichen Kontakt. Dies wiederum regte einige seiner bedeutendsten Kammermusik-Spätwerke an, das Klarinet-tentrio op. 114, das Klarinettenquintett op. 115, endlich die beiden Klari-nettensonaten op. 120, die den Katalog seiner Kammermusik-Werke be-schließen.

Es wurde immer einsamer um ihn. 1892 starb Elisabeth von Herzogen-berg, 1893 Hermine Spieß, das Jahr darauf Billroth und Bülow. 1882 war Nottebohm gestorben und 1883 Wagner. Brahms zog sich immer mehr von der Öffentlichkeit zurück. Freund Hanslick war es, der seine späten Klavierkompositionen treffend»letzte Monologe« genannt hat: Die sieben Klavierfantasien op. 116, die sechs Klavierstücke op. 118, die drei Inter-mezzi op. 117, die vier Klavierstücke op. 119. 1893 entzog er sich größeren Geburtstagsfeiern zum »Sechzigsten« durch eine erneute Italienreise. Freund Widmann war dabei und berichtete:»Auch diesmal genoß Brahms die fast märchenhaften Reize Taorminas mit tiefem Behagen; namentlich brachten wir viele Stunden im antiken Theater zu. Ein andermal erstiegen wir das ehemalige Sarazenenstädtchen Mola, das aus steiler Felsenzacke sich in den Himmel hineinzubohren scheint. Bergan zu gehen, war zwar für Brahms etwas beschwerlich; umso rascher bewerkstelligte er den Abstieg, beinahe einer zu Tale rollenden Kugel vergleichbar, sodaß es uns anderen manchmal schwer wurde, zu folgen.«

Ein Jahr später hörte die kompositorische Arbeit nahezu auf. Er las, studierte in Bibliotheken, widmete sich Clara Schumanns Gesamtausgabe der Werke des Gatten Robert und arbeitete an der Redaktion seiner Sammlung deutscher Volkslieder. Er kommentierte: *Die geistlichen Melodien sind wohl meist aus Corner und vielleicht Meister. Die weltlichen aus Nicolai, Zuccalmaglio, beides viel und, wie ich meine, mit Unrecht geschmähte Bücher, die nicht aufhören, mich zu interessieren. Bei Freund Jospeh Joachim bedankt er sich für aufmunternde Worte. Deine freundlichen Worte über meine Volkslieder haben mir die größte Freude gemacht, und ich danke Dir von Herzen. Mit so viel Liebe, ja Verliebtheit habe ich noch nie etwas zusammengeschrieben, und ich konnte ja ungeniert verliebt sein – in etwas Fremdes.*

Januar 1895 spielte er mit Richard Mühlfeld im Wiener Tonkünstlerverein seine beiden Klarinettensonaten op. 120. Dann dirigierte er in Leipzig seine beiden Klavierkonzerte mit Eugen d'Albert als Solisten. Im Februar war er zum Brahmsfest in Merseburg, danach wieder in Wien. Dort dirigierte er zum Festkonzert des Konservatoriums der Gesellschaft der Musikfreunde anläßlich der vor 25 Jahren erfolgten Eröffnung des neuen Gesellschaftshauses seine Akademische Festouvertüre – sein letztes öffentliches Auftreten als Dirigent in Wien. Hanslicks 70. Geburtstag wurde in Bad Ischl im September gefeiert. Dann nahm er mit mehreren Werken am Meininger Musikfest teil, begegnete im Oktober Clara Schumann in Frankfurt am Main zum letzten Male, dirigierte zur Eröffnung der Neuen Tonhalle in Zürich sein »Triumphlied« op. 55. Anfang 1896 war er in Berlin, zu verspätetem Geburtstagsbesuch beim Maler-Freund Adolf Menzel, hatte mit diesem am 11. Januar eine »große Kneiperei« und nahm am 16. Februar auf Einladung Nikischs in Leipzig an einem Gewandhauskonzert als Hörer teil, in dem dieser die 4. Sinfonie e-Moll dirigierte. Anfang Mai wurde Brahms in Wien das Österreichische Ehrenzeichen für Kunst und Wissenschaft verliehen. Mitte Mai war er wieder zum Sommeraufenthalt in Bad Ischl. Clara Schumann lag im Sterben.

Für sie beendete er seine »Vier ernsten Gesänge« für Baß und Klavier op. 121 (»O Tod, wie bitter bist Du«). Brahms bezeichnete sie ironisch selbst als *Schnaderhüpferln*, als *Liederchen*. Er widmete sie Max Klinger, der ihm gerade eine »Brahms-Phantasie« in 41 Radierungen zum Geschenk gemacht hatte und dessen Vater soeben gestorben war. Klinger schrieb er dazu: *Daran siehst Du, daß sie nicht gerade Spaß sind – im Gegenteil, sie sind verflucht ernsthaft und dabei so gottlos, daß die Polizei sie verbieten könnte – wenn die Worte nicht alle in der Bibel ständen.*

Die Freundin starb am 20. Mai. Brahms reiste zur Beerdigung nach Bonn. Von dort schrieb er an Frau Fellinger: *Beiliegendes (ein Zypressenzweig mit roter Schleife vom Grabe Frau Schumanns) nahm ich in Gedanken an Sie mit – Sie können es leider noch in Ihre Chronik einreihen! Ich hätte nicht gedacht, daß mir ein Bild der Teuren jetzt willkommen sein könnte, doch ist es so, und ich danke allerbestens für das Ihre. Ich muß viel an Marie und Eugenie (Schumann) denken, und möchte, ich könnte ihnen irgendwie ratend und helfend zur Seite stehen. Weder jung und gesund, sitzen die armen Mädchen jetzt allein in dem großen Haus, wo ein reiches langes Leben wie viel und vielerlei Wertvolles und Unnützes aufgehäuft hat. Geradezu mit Sorge denke ich an sie und ihren schönen, aber schwerfälligen Besitz, wüßte aber durchaus nichts zu sagen, auch wenn sie etwa frügen. – Ich war noch einige Tage im Siebengebirge....* – Der selbst schon kranke Brahms wanderte damals durch das Land seiner Jugend und seiner frühen Liebe zu Clara.

Wieder zurück in Ischl, vervollständigte er im Gedenken an Clara Schumann jene insgesamt elf Choralvorspiele op. 122, die er einst als junger Mann im Heim Claras zu schreiben begann. Ende August kehrte er nach Wien zurück. Todkrank, mit gelblicher, wächserner Hautfarbe, holte er sich Anfang September ärztlichen Rat, er, der sich bislang stets bester Gesundheit erfreute. Eine Kur in Karlsbad wurde ihm geraten. Bei den Fellingers erbat er einen Ortsführer und meinte sarakastisch: *Schließlich freue ich mich doch auf die Reise und den Aufenthalt in Karlsbad. Wie oft bitte ich im Frühling oder Herbst: Wenn doch was käme und mich mitnähme! – Die leidige Trägheit läßt mich aber da sitzen, wo mir's eben behaglich ist. Nun ist es freilich eine Gelbsucht – aber warum soll sie nicht die schöne Waldlandschaft und hoffentlich schönen Herbsttage genießen lassen.*

Als er am 2. Oktober wieder nach Wien zurückkehrte, hatte sich sein Befinden nicht gebessert. Die ursprünglich diagnostizierte »kleine bürgerliche Gelbsucht« war nach Meinung der Ärzte damals Leberkrebs. Das wurde ihm verheimlicht. Heute weiß man, daß es sich um ein Pankreas-Kopf-Karzinom handelte, bei den Medizinern in Wien unter der Bezeichnung »Morbus Brahms« geläufig.

Am 7. März 1897 besuchte Brahms zum letzten Mal in Wien ein Konzert. Hans Richter dirigierte seine 4. Sinfonie. Der Brahms-Biograph Richard Specht schrieb über den Abend: »Das Publikum tobt in Begeisterung. Aber da Richter nach der Loge zeigt, in der man jetzt erst den todblassen Brahms entdeckt, bricht ein Orkan los, der sich nach jedem Satz steigert; es ist ein betäubendes Rufen, Schreien, Klatschen, die Leute steigen auf die Sitze, um die Leidensgestalt des furchtbar verheerten Meisters besser zu sehen, man winkt ihm mit Tüchern und Hüten zu, immer wieder muß er an die Logenbrüstung treten, und am Schluß will der gewaltige Jubel überhaupt kein Ende nehmen – die Menschen unten wissen, sie sehen Brahms zum letzten Mal, und Brahms weiß es auch.« Eine Woche später, am 13. März, war er ein letztes Mal in der Öffentlichkeit. Er besuchte die Uraufführung der Operette »Göttin der Vernunft« seines Freundes Johann Strauß im Theater an der Wien. Allerdings zwang ihn zunehmende Schwäche, die Premiere schon nach dem 2. Akt zu verlassen. Er wurde nach Hause gebracht. Am 24. März schrieb er an Joachim: *Es geht mir immer miserabler; jedes Wort ist mir ein Opfer, gesprochen oder geschrieben. Seit wir uns hier sahen, bin ich keinen Abend aus gewesen – aber zu Fuß auch keinen Schritt überhaupt.* – Am 3. April starb er in seiner Wohnung in der Karlsgasse 4.

Drei Tage später folgte eine unabsehbare Menschenmenge seinem Sarg zum Wiener Zentralfriedhof. Dort wurde er zunächst in einer vorläufigen Grabstätte beigesetzt. Am 14. Juni erhielt er als Wiens Ehrenbürger sein endgültiges Ehrengrab der Stadt auf dem Zentralfriedhof in der Nähe Ludwig van Beethovens und Franz Schuberts.

Ein Testament wurde zwar von ihm aufgesetzt, aber dann doch am Ende aus Furcht, damit die Todeskrankheit zu akzeptieren, nicht mehr abgeschrieben. Das hatte einen Jahre dauernden Prozeß um sein durchaus stattliches Erbe zur Folge.

DAS WERK

Opus 1-122:

1. Klaviersonate C-Dur op. 1
Vgl. Einführung

2. Klaviersonate fis-Moll op. 2
Vgl. Einführung

Sechs Gesänge (für Tenor- oder Sopranstimme mit Klavier) op. 3
Vgl. Einführung

Scherzo es-Moll für Klavier op. 4
Vgl. Einführung

3. Klaviersonate f-Moll op. 5
Vgl. Einführung

Sechs Gesänge für Tenor- oder Sopranstimme und Klavier op. 6
W: Luise und Minna Japha
T: Paul Heyse (1), J. J. Rousseau (2), A. Meissner (3), R. Reinick (4),
Hoffmann von Fallersleben (5, 6)
K: 1852-1853 – E: 1853 – V: Bartholf Senff, Leipzig
UA: Nr. 1 (Spanische Serenade): 16. 2. 1883, Wien, Sol L. v. Eisl; Nr. 2 und 3:
2. 2. 1881, den Haag, Sol W. Gips; Nr. 4: 6. 1. 1863, Sol M. Wilt, J. Brahms;
Nr. 5: 17. 12. 1891, Wien, Sol E. Gärtner; Nr. 6: 9. 11. 1862, Basel
Sol Walter-Fastlinger
GA: Bd. XXIII, 2

Sechs Gesänge für eine Singstimme und Klavier op. 7
W: Albert Dietrich
T: Eduard Ferrand (1), J. v. Eichendorff (2. 3), Ludwig Uhland (6), Volkslieder
(4, 5)
K: 1851-1853, Hamburg – E: 1854 – V: B & H
UA: Nr. 1, 2: 6. 1. 1863, Wien Sol M. Wilt, J. Brahms; Nr. 3: 12. 11. 1855,
Göttingen; Nr. 4: 30. 12. 1871, Wien, Sol H. Magnus, Nr. 5: 12. 11. 1870, Wien
Sol M. Wilt; Nr. 6: 26. 11. 1886, Sol H. Spies
GA: Bd. XXIII, 3

1. Klaviertrio H-Dur op. 8
Vgl. Einführung

Sechzehn Variationen für Klavier über ein Thema von Robert Schumann
fis-Moll op. 9
Vgl. Einführung

Vier Balladen für Klavier op. 10
Vgl. Einführung

Serenade Nr. 1 für großes Orchester D-Dur op. 11
Vgl. Einführung

Ave Maria F-Dur für Frauenchor mit Orchester- oder Orgelbegleitung op. 12
Vgl. Einführung

Begräbnisgesang c-Moll für Chor und Blasinstrumente op. 13
Vgl. Einführung

Acht Lieder und Romanzen für eine Singstimmme und Klavier op. 14
T: Volkslieder (Nr. 1, 2, 5, 6, 7, 8), Schottisch, aus Herders »Stimmen der
    Völker« (Nr. 3), Sonett aus dem 13. Jahrhundert (Nr. 4)
K: 1858, Hamburg, Göttingen, Detmold – E: 1860 – V: Rieter-Biedermann
UA: Nr. 1, 4: 4. 4. 1862, Hamburg, Sol J. Stockhausen, Nr. 5: 6. 3. 1895, Wien,
    Sol L. v. Ehrenstein, Nr. 8: 12. 11. 1870, Wien, Sol M. Wilt
GA: Bd. XXIII, 4

Klavierkonzert Nr. 1 d-Moll op. 15
vgl. Einführung

Serenade Nr. 2 für kleines Orchester A-Dur op. 16
Vgl. Einführung

Vier Gesänge für Frauenchor mit Begleitung von 2 Hörnern und Harfe op. 17
Vgl. Einführung

Streichsextett Nr. 1 B-Dur op. 18
Vgl. Einführung

Fünf Gedichte für eine Singstimme und Klavier op. 19
T: L. Hölty (1), L. Uhland (2-4), E. Mörike (5)
K: 1858-1859, Göttingen, Detmold, Hamburg – E: 1862 – V: N. Simrock
UA: 15. 12. 1878, Basel, Sol A. Hohenschild (4); 14. 12. 1881, Straßburg,
    Sol M. Tiedemann (Nr. 5)
GA: Bd. XXIII, 5

Drei Duette für Sopran, Alt mit Klavier op. 20
T: Herder, Stimmen der Völker (1, 2); Aus dem Italienischen von W. Müller (3)
K: 1858 (1, 2) Göttingen, 1860 (3) Hamburg – E: 1862 – V: N. Simrock
UA: 10. 3. 1864, Luzern (1, 2); 30. 11. 1889, München, Sol M. v. Schelhorn,
    M. Schmidtlein
GA: Bd. XXII, 1

Variationen für Klavier D-Dur op. 21
Nr. 1: Über ein eigenes Thema, vgl. Einführung
Nr. 2: Über ein ungarisches Lied
K: Nr. 2 (1854) – E: 1862 – V: Simrock
UA: Nr. 2: 25. 3. 1874, London, Crystal Palace, Sol Fl. May
GA: Bd. XIII, 6

Sieben Marienlieder für gemischten Chor a cappella op. 22
Vgl. Einführung

Variationen Es-Dur für Klavier zu vier Händen über ein Thema von
Robert Schumann Es-Dur op. 23
Vgl. Einführung

Variationen und Fuge B-Dur für Klavier über ein Thema von Händel op. 24
Vgl. Einführung

Klavierquartett Nr. 1 g-Moll op. 25
vgl. Einführung

Klavierquartett Nr. 2 A-Dur op. 26
Vgl. Einführung

Der 13. Psalm für dreistimmigen Frauenchor mit Orgel oder Klavier op. 27
T: Psalm 13
K: 21. August 1859, Hamburg – E: 1864 – V: Spina
UA: 19. 9. 1859, Hamburg, Kirche St. Petri, Hamburger Frauenchor,
Ltg J. Brahms
GA: Bd. XX, 1

Vier Duette für Alt und Bariton mit Klavier op. 28
W: Amalie Joachim
T: J. v. Eichendorff (1), Altdeutsch (2), J. W. v. Goethe (3), Hoffmann v.
Fallersleben (4)
K: 1860 (1, 4), 1862 (2, 3) Hamburg – E: 1863 – V: Spina
UA: 18. 12. 1863, Wien, Salon Bösendorfer, Sol I. Flatz, E. Förchtegott
GA: Bd. XXII, 2

Zwei Motetten für fünfstimmigen gemischten Chor a cappella op. 29
Vgl. Einführung

Geistliches Lied für vierstimmigen Chor mit Orgel oder Klavier op. 30
Vgl. Einführung

Drei Quartette für Sopran, Alt, Tenor, Baß und Klavier op. 31
T: J. W. v. Goethe (1), Mährisch (2), Böhmisch (3)
K: 1859, Detmold (1), 24. 12. 1863, Wien (2, 3) – E: 1864 – V: B&H
GA: Bd. XX, 3

Neun Lieder und Gesänge für eine Singstimme und Klavier op. 32
Vgl. Einführung

Romanzen (Magelone-Lieder) für eine Singstimme und Klavier op. 33
Vgl. Einführung

Klavierquintett f-Moll op. 34
Vgl. Einführung

Sonate f-Moll für zwei Klaviere op. 34bis
Vgl. Einführung

Studien für Klavier a-Moll (Variationen über ein Thema von Paganini) op. 35
K: Winter 1862/1863, Wien – E: 1866 – V: Rieter-Biedermann
UA: 25. 11. 1865, Zürich, Sol J. Brahms
GA: Bd. XIII, 8

Streichsextett Nr. 2 G-Dur op. 36
Vgl. Einführung

Drei geistliche Chöre für Frauenchor a cappella op. 37
Vgl. Einführung

Sonate Nr. 1 e-Moll für Klavier und Violoncello op. 38
vgl. Einführung

Walzer für Klavier op. 39
Vgl. Einführung

Horntrio Es-Dur op. 40
Vgl. Einführung

Fünf Lieder für vierstimmigen Männerchor op. 41
T: Altdeutsch (1), C. Lemcke (2-5)
K: 1861-1862, Hamburg – E: 1867 – V: Rieter-Biedermann
UA: 8. 12. 1871, Wien, Akademischer Gesangverein, Ltg E. Frank (1, 5)
GA: Bd. XXI, 22

Drei Gesänge für sechsstimmigen Chor a cappella op. 42
Vgl. Einführung

Vier Gesänge für eine Singstimme und Klavier op. 43
T: Wendisch (1), L. Hölty (2), Altdeutsch (3, 4)
K: 1864 Wien (1), April 1866 Karlsruhe (2), vor 1860 Hamburg (3), Herbst 1857,
Detmold (4) – E: 1869 – V: Rieter-Biedermann
UA: 11. 3. 1868, Hamburg, Soiree Brahms-Stockhausen (1, 2), 5. 12. 1873,
Frankfurt/M., Museumskonzert, Sol H. Vogl
GA:Bd. XXIV, 1

Zwölf Lieder und Romanzen für vierstimmigen Frauenchor a cappella oder mit
Klavier ad libitum op. 44
Vgl. Einführung

Ein Deutsches Requiem nach Worten der Heiligen Schrift op. 45
Vgl. Einführung

Vier Lieder für eine Singstimme und Klavier op. 46
T: G. F. Daumer (1, 2), L. Hölty (3, 4)
K: 1868, Bonn – E: 1868 – V: Simrock
UA: 5. 12. 1873, Frankfurt/M. , Sol H. Vogl (1); 1869, Wien, Sol J. Stockhausen
(2); 1868, Bonn, Sol J. Stockhausen (3); 1. 12. 1874, Leipzig,
Sol M. Fillunger (4)
GA: Bd. XXIV, 2

Fünf Lieder für eine Singstimme und Klavier op. 47
T: G. F. Daumer, nach Hafis (12, 2), L. Uhland (3), P. Flemming (4),
    J.W. Goethe (5)
K: 1868, Bonn – E: 1868 – V: Simrock
UA: 6. 1. 1871, Wien, Sol L. Dustmann (1); 15. 2. 1888, Wien, Sol J. Salter, Klav
    J. Zilzer (2); 1871, London, Sol J. Stockhausen (3); 26. 3. 1887, Wien,
    Sol H. Spies (4); 22. 3. 1893, Wien, Sol E. Gärtner (5)
GA: Bd. XXIV, 3

Sieben Lieder für eine Singstimme und Klavier op. 48
T: Böhmisch (1, 4), Des Knaben Wunderhorn (2, 3), J. W. Goethe (5), Alt-
    deutsch (6), A. F. v. Schnack (7)
K: 1868, Bonn – E: 1868 – V: Simrock
UA: 22. 12. 1869, Wien, Sol L. Dustmann, Klav Cl. Schumann (1, 4); 18. 1. 1890,
    Wien, Sol H. Spies (2)
GA: Bd. XXIV, 4

Fünf Lieder für eine Singstimme und Klavier op. 49
T: P. Heyse, Italienisches Liederbuch (1), L. Hölty (2), J. Wenzig, aus dem
    Böhmischen (3), Des Knaben Wunderhorn (4), A. F. v. Schnack (5)
K: 1868, Bonn – E: 1868 – V: Simrock
UA: 22. 12. 1869, Wien, Sol L. Dustmann, Klav Cl. Schumann (1, 4); 24. 10. 1871
    Leipzig, Sol A. Bosse (2); 19. 1. 1870, Wien, Sol A. Bosse, Klav Cl. Schumann (3)
GA: Bd. XXIV, 5

Rinaldo (Kantate) op. 50
Vgl. Einführung

Zwei Streichquartette (Nr. 1: c-Moll, Nr. 2: a-Moll) op. 51
Vgl. Einführungen

Liebeslieder (Walzer für Gesang und Klavier zu vier Händen) op. 52,
Walzer für Klavier zu vier Händen (ohne Gesang) op. 52 a
Vgl. Einführung

Alt-Rhapsodie für eine Altstimme, Männerchor und Orchester op. 53
Vgl. Einführung

Schicksalslied für Chor und Orchester op. 54
Vgl. Einführung

Triumphlied für achtstimmigen Chor und Orchester op. 55
Vgl. Einführung

Variationen für Orchester B-Dur op. 56 a
über ein Thema von Joseph Haydn (»Haydn-Variationen«)
vgl. Einführung

Variationen für zwei Klaviere B-Dur (über ein Thema von Joseph Haydn) op. 56 b
K: Sommer 1873, Tutzing – E: 1873 – V: Simrock
UA: 10. 2. 1874, Wien, Soirée musicale der Klasse Anton Door: Klav M. v.
    Benfeld, G. Brauer
GA: Bd. XI, 2

Acht Lieder und Gesänge für eine Singstimme und Klavier op. 57
T: G. Daumer, »Frauenbilder und Huldigungen« (1, 4-6, 8), Nr. 2: Übersetzung
aus Hafis, Persische Gedichte, Nr. 3, 7: Spanisch, indisch (deutsch: Daumer)
K: 1871 – E: 1871 – V: Rieter-Biedermann
UA: 27. 11. 1872, Wien, Sol M. Fillunger (1); 18. 12. 1872, Wien, Sol R. Girzick (1-8)
GA: Bd. XXIV, 6

Acht Lieder und Gesänge für eine Singstimme und Klavier op. 58
T: A. Kopisch (1-3), M. Grohe (4), C. Candidus (5), Fr. Hebbel (6, 7),
A. F. v. Schnack (8)
K: Herbst 1871 – E: 1871 – V: Simrock
UA: 27. 1. 1872, Wien, Sol L. Dustmann (1, 2); 6. 5. 1874, München,
Sol Meysenheim, Klav C. Polko (4); 14. 3. 1874 Wien, Sol L. Dustmann (8)
GA: Bd. XXIV, 7

Acht Lieder und Gesänge für eine Singstimme und Klavier op. 59
T: J. W. Goethe (1); K. Simrock (2), Kl. Groth (3, 4, 7, 8); E. Mörike (5);
G. F. Daumer (6)
K: Frühling 1873, Tutzing, Wien – E: 1873 – V: Rieter-Biedermann
UA: 28. 5. 1894, Hamburg, Sol Dughge, Klav J. Spengel (1); 5. 12. 1873,
Frankfurt/M., H. Vogl (2); 20. 3. 1896, Wien, R. von zur Mühlen (3); 2. 4. 1875,
Hamburg, Sol A. Joachim (5); 5. 3. 1874, Wien, Sol G. Walter (6); 11. 4. 1878,
Wien, Sol S. Weltlinger (7); 25. 1. 1888, Wien, Sol E. Wentel (8)
GA: Bd. XXIV, 8

Klavierquartett Nr. 3 c-Moll op. 60
vgl. Einführung

Vier Duette für Sopran und Alt mit Klavier op. 61
T: E. Mörike (1), J. Kerner (2), Goethe (3), Wenzig, aus dem Böhmischen (4)
K: Zwischen 1853 und 1873 – E: 1874 – V: Simrock
UA: 24. 4. 1880, Wien, Sol R. Büchler und M. Pfliger (1); 21. 2. 1895, Merseburg
(Brahms-Fest) Sol M. Berg, A. Joachim (2); 5. 2. 1884, Basel, Sol I. Huber-
Petzold, A. Schöler (3, 4)
GA: Bd. XXII, 3

Sieben Lieder für gemischten Chor op. 62
Vgl. Einführung

Neun Lieder und Gesänge für eine Singstimme und Klavier op. 63
Vgl. Einführung

Drei Quartette für Sopran, Alt, Tenor, Baß und Klavier op. 64
T: C. O. Sternau (1), F. Schiller (2), G. Fr. Daumer (3)
K: 1864, Wien (1), 1874, Rüschlikon (2), 1874, Wien (3) – E: 1874 – V: C. F. Peters
UA: 24. 2. 1875, Wien, Ltg R. Weinwurm; 13. 2. 1875, Mannheim,
Musikalische Akademie (3)
GA: Bd. XX, 4

Neue Liebeslieder op. 65
Walzer für vier Singstimmen und Klavier zu vier Händen; Walzer für Klavier
zu vier Händen (ohne Gesang) op. 65 a
Vgl. Einführung

Fünf Duette für Sopran und Alt mit Klavier op. 66
T: Kl. Groth (1, 2), H. Hölty (3), C. Candidus (4), aus »Des Knaben Wunder-
horn« (5)
K: 1875, Ziegelhausen b. Heidelberg (Nr. 1, 2, 5 früher) – E: 1875 – V: Simrock
UA: 13. 3. 1882, Hamburg, Sol Frl. Gowa, R. Dannenberg (3); 24. 4. 1880,
Wien (5)
GA: Bd. XXII, 4

Streichquartett Nr. 3 B-Dur op. 67
Vgl. Einführung

1. Sinfonie c-Moll op. 68
Vgl. Einführung

Neun Gesänge für eine Singstimme und Klavier op. 69
T: Bömisch (1, 3, 4), Slowakisch (2) deutsch: J. Wenzig; K. Candidus (5);
J. v. Eichendorff (6), K. Lemcke (7), G. Keller (8), S. Kapper nach d.
Serbischen (9)
K: 1877, Wien – E: 1877 – V: Simrock
UA: 16. 12. 1879, Wien, Sol Th. Etzelt (1); 31. 10. 1877, Berlin, Sol A.Joachim(4);
8. 4. 1878, Wien (5); 22. 10. 1877, Karlsruhe, Sol Frl. Ottiker (8); 10. 1. 1878,
Gewandhaus Leipzig, Sol M. Kölle-Murjahn, Klav J. Brahms (9)
GA: Bd. XXV, 1

Vier Gesänge für eine Singstimme und Klavier op. 70
T: K. Lemcke (1), C. Candidus (2), J. W. Goethe (3), G. Keller (4)
K: 1875-1877 – E: 1877 – V: Simrock
UA: 9. 12. 1877, Wien, Sol G. Walter (1); 15. 12. 1877, Wien, Sol G. Walter (2, 3);
12. 1. 1879, Wien, Sol A. v. Schultner
GA: Bd. XXV, 2

Fünf Gesänge für eine Singstimme und Klavier op. 71
T: H. Heine (1), K. Simrock (2), K. Candidus (3) K. Lemcke (4), L. Hölty (5)
K: März 1877 – E: 1877 – V: Simrock
UA: 8. 4. 1878, Wien, Bösendorfer-Saal, Sol L. Dustmann (1, 2); 9. 12. 1877,
Wien, Sol G. Walter (3); 18. 3. 1878, Hamburg, Sol J. Spengel (4);
29. 10. 1877, Hamburg, Sol J. Spengel (5)
GA: Bd. XXV, 3

Fünf Gesänge für eine Singstimme und Klavier op. 72
T: K. Candidus (1, 2), Cl. Brentano (3), K. Lemcke (4), J. W. Goethe (5)
K: 1876-1877, Wien – E: 1877 – V: Simrock
UA: 18. 1. 1878, Hamburg, Sol A. Joachim (1); 22. 10. 1878, Breslau,
Sol A. Assmann (3); 31. 10. 1877, Berlin, Sol A. Joachim, Klav Cl. Schumann
(4); Dezember 1878, Hamburg, Sol J. Stockhausen (5)
GA: Bd. XXV, 4

2. Sinfonie D-Dur op. 73
Vgl. Einführung

Zwei Motetten für gemischten Chor a cappella op. 74
Vgl. Einführung

Balladen und Romanzen für zwei Singstimmen und Klavier op. 75
W: Julius Allgeyer
T: Schottische Ballade, Herder (1); Des Knaben Wunderhorn (2); Böhmisch,
    J. Wenzig (3); W. Alexis (4)
K: 1877-1878 – E:1878 – V: Simrock
UA: 17. 12. 1879, Wien (1); 7. 3. 1880, Berlin, Soirée von Amalie Joachim (3);
    14. 2. 1881, Wien, Sol G. Walter, S. Hanslick (4)
GA: Bd. XXII, 5

Acht Klavierstücke op. 76
Vgl. Einführung

Violinkonzert D-Dur op. 77
vgl. Einführung

Violinsonate Nr. 1 G-Dur op. 78
Vgl. Einführung

Zwei Rhapsodien für Klavier op. 79
Vgl. Einführung

Akademische Festouvertüre für großes Orchester c-Moll op. 80
Vgl. Einführung

Tragische Ouvertüre d-Moll op. 81
Vgl. Einführung

Nänie für Chor und Orchester op. 82
Vgl. Einführung

Klavierkonzert Nr. 2 B-Dur op. 83
Vgl. Einführung

Fünf Romanzen und Lieder für eine oder zwei Singstimmen und Klavier op. 84
T: H. Schmidt (1-3), Niederrheinisches Volkslied (4, 5)
K: Sommer 1881, Preßbaum b. Wien (1-3), Sommer 1877 und 1879,
    Pörtschach (4, 5) – E: 1882 – V: Simrock
UA: 21. 5. 1895, Hamburg, Sol I. Seelig, Klav J. Spengel (1); 17. 2. 1884, Berlin,
    Sol A. Joachim (2); 23. 2. 1883 Wien, Sol G. Walter (4)
GA: Bd. XXV, 5

Sechs Lieder für eine Singstimme und Klavier op. 85
T: H. Heine (1, 2); S. Kapper, serbisch (3); S. Kapper, böhmisch (4); E. Geibel
    (5); K. Lemcke (6)
K: Mai 1878, Pörtschach (1, 2, 3, 6), 1877, Pörtschach – Frühjahr 1882, Wien (4);
    1878, Wien (5) – E: 1882 – V: Simrock
UA: 4. 2. 1896, Wien, Sol L. Bolzani (1); 23. 2. 1883, Wien, Sol G. Walter,
    Klav J. Brahms (3, 6)
GA: Bd. XXV, 6

Sechs Lieder für eine tiefere Stimme und Klavier op. 86
T: G. Eller (1), H. Allmers (2), M. Kalbeck (3), Th. Storm (4), F. Schumann (5),
    M. v. Schenkendorf (6)

K: 1878, Pörtschach (1, 5, 6) – E: 1882 – V: Simrock
UA: 25. 2. 1883, Wien, Sol G. Walter, Klav J. Brahms (1-3)
GA: Bd. XXV, 7

Klaviertrio Nr. 2 C-Dur op. 87
Vgl. Einführung

Streichquintett Nr. 1 F-Dur op. 88
Vgl. Einführung

Gesang der Parzen für sechsstimmigen Chor und Orchester op. 89
Vgl. Einführung

3. Sinfonie F-Dur op. 90
Vgl. Einführung

Zwei Gesänge für Altstimme, Viola und Klavier op. 91
T: Fr. Rückert (1), E. Geibel nach Lope de Vega (2)
K: Sommer 1884, Mürzzuschlag (1), 1863/1864, Wien (2) – E: 1884 - V: Simrock
UA: 30. 1. 1885, Krefeld, Sol A. Hohenschild
GA: Bd. XXV, 8

Vier Quartette für Sopran, Alt, Tenor, Baß und Klavier op. 92
T: G. Fr. Daumer (1), H. Allmers (2), Fr. Hebbel (3), Goethe (4)
K: Sommer 1877, Pörtschach / Lichtenthal (1) – E: 1884 – V: Simrock
UA: 28. 1. 1885, Krefeld; 4. 2. 1889, Frankfurt/M. (1, 2, 4)
GA: Bd. XX, 7

Sechs Lieder und Romanzen für vierstimmigen gemischten Chor a cappella
op. 93 a
T: Rheinisches Volkslied (1), Serbisch, S. Kapper (2, 5), A. v. Arnim (3),
    Fr. Rückert (4), Goethe (6)
K: April 1883 – E: 1884 – V: Simrock
UA: 9. 12. 1884, Hamburg, Cäcilienverein, Ltg J. Brahms (1, 3-5)
GA: Bd. XXI, 8

Tafellied (Dank der Damen) für sechsstimmigen gemischten Chor und Klavier
op. 93 b
W: Den Freunden in Krefeld gewidmet
T: J. v. Eichendorff
K: Sommer 1884, Mürzzuschlag – E: 1885 – V: Simrock
UA: 28. 1. 1885, Krefeld
GA: Bd. XX, 10

Fünf Lieder für eine tiefe Stimme und Klavier op. 94
T: Fr. Rückert (1), Fr. Halm (2, 5), E. Geibel (3), H. Schmidt (4)
K: 1883/1884 – E: 1884 – V: Simrock
UA: 25. 4. 1894, Hamburg (1); 9. 1. 1885, Wien, Sol G. Walter (4)
GA: Bd. XXV, 9

Sieben Lieder für eine Singstimmme und Klavier op. 95
T: Serbisch, S. Kapper (1, 5), Fr. Halm (2-4), P. Heyse, nach dem Italienischen
    (6), G. Fr. Daumer (7)

K: 1883-1884 – E: 1884 – V: Simrock
UA: 14. 3. 1889, Wien, Sol H. Marschall (1); 30. 10. 1886, Hermannstadt (3);
18. 1. 1890, Wien, Sol H. Spies (4); 15. 4. 1886, Wien, Sol H. Spies (5);
9. 1. 1885, Wien, Sol G. Walter (6)
GA: Bd. XXV, 10

Vier Lieder für eine Singstimme und Klavier op. 96
T: H. Heine (1, 3, 4), G. Fr. Daumer (2)
K: Frühjahr/Sommer 1884, Wien, Mürzzuschlag – E: 1886 – V: Simrock
UA: 8. 1. 1886, Wien, Sol G. Walter (4)
GA: Bd. XXV, 11

Sechs Lieder für eine Singstimme und Klavier op. 97
T: C. Reinhold (1, 2), W. Alexis (3), Niederrheinisches Volkslied (4), Kl. Groth
(5), Schwäbisch (6)
K: 1-4: Frühjahr 1885; 5: Mai 1885; 6: März 1885 – E: 1886 – V: Simrock
UA: 8. 1. 1886, Wien, Sol G. Walter (1, 4, 5, 6); 11. 2. 1887, Wien, Sol G. Walter
(2)
GA: Bd. XXV, 12

4. Sinfonie e-Moll op. 98
Vgl. Einführung

Cellosonate Nr. 2 F-Dur op. 99
Vgl. Einführung

Violinsonate Nr. 2 A-Dur op. 100
Vgl. Einführung

Klaviertrio Nr. 3 c-Moll op. 101
Vgl. Einführung

Konzert a-Moll (Doppelkonzert) für Violine, Violoncello und Orchester op. 102
Vgl. Einführung

Zigeunerlieder op. 103
T: Ungarische Volkslieder, übersetzt von Hugo Conrat
K: Winter 1887/1888, Wien – E: vierstimmige Fassung 1888, einstimmige
Fassung der Lieder 1-7 und 11: 1889 – V: Simrock
UA: 31. 10. 1888, Berlin, Saal der Singakademie, Sol Schmidt-Köhne,
A. Joachim, R. von Zur-Mühlen, F. Schmidt
GA: Fassung für vier Singstimmen und Klavier: Bd. XX, 8; Fassung für eine
Singstimme und Klavier: Bd. XXVI, 7

Fünf Gesänge für gemischten Chor a cappella op. 104
Vgl. Einführung

Fünf Lieder für eine tiefere Stimme und Klavier op. 105
T: Kl. Groth (1), H. Lingg (2), Niederrheinisches Volkslied, Zuccalmaglio (3),
D. v. Liliencron (4), K. Lemcke (5)
K: August 1886, Thun (1, 2, 5,), 1888 (3, 4) – E: 1888 – V: Simrock
GA: Bd. XXVI, 1

Fünf Lieder für eine Singstimme und Klavier op. 106
T: F. Th. Kugler (1), Chr. Reinhold (2, 5), Kl. Groth (3), A. Frey (4)
K: 1885 (2, 5), Sommer 1888, Thun (1, 3, 4), Nr. 1 früher – E: 1888 - V: Simrock
UA: 27. 2. 1888, Wien, Sol G. Walter (1), 5. 12. 1888, Wien, Sol G. Walter (2),
26. 1. 1889, Wien, G. Walter (2, 4),
GA: Bd. XXVI, 2

Fünf Lieder für eine Singstimme und Klavier op. 107
T: P. Flemming (1), K. Lemcke (2), O. Fr. Gruppe (3) D. v. Liliencron (4),
P. Heyse (5)
K: Sommer 1886, Thun (1, 3), Juli 1888, Thun (2), 1889 ? (4, 5) – E: 1888
V: Simrock
UA: 31. 10. 1888, Berlin, Saal der Singakademie, Sol A. Joachim (2), 11. 2. 1887
Wien, Sol G. Walter (3, 4), 4. 1. 1889, Frankfurt/M., Sol H. Spies (5)
GA: Bd. XXVI, 3

Violinsonate Nr. 3 d-Moll op. 108
Vgl. Einführung

Fest- und Gedenksprüche für achtstimmigen Chor a cappella op. 109
Vgl. Einführung

Drei Motetten für vier- und achtstimmigen Chor a cappella op. 110
Vgl. Einführung

Streichquintett Nr. 2 G-Dur op. 111
Vgl. Einführung

Sechs Quartette für Sopran, Alt, Tenor, Baß und Klavier op. 112
T: Fr. Kugler (1, 2), Ungarische Volkslieder, deutsch: H. Conrat (3-6)
K: Frühling 1891, Bad Ischl – E: 1891 – V: Peters
UA: 28. 9. 1895, Meiningen, Landesmusikfest (2), 21. 11. 1892, Hamburg, (3-6)
Ltg J. Spengel
GA: Bd. XX, 9

Dreizehn Kanons für Frauenstimmen op. 113
Vgl. Einführung

Klarinettentrio a-Moll op. 114
Vgl. Einführung

Klarinettenquintett h-Moll op. 115
Vgl. Einführung

Sieben Fantasien für Klavier op. 116
Vgl. Einführung

Dreizehn Intermezzi für Klavier op. 117
Vgl. Einführung

Sechs Klavierstücke op. 118
Vgl. Einführung

Vier Klavierstücke op. 119
Vgl. Einführung

Zwei Sonaten für Klavier und Klarinette (oder Bratsche) op. 120
Vgl. Einführung

Vier ernste Gesänge op. 121
Vgl. Einführung

Elf Choralvorspiele für Orgel Opus posthum 122
K: Mai 1896, Bad Ischl (1-7), Juni 1896, Bad Ischl (8-11) – E: 1902 – V: Simrock
UA: 24. 4. 1902, Berlin, Sol H. Reimann
GA: Bd. XVI, 4

Werke ohne Opus-Zahl (WoO 1 – 30):

Ungarische Tänze WoO 1 (4 Hefte)
Vgl. Einführung

Scherzo c-Moll (aus der F. – A. – E. – Sonate) für Klavier und Violine WoO 2
Vgl. Einführung

Zwei Gavotten für Klavier WoO 3
K: Frühjahr 1855 – E: 1979 – V: Doblinger
UA: 29. 10. 1855, Göttingen, Sol Cl. Schumann

Zwei Giguen für Klavier WoO 4
K: Januar-Februar 1855, Düsseldorf – E: 1927 – V: B&H
GA: Bd. XV, 8-9

Zwei Sarabanden für Klavier WoO 5
K: Frühjahr 1854 Düsseldorf, Februar 1855 Düsseldorf – E: 1917
V: Deutsche Brahms-Gesellschaft
UA: 14. 11. 1855, Danzig, Sol J. Brahms
GA: Bd. XV, 10-11

51 Übungen für Klavier WoO 6
K: In den fünfziger und sechziger Jahren des 19. Jahrhunderts, vor der
Veröffentlichung nochmals überarbeitet – E: 1893 – V: Simrock
GA: Bd. XV, 31

Choralvorspiel und Fuge a-Moll für Orgel (über »O Traurigkeit, o Herzeleid«)
WoO 7
K: Frühjahr 1858, Hamburg – E: 1882 – V: Beilage zum »Musikalischen
Wochenblatt«
UA: 2. 12. 1882, Wien, Sol J. Labor
GA: Bd. XVI, 4

Fuge as-Moll für Orgel WoO 8
K: April 1856, Düsseldorf – E: 1864 – V: B&H

Präludium und Fuge a-Moll WoO 9
K: Mai 1856, Düsseldorf – E: 1927 – V. B&H
UA: 15. 11. 1929, Berlin, Kaiser Friedrich-Gedächtniskirche, Sol A. Sittard
GA: Bd. XVI, 1

Präludium und Fuge g-Moll WoO 10
K: Februar 1857, Düsseldorf – E: 1927 – V: B&H
UA: 15. 11. 1929, Berlin, Kaiser Friedrich-Gedächtnis-Kirche, Sol A. Sittard
GA: Bd. XVI, 2

Kadenz zum 3. Satz von Bachs Cembalo-Konzert d-Moll, BWV 1052 WoO 11
K: ? – E: 1927 – V: B&H
GA: Bd. XV, 23

Kadenzen zum 1. und 3. Satz von Beethovens 3. Klavierkonzert op. 58 WoO 12
K: 1855, Hamburg – E: 1907 – V: Deutsche Brahms-Gesellschaft
UA: 20. 11. 1855, Bremen, Sol J. Brahms
GA: Bd. XV, 28, 29

Kadenzen zum 1. und 2. Satz von Mozarts Klavierkonzert KV 453 WoO 13
K: Zwischen 1857 und 1859 in Detmold – E: 1927 – V: GA
GA: Bd. XV, 24, 25

Kadenz zum 1. Satz von Mozarts Klavierkonzert d-Moll KV 466 WoO 14
K: Winter 1855/1856, Hamburg – E: 1927 – V: B&H
GA: Bd. XV, 26

Kadenz zum 1. Satz von Mozarts Klavierkonzert c-Moll KV 491 WoO 15
K: Herbst 1861, Hamburg – E: 1927 – V: B&H
GA: Bd. XV, 27

Kleine Hochzeitskantate für vier Singstimmen und Klavier WoO 16
T: G. Keller
K: Juli 1874, Rüschlikon – E: 1927 – V: B&H
UA: Sommer 1874, Hochzeitsfeier von Sigmund und Emilie Exner
GA: Bd. XX, 11

Kyrie g-Moll WoO 17
T: Kyrie aus dem Ordinarium Missae (lateinisch)
K: Frühjahr 1856, Düsseldorf – E: 1984 – V: Doblinger
UA: 18. 10. 1983, Wien, Gesellschaft d. Musikfreunde, Ltg P. Franzmeier

Missa canonica C-Dur WoO 18
T: Ordinarium missae (lateinisch)
K: 1856, Düsseldorf – E: Sanctus, Benedictus, Agnus Dei 1984 – V: Doblinger
UA: Teile um 1856, Hannover; komplett: 18. 10. 1983, Wien

Dein Herzlein mild (Lied für vierstimmigen Frauenchor) WoO 19
T: P. Heyse
K: April 1860, Hamburg – E: 1938 – V: University of Pennsylvania Choral
Series (Nr. 24)

Dem dunklen Schoß der heilgen Erde (Lied für gemischten Chor a cappella)
WoO 20
T: Fr. Schiller (aus:»Lied von der Glocke«)
K: Vor Februar 1880 – E: 1927 – V: B&H

Mondnacht (Lied für eine Singstimme und Klavier) WoO 21
T: J. v. Eichendorff
K: Vor November 1853 – E: 1854 – V: Georg H. Wigand
UA: 31. 10. 1872, Leipzig, Sol Cl. Heinemeyer
GA: Bd. XXVI, 5

Fünf Lieder (Ophelia-Lieder) für eine Singstimme und Klavier WoO 22
T: W. Shakespeare, deutsch A. W. Schlegel
K: November 1873, Wien – E: 1935 – V: G. Schirmer, New York, 1960
    (Schönborn-Verlag Wien)
UA: 22. 12. 1873, Prag, Deutsches Landestheater, Sol O. Precheisen

Regenlied für eine Singstimme und Klavier WoO 23
T: Kl. Groth
K: vor Sommer 1872 – E: 1908 – V: Deutsche Brahms-Gesellschaft

Grausam erweiset sich Amor (Kanon für vier Frauenstimmen) WoO 24
T: J. W. Goethe
K: Vor 1863 – E: 1927 – V: B&H
GA: XXI, 18

Mir lächelt kein Frühling (Kanon für vier gemischte Stimmen) WoO 25
T: ?
K: Sommer 1877, Pörtschach – E: 1881 – V: Leipzig, Musikalisches Wochenblatt
GA: Bd. XXI, 17

O wie sanft (Kanon für vier Frauenstimmen) WoO 26
T: Polnisches Tanzlied
K: Ende der 60ziger, Anfang der 70ziger Jahre – E: 1908 – V: Deulsche
    Brahms-Gesellschaft
GA: Bd. XXI, 19

Spruch: In dieser Welt des Truges (Kanon für eine Singstimme und Bratsche)
WoO 27
T: H. Hoffmann v. Fallersleben
K: 1854/1855 – E: 1927 – V: B&H
GA: Bd. XXI, 21

Töne, lindernder Klang (Kanon für vier Stimmen) WoO 28
T: K. L. v. Knebel
K: Um 1860, 1870 Umarbeitung für 4 gemischte Stimmen – E: 1876
V: Musikalisches Wochenblatt, Leipzig
GA: Bd. XXI, 12

Wann? (Kanon für Sopran und Alt) WoO 29
T: L. Uhland
K: ? – E: 1927 – V: B&H
GA: Bd. XXI, 20

Zu Rauch muß werden (Kanon für vier Stimmen) WoO 30
T: Hairi, deutsche Übersetzung aus dem Arabischen: Fr. Rückert
K: Zwischen 1860 und 1880 – E: 1927 – V: B&H

Volksliedbearbeitungen (WoO 31-38):

Volks-Kinderlieder WoO 31
W: Den Kindern Robert und Clara Schumanns
T: Kretzschmer-Zuccalmaglio (Deutsche Volkslieder mit ihren Original-Weisen)
K: Um 1857, Düsseldorf – E: 1858 – V: Rieter-Biedermann
UA: 27. 2. 1885, Wien, Sol G. Walter (2); 19. o. 20. 2. 1869, Wien, Sol J. Stockhausen (4)
GA: Bd. XXVI, 9

28 Deutsche Volkslieder für eine Singstimme mit Klavier WoO 32
T: Kretzschmer-Zuccalmaglio:»Deutsche Volkslieder mit ihren Original-Weisen«
K: Frühjahr 1858, Hamburg – E: 1926 – V: Deutsche Brahms-Gesellschaft
GA: Bd. XXVI, 5

49 Deutsche Volkslieder (42 für eine Singstimme mit Klavierbegleitung, 7 für vierstimmigen Chor und Vorsänger) WoO 33
T: F. W. Arnold (2, 26, 30, 35, 37, 41, 45), C. F. Becker:»Lieder und Weisen vergangener Jahrhunderte« (24), Fr. v. Spee (42), – alle anderen: Kretzschmer-Zuccalmaglio (»Deutsche Volkslieder mit ihren Original-Weisen«)
K: Im Winter 1893/94 in Wien zusammengestellt, großenteils früher entstanden – E: 1894 – V: Simrock
UA: Zumeist in Wien, zwischen 1889 und 1896
GA: Bd. XXVI, 8

14 Deutsche Volkslieder für gemischten Chor WoO 34
W: Der Wiener Singakademie
T: Aus »Lieder und Weisen vergangener Jahrhunderte« (C. F. Becker), Kretzschmer-Zuccalmaglio:»Deutsche Volkslieder mit ihren Original-Weisen«, D. G. Corner:»Groß-Catolisch Gesangbuch«, K. S. Meister:»Das katholische deutsche Kirchenlied« etc.
K: Winter 1863/64, Sommer 1864 – E: 1864 – V: Rieter-Biedermann
UA: Zwischen Winter 1863 und Winter 1882 vor allem in Wien (Singakademie unter R. Heuberger, Brahms, R. Weinwurm), aber auch in Dresden (Tonkünstlerverein unter F. Wüllner)
GA: Bd. XXI, 10

Zwölf deutsche Volkslieder für vierstimmigen gemischten Chor WoO 35
T: F. W. Arnold (3), alle anderen: Kretzschmer-Zuccalmaglio:»Deutsche Volkslieder mit ihren Original-Weisen«
K: 1863/64 Wien (1-8), Frühjahr 1858, Hamburg (9-12) – E: 1927 (1-8), 1926 (9-12) – V: B&H
UA: 23. 3. 1873, Wien, Singverein, Ltg J. Brahms (8)

Acht deutsche Volkslieder für drei- und vierstimmigen Frauenchor WoO 36
T: Kretzschmer-Zuccalmaglio:»Deutsche Volkslieder mit ihren Original-Weisen«
K: 1859-1862 (für den Hamburger Frauenchor) – E: 1938 – V: University of Pennsylvenia Choral Series, Nr. 23

16 deutsche Volkslieder für drei- und vierstimmigen Frauenchor WoO 37
T: Vor allem aus Kretzschmer-Zuccalmaglio:»Deutsche Volkslieder mit ihren Original-Weisen«
K: 1859-1862 (für den Hamburger Frauenchor) – E: 1964 – V: Bä

20 deutsche Volkslieder für drei- und vierstimmigen Frauenchor WoO 38
T: F. W. Arnold (4, 19), C. F. Becker:»Lieder und Weisen vergangener Jahrhunderte« (15), sowie Kretzschmer-Zuccalmaglio:»Deutsche Volkslieder mit ihren Original-Weisen«
K: 1859-1862 (für den Hamburger Frauenchor) – E: 1968 – V: Northampton, Massachusetts, Smith College Music Archives Nr. XV

Johannes Brahms:
Bearbeitungen von Werken anderer Komponisten:

Instrumental:

1 Fünf Klavierstudien
  I F. Chopin: Etüde op. 25, 2 (für Klavier zu 2 Händen)
  II C. M. v. Weber: Rondo aus der Klaviersonate op. 24 (für Klavier zu 2 Händen)
  III/IV J. S. Bach: Presto aus der Sonate für Violine solo BWV 1001 (für Klavier zu zwei Händen)
  V J. S. Bach: Chaconne aus der Partita für Violine solo BWV 1004 (für Klavier, linke Hand)
  K: 1862, Wien (I), 8. 3. 1852, Hamburg (II), Frühjahr 1877 (III-V)
  E: 1869 (I, II); 1878 (III-V) – V: B. Senff

2 Chr. W. Gluck: Gavotte A-Dur aus der Oper »Iphigénie en Aulide«
  Bearbeitung für Klavier
  W: Clara Schumann
  K: Herbst 1868 – E: 1871 – V: B. Senff

3 J. Joachim: Ouvertüre zu Shakespeares »Hamlet«, d-Moll op. 4
  Bearbeitung für Klavier zu vier Händen
  K: 1853 (unveröffentlicht)

4 J. Joachim: Ouvertüre zu Hermann Grimms »Demetrius« D-Dur op. 6
  Bearbeitung für zwei Klaviere
  K: Dezember 1856, Hamburg (unveröffentlicht)

5 J. Joachim: Ouvertüre zu Shakespeares »Heinrich IV« op. 7
  Bearbeitung für zwei Klaviere
  K: August 1855, Düsseldorf – E: 1902 – V: Simrock

6 F. Schubert: 16 Ländler (D 366) und 4 Ländler (D 814)
Bearbeitung für Klavier zu zwei und vier Händen
K: ? – E: 1869 – V: J. P. Gotthard, Wien

7 R. Schumann: Scherzo aus dem Klavierquintett Es-Dur op. 4
W: Clara Schumann
Bearbeitung für Klavier
K: August/September 1854 – E: 1983 – V: B&H

8 R. Schumann: Klavierquartett Es-Dur op. 47
Bearbeitung für Klavier zu vier Händen
K: Anfang 1855 – E: 1887 – V: A. Fürstner, Berlin

9 J. S. Bach: Choral »Ach Gott, wie manches Herzeleid« aus der Kantate BWV 44
Figurierte Generalbaß-Aussetzung
K: ? – E: 1877 – V: Karl Grädener, Hamburg

10 G. F. Händel: Sieben Duette und zwei Trios
Generalbaßaussetzung
K: ? – E: 1870 – V: Deutsche Händelgesellschaft, Leipzig

11 G. F. Händel: Sechs Duette
Generalbaßaussetzung
K: ? – E: 1880 – V: in Chrysanders Ausgabe der Händelschen Werke

12 F. Schubert: An Schwager Kronos op. 19, 1 (D 369) d-Moll
Bearbeitung für Singstimme und Orchester
K: April 1862, Hamburg – UA: 1863, Hamburg – E: 1933 – V: London, Oxford
University Press

13 F. Schubert: Memnon op. 6, 1 (D 541) Des-Dur
Bearbeitung für eine Singstimme und Orchester
K: April 1862, Hamburg – E: 1933 – V: London, Oxford University Press
UA 1863 Hamburg

14 F. Schubert: Gruppe aus dem Tartarus op. 24, 1 (D 583)
Bearbeitung für Gesang und Orchesterbegleitung
K: 1871, Wien – E: 1937 – V: London, Oxford University Press
UA: 8. 12. 1871, Wien, Akademischer Gesangverein, Ltg E. Frank

15 F. Schubert: Geheimes Opus op. 14, 2 (D 719)
Bearbeitung für Singstimme und Orchester
K: Frühjahr 1862, Hamburg – E: 1933 - V: London, Oxford University Press
UA: 1862 Bremen

16 F. Schubert: Greisengesang op. 60, 1 (D 778)
Bearbeitung für Singstimme und Orchester
K: April 1862, Hamburg – E: 1933 – V: London, Oxford University Press
UA: 11. 10. 1867 Hamburg

17 F. Schubert: Ellens Zweiter Gesang op. 52, 2 (D 838)
1. Bearbeitung: Für Singstimme und Blasinstrumente –
   K: Frühjahr 1862, Hamburg – E: 1933 – V: London, Oxford University Press
   UA: 9. 1. 1914, Philadelphia, Ltg. L. Stokowski
2. Bearbeitung: Für Sopransolo, Frauenchor und Blasinstrumente -
   K: Anfang 1873, Wien – E: 1906 – V: Deutsche Brahmsgesellschaft
   UA: 23. 3. 1873, Wien, Ltg J. Brahms
   GA: Bd. XIX, 8

18 F. Schubert: Große Messe Es-Dur (D 950)
   Klavierauszug
   K: Herbst 1865, Baden-Baden – E: 1865 – V: Rieter-Biedermann

WERK-EINFÜHRUNGEN

Der Brahms-Stil

Der junge Brahms, der, wie wir sahen, ein ausgezeichneter Pianist war, mit scharfem musikalischem Sinn, wenn auch nicht mit absolutem Gehör begabt, begann seine schöpferische Arbeit am Klavier, in den kleinen kammermusikalischen Formen, dem Klavierstück, dem Lied. Dabei prägten sich die wesentlichen Charakteristika seines Personalstiles aus, hier wurden sie auch in den späteren Jahren weiterentwickelt. Die Grundzüge seiner musikalischen Sprache sind frühzeitig voll ausgeprägt: Die enge Verbundenheit zum deutschen Volkslied, die Beziehungen zum großen Vorbild der Klassik, von Beethoven zurückreichend bis Bach, die kräftige Harmonik mit der Vorliebe für mediantische Wendungen, die Führung der Mittelstimmen in Terz- und Sextparallelen, die manchmal geradezu widerborstige Anlage des Rhythmischen. Da ist der Brahmssche Klavierstil und -satz, der sich von dem Liszts und seiner Schule wesentlich unterscheidet. Er knüpft an am späten Beethoven, gewinnt spürbar Anregungen durch die Bekanntschaft mit dem Werk Schumanns, auch Mendelssohns. Im vollgriffigen Akkordspiel, in der kontrastreichen Rhythmik und Metrik steht virtuose und oft höchst anspruchsvolle Technik eisern unter dem Gesetz der musikalischen Logik; Klang, Melos und Stimmigkeit des kontrapunktischen Satzes verbinden sich oft mit pianistisch geradezu unbequemer Konsequenz.

Schon früh sah Brahms für sich die Notwendigkeit, die großen Formen der Tonkunst, die er insbesondere aus den Werken Beethovens kannte und die ihn an Schumanns Werk nachdrücklich anzogen, für sich neu zu erobern. Dabei war ihm das Erbe, das er vorfand, eine gewaltige, auch belastende Verpflichtung. *Du hast keinen Begriff davon, wie es unsereinem zumute ist, wenn er immer so einen Riesen* (gemeint ist Beethoven) *hinter sich marschieren hört* schrieb er an Hermann Levi. Es kam ihm darauf an, nicht nur in den Spuren der älteren Meister fortzufahren, sondern unter veränderten Bedingungen Haltungen und Strukturen in den vorgefundenen Meisterwerke zu nutzen, schöpferisch auszuarbeiten und damit auch zu verwandeln. Dabei war zunächst die Wahl der spezifischen Genres für den langen Weg zu den großen Formen des Vokalsinfonischen, des Sinfonischen und des Konzertanten noch nicht entscheidend: Die ersten Ideen zum späteren d-Moll-Klavierkonzert formten sich als Fortsetzung der Klaviersonaten-Komposition. Das Material des 1. Satzes des späteren Klavierkonzertes wurde für einen ersten Sinfonie-Satz vorgesehen. Ein ursprünglich auch für die 1. Sinfonie gedachter Satz fand andererseits seinen Platz endgültig im Bereich des vokalsinfonischen Genres, im »Deutschen Requiem«, nämlich der berühmte Trauermarsch »Denn alles Fleisch, es ist wie Gras«. Zugleich ist das Ringen um den eigenen schöpferischen Weg eine kritische Auseinandersetzung mit dem Zeitgenössischen um ihn herum, vor allem mit der Schule um Liszt, mit dem weniger durch als um Liszt sich entwickelnden Kult des Virtuosen, des Glänzenden, des äußerlich Wirkungsvollen. Gerade auch in der Auseinandersetzung mit dem Typus der sinfonischen Dichtung Liszts fand Brahms seinen Weg zur Sinfonik, zum Konzert. Dem Zug zur Lösung und Lockerung klassischer Formen setzte er die strenge Architektur nach klassischen Vorbildern bis zurück zu Bach entgegen.

Diese Auseinandersetzung wird vor allem deutlich, wenn man den Orchestersatz, das Klangbild des Brahmsschen Orchesters mit dem seiner Zeitgenossen vergleicht: Viele Errungenschaften des Orchesterklanges seiner Zeit, die Brahms wohl kannte und studiert hatte, finden sich in seinen Partituren nicht. Er verzichtet auf die Farbe als Selbstzweck kompositorischer Struktur, auf Klangmassierungen, Lageneffekte der Bläser und Streicher, meidet damals in hohe Gunst geratene Instrumentalfarben wie die des Englisch Horn, verzichtet auf Effekte des Schlagwerkes. Das Brahms-Orchester schließt sich in der Besetzung dem Beethoven-Orchester an. Manche Instrumente, zum Beispiel die Posaunen, werden für ganz bestimmte, besondere Wirkungen aus- und aufgespart. Das typische Brahms-Instrument ist das Horn, dem der Komponist in den meisten seiner Partituren wesentliche Aufgaben überträgt, als »Klangpolster« wie als thematisch führendes Instrument. Der eigene Klang des Brahms-Orchesters erklärt sich aus der Bevorzugung des mittleren Klangraums. Der Glanz hoch geführter Violinen, das Schmettern hell und hoch geführter Trompeten wird gemieden, ebenso wie das dumpfe Grollen der tiefen Bläser und Streicher. Gemieden wird auch der registerartige Wechsel der Instrumentengruppen, wie wir ihm vor allem bei seinem Zeitgenossen Bruckner begegnen. Die Verdoppelungstechnik des vierstimmigen Satzes, wie sie für die Instrumentation der Klassik beispielsweise im »Cours de composition« von Antonín Rejcha (1818!) fixiert wurde, bestimmt auch den Orchestersatz bei Brahms. Das Neue, die Unterschiede, finden sich weniger im Instrumentatorischen als im Harmonischen. Ein zweiter, wesentlicher Unterschied, der für den Gesamtklang des Brahms-Orchesters Bedeutung hat, liegt darin, daß Brahms etwa im Vergleich zu Beethoven bei Verdoppelungen vorwiegend die Intervallverhältnisse der Obertonreihe berücksichtigt, also vorwiegend Grundton und Quinte, während Beethoven meist mit Terzverdoppelungen arbeitet. Aus diesem Grunde wirkt der Klang des Brahms-Orchesters weicher als der des Beethoven-Orchesters, verbindet sich bei Brahms der instrumentale Aufwand der Klassiker mit dem Klangbild des 19. Jahrhunderts auf einmalige Weise, wird eine besondere Synthese von Farbe und Zeichnung gefunden.

Von Beethoven hat Brahms als Grundprinzip das der Variation, der Entwicklung der Themen, der musikalischen Gedanken übernommen. Die intensive Beschäftigung mit der Musik früherer Zeiten, vor allem der Johann Sebastian Bachs, führt bei ihm zu besonderer Sorgfalt in der Gestaltung der Baßlinien als Fundamente der Komposition. Aufschlußreiches zur Form der Variation steht in einem Brief an Joachim, geschrieben während seiner Arbeit am 1. Klavierkonzert: *Ich finde, sie müßte strenger, reiner gehalten sein. Die Alten behielten durchweg den Baß des Themas, ihr eigentliches Thema streng bei. Bei Beethoven ist die Melodie, Harmonie und der Rhythmus so schön variiert. Ich muß aber manchmal finden, daß Neuere (wir beide!) mehr (ich weiß nicht rechte Ausdrücke) über das Thema wühlen. Wir behalten die Melodie ängstlich bei, behandeln sie aber nicht frei, schaffen nicht eigentlich Neues daraus, sondern behalten sie nur.*

Brahms' Konzept der »Neugründung« des Sinfonischen durch Anknüpfen an der klassischen motivisch-thematischen Arbeit, die aber zur »entwickelten Variation« gewandelt ist, hat Mathias Hansen überzeugend so beschrieben: »Ausgangspunkt ist ein motivischer Kern, in der Regel eine Intervallbeziehung, die, für sich genommen, gewissermaßen ›bedeutungslos‹ ist, erst durch ihre logische Entfaltung, deren Ergebnis nichts weniger als ein gesamtes Werk bildet, ›Bedeutung‹ erlangt. Der motivische Kern kristallisiert sich in einer ›Impulsthematik‹, wobei für Brahms zum Problem wird, deren unterschiedliche Energien aufeinander abzustimmen: Aus transitorischem Motiv-›Impuls‹ und in sich abgeschlossener Lied-›Thematik‹ eine sonatische Entwicklungsdramaturgie zu schaffen. Brahms löst dieses Problem, das in seiner Kammermusik vorgegeben war und von ihr aus in die Orchestermusik eindrang, durch ein erhebliches Maß an ›künstlicher Weiterbildung der Substanz‹, vorrangig also durch entwickelnde Variation. Und Brahms' Größe besteht nicht zuletzt darin, daß bei dieser Weiterbildung die Kunst kaum zu merken ist, daß alle gedankliche Anstrengung ›frei und natürlich‹ wirkt.«

Von besonderer Bedeutung für Brahms' Personalstil ist, daß er für die Vokal- wie für die Instrumentalmusik auf einen Vorrat an Intonationen zurückgreift. Ihnen sind bestimmte Bedeutungsgehalte zugeordnet, die uns wiederum helfen, der Aussage der Musik dieses Komponisten näherzukommen: Da ist der Intonationsfonds aus der deutschen Volksmusik, aus dem Brahms seine Liedmelodien wie seine Instrumentalthemen gewinnt. Das Melos, das in weichen Sextfolgen dahinfließt, ist stets Ausdruck innigen Fühlens, erfaßt Gedanken der Liebe, der Freundschaft. Auch für den Ausdruck des Heiteren nutzt der Komponist mit Vorliebe Intonationen des deutschen Volksliedes. Wichtig wird die Gestaltung heiterer Unbeschwertheit im musikalischen Symbol der Natur: Schalmeienklänge wie in der dritten Sinfonie oder reine Dreiklangsgesänge wie in der zweiten Sinfonie stehen dafür. Später finden sich zunehmend Haltungen des Schmerzes, der Resignation in seinen Werken. Und an die Stelle aktiven, aufrüttelnden Aufbegehrens tritt die musikalische Gebärde des Trostes, des resignierenden Sichzurückziehens in die persönliche, die private Sphäre, in der nach seiner Vorstellung die Menschlichkeit bewahrt bleibt. Auch für die Haltungen des Schmerzes, der Todessehnsucht, der Resignation hat der Komponist einen ganz bestimmten, charakteristischen Intonationsfonds entwickelt. Wichtig werden dafür schmerzlich in die Tiefe sinkende melodische Linien, in den Liedern ebenso zu finden wie in seiner Instrumentalmusik. Charakteristisches Beispiel ist jenes »Todessymbol« aus absteigenden Terz-Intervallen, aus dem der Komponist in seiner letzten, der 4. Sinfonie, die zentralen Themen bis zur Passacaglia des Finales entwickelt und die er dann noch ein letztes Mal in den »Vier ernsten Gesängen« benutzt hat:

Diese Haltung prägt die Sprache der späten Kammermusik von Brahms, seiner »letzten Monologe«, etwa in den Intermezzi op. 107, den 6 Klavierstücken op. 118, den 4 Klavierstücken op. 119. Das führt zu einer erstaunlichen Auflösung der Tonalität, zu einer Nutzung von freien Dissonanzen, wie sie zuvor bei Brahms nicht zu finden war. Zum ersten Stück aus op. 119 meinte der Komponist in einem Brief an Clara Schumann: *Es wimmelt von Dissonanzen! – Das kleine Stück ist ausnehmend melancholisch, und ›sehr langsam spielen‹ ist nicht genug gesagt. Jeder Takt und jede Note muß wie ritard. klingen, als ob man Melancholie aus jeder einzelnen saugen wolle, mit Wollust und Behagen aus besagten Dissonanzen!*

Aber nicht nur der Stil des späten Brahms hat dafür gesorgt, daß dieser Komponist den Ruf eines Bewahrers des »Alten« allmählich für die Nachwelt verloren hat. Arnold Schönberg, einer der Väter der Musik des 20. Jahrhunderts, als junger Mann und Schüler Alexander Zemlinskys für Brahms ebenso begeistert wie für Richard Wagner, hat 1933, anläßlich des 100. Geburtstages des Norddeutschen in einem Aufsatz auf die Bedeutung von Brahms für die Musikentwicklung der kommenden Zeit hingewiesen. Sein Text erschien zuerst in englischer Sprache unter dem bewußt provozierenden Titel »Brahms – the Progressive«. Hier wird Brahms' Konzept der »entwickelnden Variation« als wichtige Voraussetzung für Kompositionsverfahren, die im 20. Jahrhundert benutzt wurden, dargestellt. Schönberg schreibt: »Es scheint mir, daß der Fortschritt, an dem Brahms arbeitete, die Komponisten hätte anregen sollen, Musik für Erwachsene zu schreiben. Reife Menschen denken komplex, und je höher ihre Intelligenz ist, um so größer ist die Anzahl der Komplexeinheiten, mit denen sie vertraut sind.« Und er belegt mit Beispielen aus Brahms' Werken seine These: »Es ist die wichtigste Fähigkeit eines Komponisten, einen Blick auf die entfernteste Zukunft seiner Themen und Motive zu werfen. Er muß imstande sein, die Folgen der in seinem Material existierenden Probleme im voraus zu kennen und alles dementsprechend zu organisieren. Ob er dies bewußt oder unbewußt tut, ist Nebensache. Es genügt, wenn das Resultat es beweist.«

So wirkt Brahms' musikalischer Stil auch in die Zukunft. Wir erkennen seinen Einfluß bei unmittelbaren Nachfolgern, beim frühen Zemlinsky, bei Schönberg, bei Max Reger, dem jungen Richard Strauss, aber auch beim frühen Hindemith. Und wir erleben in unserem Jahrhundert, wie es bedeutende Komponisten immer wieder reizt, sich im eigenen Werk mit Brahms auseinanderzusetzen. Das gilt nicht nur für Arnold Schönberg, der das Brahmssche Klavierquartett g-Moll op. 25 für Orchester setzte, sondern auch für Jüngere wie zum Beispiel den Polen Krzysztof Meyer (geb. 1943) mit seiner »Hommage à Johannes Brahms« für Orchester oder Mauricio Kagel.

ORCHESTERWERKE

1. Sinfonie c-Moll op. 68

Besetzung: 2 Fl, 2Ob, 2Kl, 2Fg, Kfg; 4Hr, 2Trp, 3Pos; Pk; Str
Aufführungsdauer: 41'
Erschienen: 1877, Simrock. – GA: Serie I, Bd. 1; NGA: Serie I, Bd. 1

Um seine erste Sinfonie hatte Brahms reichlich anderthalb Jahrzehnte gerungen. Bruder und Stiefmutter erklärten später freilich, der Komponist habe schon vor seiner »Ersten« mehrere Sinfonien geschrieben. Teile der c-Moll-Sinfonie entstanden jedenfalls bereits 1855 (Brahms war 22 Jahre alt), zu der Zeit, als sich aus einer Sonate für zwei Klaviere ein Sinfonie-Satz, endlich das erste Klavierkonzert d-Moll entwickelte. Jahre später reifte der erste Satz der »Ersten«, zunächst noch ohne die später hinzugefügte langsame Einleitung. Im Juni 1862 erhielt Clara Schumann ein Albumblatt mit dem textierten »Alphornthema« des letzten Satzes (»Also blus das Alphorn heut«). An diesem Finale arbeitete er 1874 in Rüschlikon in der Schweiz und schloß es zwei Jahre später auf Rügen ab. Zweiter und dritter Satz erblickten danach in Hamburg und Lichtenthal das Licht der Welt. Im September und im Oktober 1876 wurde das Ganze Clara Schumann vorgespielt. Die erste Aufführung gab es am 4. November 1876 im Großherzoglichen Hoftheater zu Karlsruhe unter Otto Dessoff. Es wurde aus dem Manuskript gespielt.

Hans von Bülow hat die 1. Sinfonie des nun dreiundvierzigjährigen Brahms als »Beethovens Zehnte« bezeichnet. In dem Bonmot steckt Wahrheit. Mit Nachdruck bekannte sich Brahms hier zur Ideenwelt des Klassikers, dessen dramaturgische Konzeption von »Durch Nacht zum Licht« er aufgreift, sie aber auf neue sinfonische Weise erprobt. Zum Verstehen dieser Sinfonie ist nicht nur das Erkennen der Verbundenheit mit der Beethoven-Tradition wichtig, sondern gerade auch das Erkennen jener Züge, in denen sich das Werk vom großen Vorbild unterscheidet.

Herbe, kämpferische Auseinandersetzungen erfüllen den *ersten Satz.*

In der 37taktigen Einleitung (Un poco sostenuto, 6/8, c) werden thematische Keimzellen des Ganzen exponiert. Das eingangs erklingende chromatisch drängende Motiv über pochenden Achteln auf Tonika-C und Dominant-G in der Pauke und eine später in den Violinen intonierte Figur

zeichnen nicht nur das im *Allegro*-Hauptsatz sogleich eintretende erste Thema vor, mit chromatischen Bläserschritten am Beginn und anschließender, kraftvoller Streichermelodik:

Sie exponieren ein gestalterisches Grundprinzip der ganzen Sinfonie: den Konflikt schaffenden Kontrast von drängender Chromatik und energisch akzentuierter Dreiklangsmelodik. Dieser Kontrast bestimmt zunächst die Auseinandersetzungen im ersten Satz, dessen lyrisches Seitenthema mit gleichsam bittender Geste von der Oboe vorgetragen wird:

Im Durchführungsteil wendet Brahms sein Hauptthema immer mehr vom Konflikthaft-Drängenden ins Zielklar-Kämpferische, musikalisch charakterisiert durchs Vorherrschen der Dreiklangsgestalt, die denn auch von den Trompeten signalartig geschmettert wird. Nach der Reprise und einer weiteren kurzen Durchführung endet der Satz, verklingend mit einer Erinnerung an die Einleitung.

Die beiden Mittelsätze hat der Komponist kurz vor der Uraufführung noch einmal energisch gestrafft. *Hoffentlich merkt man nicht, daß nur gewaltsam gekürzt ist. Das Finale verlangt die Rücksicht,* erklärte er Otto Dessoff. Beide stehen als liebliche und graziöse Intermedien zwischen den monumentalen Ecksätzen. Im *Andante sostenuto* (3/4, E-Dur) klingen innig liedhafte Weisen auf, zu Beginn in den ersten Violinen, später in der Oboe:

An die Chromatik des ersten Satzes und auch die Dreiklangsmotivik wird im schmerzlicheren Mittelteil erinnert, ehe am Schluß, bei Wiedereintritt des Liedthemas, der süße Klang einer Solo-Violine in hoher Lage das kammermusikalisch transparente Bild des Satzes stimmungsvoll rundet. Der *dritte Satz* (Un poco Allegretto e grazioso, 2/4, As) gehört zum Typ der für Brahms charakteristischen Intermezzi. Liedhaft klingt eine Klarinettenweise auf:

Sie wird dann in der Umkehrung wiederholt. Tänzerisch punktierte Bewegung tritt hinzu. Im Mittelteil deuten signalartige Wendungen bereits auf das *Finale*. In ihm vollzieht sich nun der eigentliche Durchbruch »zum Licht«, anders als bei Beethoven, der meist das ganze Finale als Triumphgesang gestaltet. Eine langsame Einleitung (Adagio, 4/4, c) bringt zunächst die Moll-Variante des späteren Allegro-Hauptthemas. Dann kommt es zur entscheidenden Wende: Più Andante ertönt über wogenden Streichern eine Hornmelodie (das »Alphorn-Thema«), dem sich die Posaunen in dreistimmigem Choral anschließen:

Über die von Brahms hier sehr bewußt eingesetzten Intonationsebenen von Lied und Choral vollzieht sich in der Sinfonie der Übergang zur Lösung. Hier wirken andere Kräfte als der »Eclat triomphal« Beethovens. Der Unterschied ist wichtig. Zeigt er doch, wie Brahms auf weniger mittelbare Weise zu seinem Triumphgesang im Finale gelangt: Beethovens Finali antizipierten die Vision einer revolutionären Menschheitsbefreiung. Nun wird ein Ideal beschworen, das ersehnt, aber nicht mehr unmittelbar gefordert werden kann.

Das Allegro non troppo, ma con brio, 4/4, C, (siehe Beispiel) beruft sich dann aber um so nachdrücklicher auf das Vorbild Beethoven. Sein von den Violinen angestimmtes feurig-pastoses Thema erinnert durchaus absichtsvoll an die Freudenmelodie der Beethovenschen 9. Sinfonie. Mit diesem Thema wird das Finale zu sieghaftem Glanz gesteigert. Hornthema und Choral kehren in der Reprise noch einmal wieder, ehe Più Allegro eine jubelnde Stretta das Ganze beschließt.

2. Sinfonie D-Dur op. 73

Besetzung: 2 Fl, 2Ob, 2Kl, 2Fg; 4 Hr, 2 Trp, 3 Pos, Btb; Pk; Str

Aufführungsdauer: 43'

Erschienen: 1878, Simrock. – GA: Bd. I, Nr. 2

Während Brahms noch am vierhändigen Arrangement seiner 1. Sinfonie arbeitete, begann er im Juni 1877 während des Sommeraufenthaltes in Pörtschach am Wörther See bereits mit seiner 2. Sinfonie. Freund Hanslick kündigte er an, er werde ihm im Winter eine Sinfonie vorspielen, die *heiter und lieblich* klingt. Den ersten Satz spielte er bereits im Oktober Clara Schumann am Klavier vor. Am 30. Dezember 1877 kam es in Wien zur Uraufführung unter Hans Richter.

Diese 2. Sinfonie Brahms' ist in vieler Hinsicht ein Gegenstück zur ersten. Herbheit und kämpferischer Trotz des c-Moll-Werkes werden durch lichte, naturhafte Stimmungen abgelöst. Doch heroische Züge der ersten Sinfonie klingen durchaus auch in der zweiten an. Zudem aber wirken neue Lieder, die nach der Ersten entstanden sind, ein. Während weniger Monate wird das Werk niedergeschrieben. Brahms kommentierte: *der Wörthersee ist ein jungfräulicher Boden, da fliegen die Melodien, daß man (sich) hüten muß, keine zu treten.* Nicht zufällig hat man dieses Werk auch als »Pastorale« von Brahms bezeichnet. Im Oktober des gleichen Jahres wurde die Partitur in Lichtenthal bei Baden-Baden abgeschlossen. Der Erfolg der ersten Aufführungen blieb dieser Sinfonie auch in der Folgezeit treu.

Das Werk beginnt – ohne eine langsame Einleitung wie in der ersten Sinfonie – sogleich mit dem Allegro non troppo, 3/4, D des *ersten Sonatensatzes*. Dennoch gibt es einen konstruktiven Bezug zur Vorgängerin:

Wieder stellt der Komponist ein Keimmotiv an den Beginn, das für die ganze Sinfonie Bedeutung gewinnt. Aus dem dreitönigen Sekundmotiv der Bässe wächst das gesamte sinfonische Geschehen. Dann setzt ein von den Hörnern eröffneter, ruhevoller und liedhafter Gesang ein, das erste Thema, das von den Streichern in weit geschwungenem Melodiebogen zu Ende geführt wird. Hörnerklang und Hörnermelodien sind in vielen Werken von Brahms Sinnbild friedvoller Natur. Sie eröffnen hier den inhaltlichen Zugang zum Werk. Wir verstehen dies ganz, wenn wir berücksichtigen, daß die Natur für Brahms »nicht bloß Frieden und Heiterkeit, sondern Freiheit verkörpert« (Knepler). Im ersten Satz der zweiten Sinfonie rücken aus dem Keimmotiv abgeleitete kraftvolle Akzente das Geschehen immer wieder ins Energisch-Gestraffte. Aus diesem im Hauptthema verborgenen Gegensatz werden die aktivierenden Kräfte der musikalischen Entwicklung gewonnen. Bratschen und Celli ergänzen das sinfonische Bild mit dem innigen, wie eine Liedweise in Terzen gesungenen Seitenthema, einem für Brahms charakteristischen Trostgedanken:

Nach kämpferisch-aktiver Durchführung bringt eine sanft absteigende Tonskala der Flöten und Oboen in der Überleitung zur Reprise die Verstärkung der Haltung beruhigenden Trostes: Kämpferische Aktivität führt nicht zur heroischen Lösung, sondern zu innigem Sich-Bescheiden. Mit den die Coda einleitenden Hörnern wird das klingende Sinnbild friedvoller Natur wieder in den Vordergrund gerückt.

Dem Gedanken des Trostes ist bei Brahms oft Spannung schaffend der der Resignation zugeordnet. Ihr verleiht die Cello-Kantilene des *zweiten Satzes* (Adagio non troppo, 4/4, H) Ausdruck:

Sie ist mit einer chromatischen Gegenstimme, zunächst im Fagott, verbunden. Horn, Oboen und Flöten lichten mit volksliedhaft schlichter neuer Melodik die Stimmung auf. Spannung dagegen entsteht im Mittelteil durch bewegte Streicherfiguren.

Den *dritten Satz* (Allegretto grazioso <Quasi Andantino> 3/4, G) beherrscht ein Thema, das die Oboen in graziösem Menuett-Rhythmus anstimmen:

Auch diesem Thema liegt die Sekundbewegung des Keimmotivs der Sinfonie zugrunde. Wie Brahms das Spiel mit dem Sekundintervall, vor allem im lockeren Vorschlag am Ende des ersten Taktes, hier aufgreift, das ist für die Aussagehaltung des ganzen Satzes wichtig: Dem gleichmäßigen Ausschwingen der Melodik im ersten Satz folgt nun tänzerisch-freundliches Musizieren mit reizvollem Betonen des letzten Taktteiles. Die Dreiton-Gruppierung des Keimmotivs erhält eine neue, heiter-beschwingte Gestalt. Das Thema des Allegretto grazioso wird zweimal variiert (presto ma non assai) und bekommt den bei Brahms nicht seltenen vitalen ungarischen Einschlag. Beim ersten Presto-Abschnitt (Wechsel von 3/4 zu 2/4-Takt) wird die eigenwillige Akzentuierung durch Betonen des letzten Achtels im Takt beibehalten. Im zweiten Presto-Abschnitt (nun 3/8-Takt) erfolgt dagegen die Betonung mit Nachdruck auf dem 1. Taktteil. Gerade hier geben ständig eingesetzte Synkopierungen den ungarischen Akzent. »Für Brahms war Zeit seines Lebens der ungarische ›Ton‹ verbunden mit der Vorstellung stolzen, unabhängigen Mannesmutes« (Knepler).

Im *Finale* (Allegro con spirito, Alla breve, D) wird der befreiende und zuversichtliche Ausklang vor allem dadurch erreicht, daß Brahms die Hauptthemen zuerst verhalten, leise, einsetzt, um sie bei der Wiederholung dann in ihrer aktiven, schwungvollen Grundgestalt kräftig zu präsentieren. Das erste Thema:

Aus dem zweiten Thema

werden in der Durchführung rhythmisch akzentuierte neue Gedanken gewonnen, und in der Reprise bildet dieses Thema gar das Fundament des jubelnden Schlusses.

3. Sinfonie F-Dur op. 90

Widmung: Seinem herzlich geliebten Hans von Bülow in treuer Freundschaft
(Widmung des Autographs)
Besetzung: 2 Fl, 2 Ob, 2 Kl, 2 Fg, Kfg; 4 Hr, 2Trp, 3 Pos; Pk; Str
Aufführungsdauer: 36'
Erschienen: 1884, Simrock – GA: Bd. II, Nr. 1

Nach mehrjähriger Pause schrieb Brahms, fünfzigjährig, seine dritte Sinfonie. Sie entstand im Sommer 1883 in Wiesbaden, Teile dürften schon früher vorgelegen haben. Am 2. Dezember 1883 kam es in Wien zur Uraufführung unter Hans Richter.

Das Werk ist wieder von ernsten Auseinandersetzungen erfüllt, zeigt den Komponisten auf der Höhe seiner Meisterschaft. Den Zugang zu seinem Ideengehalt erschließt sogleich der Beginn des *ersten Satzes* (Allegro con brio, 6/4, F): Die Bläser stellen in gewichtigen Akkorden eine Devise voran, die in alle Sätze wirkt, deren Haupttöne (f – a<s> – e) der junge Brahms als Lebensmotto des Freundes Joseph Joachim kennenlernte (»frei, aber einsam«). Im anschließenden, von den Violinen vorgetragenen stürmischen Hauptthema ergeben dann die Spitzentöne (x) das Tonsymbol in seiner originalen Gestalt, mit dem e am Ende:

Deuten wir die Töne f – a(s) – f als das f – a – e variierend und als optimistische Ableitung: *frei*, aber *fr*oh, so ergibt sich aus der Struktur der ersten Takte des Satzes sogleich ein hernach sinfonisch ausgetragener Konflikt: Die Spitzentöne der Violinen intonieren f – a(s) – e, die Bässe stellen in aufsteigender Gegenbewegung die optimistische Variante f – a(s) – f dagegen. Diese gedankliche wie musikalische Dialektik wird von Brahms auch sofort in der Exposition entwickelt und vertieft, während die Durchführung, klassischer Ort großer Auseinandersetzungen, daneben verhältnismäßig geringes Gewicht behält. Dem Hauptthema tritt in der Exposition eine von den Klarinetten angestimmte lyrische Kantilene als 2. Thema zur Seite.

Wesentlicher erscheint noch die Reprise. Sie wird bedeutungsvoll ausgebaut. Von den Hörnern vorbereitet, wird das leidenschaftliche Hauptthema nun Un poco sostenuto in sanftes, mildes Licht gerückt, ehe die Devise harmonisch verschärft wieder auftritt und die eigentliche Reprise vorbereitet. Der in diesem Satz aufgeworfene »Konflikt zwischen Aktivität und Resignation, zwischen Aufbegehren und Sich-Bescheiden« (Knepler) wird erst im letzten Satz gelöst. Sanft verklingende Streicherklänge beschwören am Ende noch einmal den Gedanken f – a – f: Aller Kampf mündet in »Sich-Bescheiden«.

Brahms, der die Widersprüche seiner Zeit damals immer schmerzlicher empfand, ohne ihre tieferen gesellschaftlichen Ursachen zu erkennen, sah in solcher Haltung des Sich-Bescheidens, des Subjektivierens der großen klassischen Humanitätsideale den einzigen Weg, ihnen treu zu bleiben. Das ist eine schwer errungene, immer wieder kämpferisch in Zweifel gezogene Haltung. Kaum ein Werk zeigt uns das deutlicher als diese 3. Sinfonie. Ist doch gerade ihr *Finale* (Allegro, alla breve, f) ein Satz heroischen Ringens, wiederum im Gegensatz zur klassischen sinfonischen Tradition, die dem Finale die Aufgabe sieghaften Triumphierens stellte und die Konflikte im wesentlichen im 1. Satz austrug. Hier wird das zunächst piano, in unheimlich wirkenden Unisonogängen der Streicher vorgetragene Hauptthema

p e sotto voce

zum Gegenstand großangelegter, tragischer Koflikte in meisterlich genutzter sinfonischer Durchführungstechnik. Der Unisono-Melodie stellt Brahms einen Kampfgesang von geradezu revolutionärer Eindringlichkeit gegenüber,

ehe Un poco sostenuto die beschriebene sinfonische Lösung erreicht wird.

Nicht zufällig klingt im *zweiten Satz* Andante (4/4, C) in den von den Klarinetten vorgetragenen Schalmeiengesängen eine jener Stimmungen an, nämlich die Besinnung auf Schönheit und Frieden der Natur, die Brahms immer wieder als Tröstung für den von den Widersprüchen des Lebens gezeichneten Menschen erblickte:

p semplice

In diese Idylle mischen sich trauermarschähnliche Episoden, denen die
Devise der ganzen Sinfonie thematisch zugrunde liegt.

Auch in den *dritten Satz*, ein intermezzoartiges Poco Allegretto (3/8, c)
klingt diese Devise hinein, aber nur wie von fern, in den Begleitstimmen.
Dafür tritt eine innige Cello-Kantilene in den Mittelpunkt, die kunstvoll
fortgesponnen und variiert wird.

mezza voce, espressivo

Von besonderer Poesie ist sie am Beginn der Reprise, wenn das 1. Horn
sich ihrer annimmt. Hier wird die Stimmung friedvollen Sich-Bescheidens
in Trost und Verhaltenheit, der Sphäre des Volksliedes eng verhaftet, musikalisch besonders eindrucksvoll erfaßt. Es liegt an der spezifischen sinfonischen Konzeption Brahms', daß er sie dann im *Finale* (Allegro, alla
breve, f) noch einmal nachdrücklich in Frage stellt, um endlich doch wieder zu ihr zurückzukehren.

4. Sinfonie e-Moll op. 98

Besetzung: Pic, 2 Fl, 2 Ob, 2 Kl, 2 Fg, Kfg; 4 Hr, 2 Trp, 3 Pos; Pk, Trgl; Str

Aufführungsdauer: 44'

Erschienen: 1886, Simrock – GA: Bd. II, Nr. 2

Mit zweiundfünfzig Jahren vollendete Johannes Brahms seine vierte und
letzte Sinfonie, dreizehn Jahre vor seinem Tode. Sie wurde 1884/85 in
Mürzzuschlag geschrieben. Wenige Monate später, am 25. Oktober 1885,
fand in Meiningen die Uraufführung unter der Leitung des Komponisten
statt. Blickt man zurück auf das sinfonische Gesamtwerk des Meisters, so
lassen sich Tendenzen inhaltlicher Art erkennen, die den Blick zum Verständnis seiner letzten Sinfonie schärfen. Da war die beethovennahe
c-Moll-Sinfonie, in der die klassische »Durch Nacht zum Licht«-Konzep-
tion unter gewandelten historischen Bedingungen noch einmal erprobt
wurde. Als Schwesterwerk folgte die D-Dur-Sinfonie, in der sich Kämpfe-
risches mit Pastoralem mischte, in der der Gedanke des Sich-Zurückzie-
hens aus den Widersprüchen des Lebens in der spätbürgerlichen Ära zu

Trost und Frieden eine Rolle spielte. Und da war schließlich die Vorgängerin des e-Moll-Werkes, mit dem Hinweis auf die Jugend-Devise »Frei, aber einsam«, mit neuem, kämpferischem Ringen, das dann in stilles Sich-Bescheiden mündete. Für Brahms waren Sinfonien nach Haydn bekanntlich Angelegenheiten auf Leben und Tod. Und nun, 14 Jahre nach der deutschen Reichsgründung »von oben« waren für Brahms zugleich alle Hoffnungen auf die Verwirklichung der demokratischen und patriotischen Ideale seiner Jugend zerstört. Geradezu einen Schlüsselsatz zum Verständnis seiner Arbeiten in jenen Tagen hat er 1884 einem Freunde mitgeteilt: *Es ist wirklich traurig und jammerschade, nicht bloß um die Musik, um das ganze schöne Land und die schönen, vortrefflichen Menschen.*

In seiner letzten Sinfonie zieht Brahms nun ein tragisches Fazit: Der Kampf »auf Leben und Tod« ist zu Ende. Der Tod hat gesiegt. Georg Knepler wies darauf hin, »mit welch erschütternder Eindeutigkeit Brahms in ihr vom tätigen Leben und Handeln Abschied nimmt«. Nach einem solchen Werk hatte der Sinfoniker Brahms in der Tat nichts mehr zu sagen. Und die Vokal- und Instrumentalwerke der folgenden Jahre bezeugen, daß es sich um zunehmend schmerzlich-resignierende, von der Welt jener Zeit sich abwendende, betont eigenbrötlerisch-subjektive Kompositionen handelt.

Brahms' letzte Sinfonie ist seine umfangreichste, in der Entwicklung zugleich konzentrierteste. Schon das ohne jede Vorbereitung in den Violinen einsetzende Hauptthema

macht deutlich, worum es hier geht: Die absinkende Terz h-g und die anschließende Tonfolge e-c werden später im dritten seiner »Vier ernsten Gesänge« wieder erscheinen, hier zu der biblischen Textzeile »O Tod, wie bitter bist du«. Charakteristischerweise wechseln aber im Sinfonie-Thema abwärts- und aufwärtsführende Intervallschritte, anders als an der erwähnten Parallelstelle. So birgt bereits dieses Thema des *ersten Satzes* (Allegro non troppo, alla breve, e) einen Konflikt in sich: Noch wird der Todesgedanke nicht schmerzlich hingenommen wie im späteren Lied, noch sucht die melodische Entwicklung nach einem Ausweg, setzt sie sich zur Wehr. So kommt es auch in der weiteren Entwicklung zu jenem aufrüttelnden Fis-Dur-Signal der Bläser,

dem ein energischer Streichernachsatz folgt. Aber der »Kampf auf Leben und Tod« setzt keinen Augenblick aus. Darum klingt auch in die innige Seitenmelodie der Celli das Hauptthema ständig hinein. Ein solcher Satz kann weder in Entsagung noch in Triumph enden. Brahms schließt nach der Reprise denn auch mit einer trotzigen Fortissimo-Gebärde. Sie führt über die »Stationen« der Mittelsätze dramaturgisch in das Ende, für das dann der ganze Finalsatz steht.

Das Hornthema Anfang des *zweiten Satzes* (Andante moderato, 6/8, E)

umspielt nicht zufällig wiederum die Terz des »Todesgedankens«, und sie tut es erneut im »suchenden« Wechsel auf- und absteigender Linienführung. Dieser Motto-Gedanke, in seiner phrygischen Anlage herb und wehmütig zugleich, wird beim Wechsel zu den Streichern in mildes E-Dur-Licht gerückt. Tragische Mahnung und tröstliches Erinnern stehen einander gegenüber. Eine innige Klarinettenmelodie ergänzt dieses Bild. Die Gegenüberstellung wird noch vertieft, wenn in Sechzehntel-Triolen die Signalmotivik des ersten Satzes nun wieder aufklingt und danach die Celli einen sanften H-Dur-Gesang anstimmen, der uns Brahms' innige Verbundenheit mit dem Volkslied in Erinnerung ruft. Tröstlich verklingt dieser Satz. Um so jäher wandelt sich das Bild im folgenden *dritten Satz* (Allegro giocoso, 2/4, C), der nach hellem, scharfem C-Dur gerückt, mit seiner wilden Bewegung, seinem plötzlichen Stocken, den in Brahmsscher Sinfonik sonst nicht zu findenden grellen Triangeleffekten, den wuchtig ausholenden Bläser- und Streicherakkorden ein bei diesem Komponisten ganz neuer Satztyp ist, grell, bösartig im Grundcharakter. Thematisch wird alles durch den eröffnenden Hauptgedanken verklammert. Züge eines verzweifelten, fast grotesken Humors sind zu erkennen.

An die Akkordblöcke in diesem Scherzo erinnert der Beginn des *Finale* (Allegro energico e passionato, 3/4, e). Hier aber wird nun etwas ganz anderes gesagt. Dieses Thema exponiert unter drängenden Akkordblöcken der Bläser zunächst absteigende Terzschritte. Die Todesthematik des ersten Satzes wird aufgegriffen, nun aber nicht mehr in leidenschaftlichem Suchen nach Ausweg oder gar Erlösung. Hier hat der Gedanke des Todes gesiegt. Die gewaltigen Bläserakkorde der ersten acht Takte stellen diese Erkenntnis mit unerbittlicher Konsequenz an den Satzbeginn:

An ihr ist nicht mehr zu rütteln. Darum nutzt Brahms die Baßlinie dieser acht Takte als Passacaglia-Thema – eine große kontrapunktische Tradition der Bach-Händel-Zeit aufgreifend -, das 31mal wiederkehrt, als Fundament von mit höchster Meisterschaft geformten Variationen. Die Variationsform der Passacaglia oder Chaconne wird in diesem Satz überdies mit der Sonatenform verbunden. Daraus resultiert eine Betonung des Gedanklich-Konstruktiven. Das nach Veränderung drängende Sonatenprinzip ist dramaturgisch konsequent eingeschmolzen in die beharrende Gesetzmäßigkeit der Chaconne, in der einmal Festgestelltes nicht mehr veränderbar, sondern nur variativ ausdeutend in immer neuer Sicht gezeigt wird. Wir hören: Auf dem Höhepunkt und zum Abschluß seines sinfonischen Schaffens gelingt es Brahms, die großen Gestaltungsprinzipien der Klassiker seinem Ausdruckswillen noch einmal mit allem Nachdruck zuzuordnen. Was er hier zu sagen hat, ist die tragische Erkenntnis vom eigenen Unvermögen, in seiner Zeit nach dem Vorbild der Klassiker im Sinne der Humanität wirksam zu werden, ist der Gedanke des Todes weniger im physischen Sinne denn als Symbol des nicht mehr lösbaren Widerspruchs zwischen spätbürgerlicher Welt und den Humanitätsidealen eines den Klassikern verpflichteten Künstlertums. Die machtvollen, herben Klänge der Coda setzen damit nicht nur den Schlußpunkt unter diese Sinfonie. »Brahms wandte sich vom Leben in einem geistigen Sinne ab. In solcher Haltung, das verstand er allzu genau, ließ sich keine Sinfonie mehr schreiben. Hatte er ihr keine Botschaft weltzugewandter Aktivität mitzugeben, mußte er als Sinfoniker verstummen.« (Georg Knepler)

Serenade D-Dur op. 11

Besetzung: 2 Fl, 2 Ob, 2 Kl, 2 Fg; 4 Hr, 2 Trp; Pk; Str

Aufführungsdauer: 35'

Erschienen: 1860, Breitkopf & Härtel – GA: Bd. IV, Nr. 1

Diese Serenade entstand während der Detmolder Zeit, als Brahms sich mit Sinfonien, Serenaden und Divertimenti Haydns und Mozarts beschäftigte. Zunächst gab es eine Fassung für kleines Orchester, die später verschollen ist. Auf Anregung des Geiger-Freundes Joseph Joachim ging Brahms dann daran, *die 1te Serenade in eine Sinfonie zu verwandeln. Ich sehe es ein, daß das Werk so eine Zwittergestalt, nichts Rechtes ist.* Die Fassung für kleines Orchester erklang zum ersten Male am 28. März 1859 in Hamburg. Joachim dirigierte aus dem Manuskript. Die Uraufführung der Fassung für großes Orchester fand am 3. März 1860 im Konzertsaal des Königlichen Hoftheaters zu Hannover statt, wieder mit Joachim als Dirigenten.

Das Werk, wichtiger Meilenstein auf dem Weg zur Sinfonie, beginnt poesievoll in der Art Haydnscher Musik. Im *ersten Satz* (Allegro molto, alla breve, D) entwickelt sich über Baßquinten im 1. Horn, dann in der 1. Klarinette ein bukolisches, munteres Thema:

Es kommt zu prachtvoller musikalischer Steigerung. Das zweite Thema dieses Satzes ist dann echter Brahms, mit Synkopen, eigenwilliger Metrik, sparsam, doch klangvoll instrumentiert:

Dämonisch, unter spürbarem Mozart-Einfluß, kommt das folgende *Scherzo* (Allegro non troppo, 3/4, d) daher. Es umschließt ein freundliches B-Dur-Trio (Poco più moto, 3/4). In sanfte Harmonien ist die edle Melodik des *dritten Satzes* (Adagio non troppo, 2/4, B) gebettet und kontrapunktisch »gewürzt«; sie entfaltet sich über 250 Takte. Zwei *Menuette* schließen sich an, das erste in G-Dur, das zweite in g-Moll. Auch hier ist Mozart herauszuhören. Das anschließende *Scherzo* (Allegro, 3/4, D) scheint mehr von Beethoven inspiriert. Die Bläser führen. Das *Schlußrondo* (Allegro, 2/4, D) lebt in Rhythmik und Gestik vom »ungarischen Ton«, den Brahms schon in seiner frühen Schaffenszeit liebte.

Serenade A-Dur op. 16 (für kleines Orchester)

Besetzung: 3 Fl, 2 Ob, 2 Kl, 2 Fg; 2 Hr; Str: Vla, Vc, Kb

Aufführungsdauer: 32'

Erschienen: 1860, Simrock – GA: Bd. IV, Nr. 2

Der D-Dur-Serenade folgte, gemäß der Brahms eigenen schöpferischen Gesetzmäßigkeit der Duplizität, bald ein weiteres solches Werk. Das Ganze entstand 1858/59 in Detmold und Hamburg. Clara Schumann erhielt zu ihrem Geburtstag am 13. September 1859 schon die ersten Sätze. Die Uraufführung fand unter Brahms' Leitung am 10. Februar 1860 in Hamburg statt. Besonders wirkt hier der von Brahms so geliebte Klang der tiefen Streicher. Auf Violinen wurde wie im ersten Teil des »Deutschen Requiems« verzichtet. Einen schönen, an Mozart erinnernden Klarinetten-Beginn hat der *erste Satz* (Allegro moderato, alla breve, A):

Im *Scherzo* (Vivace, 3/4, C) fällt ein abruptes, beethovensches Kopfmotiv auf, das nur schwer in den vorgeschriebenen 3/4-Takt passen will. Das F-Dur-Trio mit seiner volksliedhaften Melodie in Sexten ist dafür schon rechter Brahms. Zum Höhepunkt dieses Werkes wird, wie in der D-Dur-Serenade, der *langsame Satz* (Adagio non troppo, 12/8, a). Achtmal hintereinander erscheint eine monotone Melodie in den tiefen Streichern:

Darüber entwickelt sich klagender Bläser-Gesang. Dann gibt es einen Fortissimo-Aufschrei. Und danach singt das Horn, von den Bratschen grundiert, eine der schönsten instrumentalen Melodien des Meisters:

Der elegische Gesang verklingt trübe. Aber endlich schließt Brahms mit versöhnlichem A-Dur-Akkord. Mozartschen Serenadengeist atmet auch das anschließende *Quasi Menuetto* (3/4, D; Trio: 3/4, fis) mit gleichfalls elegischer Grundhaltung und sanftem Ausklang.

Munter beschließt ein *Rondo-Finale* das Werk (Allegro, 2/4, A): Ein schwungvoller Reigengesang mit kanonisch verschlungenem Seitenthema, am Ende zu fröhlich drängendem Schluß geführt. Im Vergleich zur D-Dur-Serenade hat dieses A-Dur-Werk schon bedeutend reifere »sinfonische« Qualitäten. Zumal die elegischen Seiten der Brahmsschen Tonkunst werden hier offenbar, inspiriert von den glücklichen, sehnsüchtigen, besinnlichen Stimmungen der Detmolder Zeit.

Variationen für Orchester über ein Thema von Joseph Haydn B-Dur (Haydn-Variationen) op. 56 a

Besetzung: Pic, 2 Fl, 2 Ob, 2 Kl, 2 Fg, Kfg; 4 Hr, 2 Trp; Pk, Trgl; Str

Aufführungsdauer: 17'

Erschienen: 1874, Simrock – GA: Bd. III, Nr. 3

Zu den wesentlichen Prinzipien nicht nur der sinfonischen Gestaltung gehört bei Brahms das der Variation. Damit zeigt er sich dem klassischen Erbe seit Bach und Händel schöpferisch besonders eng verbunden. Und nicht zufällig steht, sieht man von den beiden Orchesterserenaden ab, ein Variationenwerk am Beginn seines sinfonischen Schaffens, von dessen Schlußteil sich ein bedeutungsvoller Bogen zum letzten Werk dieser Art, dem Finale der 4. Sinfonie, spannt: In beiden Fällen wird die Passacaglia-Technik zum strukturbildenden sinfonischen Prinzip. Noch vor Vollendung der 1. Sinfonie entstanden im Sommer 1873 in Tutzing die Haydn-Variationen, die Brahms zunächst in einer Fassung für zwei Klaviere (als op. 56 b) seinen Freunden präsentierte und die am 2. November 1873 im Großen Saal der Gesellschaft der Musikfreunde zu Wien unter der Leitung des Komponisten in der Orchesterfassung (als op. 56 a) zur Uraufführung kamen. Das Thema hatte Brahms bereits 1870 durch den ihm befreundeten Haydn-Biographen C. F. Pohl kennengelernt. Es entstammt einem Haydnschen Divertimento (einer »Feldpartita«) für Bläser, ist dort als »Chorale S. Antonii« bezeichnet und dürfte auf geistliche Volksmusik zurückgehen. Brahms zitiert dieses Thema zunächst in fast originalgetreuer Instrumentation, dynamisch aber schon wirkungsvoll differenziert (Andante, 2/4, B-Dur).

Die folgenden acht Variationen und das Finale sind jeweils in sich geschlossene Charakterstücke, in denen Elemente des Themas mit neuen Gedanken in kunstvoller polyphoner Satzweise verbunden werden. So stellt die *erste Variation* dem Themenschluß zwei in Gegenbewegung geführte Melodien zur Seite. Die *zweite Variation* wird beherrscht vom Themenanfang (mit dem Oktavsprung als dominierendem Intervall), das Ganze ist nach Moll versetzt. Die *dritte Variation* gewinnt aus dem Thema eine neue, anmutige Melodie. Kontrapunktisch streng gearbeitet ist die *vierte Variation*, wiederum in Moll, lyrisch im Charakter. Scharf kontrastiert dagegen die *fünfte Variation* (Vivace), die in ihrer kecken 6/8-Bewegung das Thema nur noch ahnen läßt. Wie ein Jagdstück schmettern die Hörner in der *sechsten Variation* eine Variante des Themenbeginns, während die *siebente Variation* in graziösem Siciliano-Rhythmus mit innigen Nebenmelodien aufwartet. Die *achte Variation* mutet wie ein dunkel vorüberhuschendes Scherzo (in Moll) an, in welchem das Thema nur noch schwach erkennbar bleibt. Im *Finale* schließlich (Andante, alla breve, B-Dur) gewinnt Brahms aus ihm eine sechstaktige Baß-Melodie,

die sechzehnmal erklingt und über der sich die Oberstimmen immer klangprächtiger entfalten, bis in ihnen das Originalthema machtvoll gesteigert wiederkehrt. Diese Passacaglia-Variation bildet den optimistischen Ausklang des Werkes.

Akademische Festouvertüre c-Moll op. 80

Besetzung: Pic, 2 Fl, 2Ob, 2 Kl, 2 Fg, Kfg; 4 Hr, 3 Trp, 3 Pos, Btb; Pk, grTr,
Beck, Trgl; Str
Aufführungsdauer: 10'
Erschienen: 1881, Simrock – GA: Bd. III, Nr. 1

Diese Ouvertüre entstand im Zusammenhang mit der Verleihung der Ehrendoktorwürde der Universität Breslau an Brahms. Es war gleichsam seine musikalische Promotionsrede. Er komponierte sie im Sommer 1880 neben der »Tragischen Ouvertüre« op. 81. Uraufgeführt wurde sie am 4. Januar 1881 im Saal des Breslauer Konzerthauses, unter der Leitung des Komponisten. Wieder kam da ein stark kontrastierendes Werk-Paar zustande! Opus 80 ist im Grunde eine Potpourri-Ouvertüre. Akademisch an dieser Ouvertüre bleibt, daß verschiedene Studentenlieder zitiert werden, bis hin zum Maestoso, in pomphaftem C-Dur aufrauschenden »Gaudeamus igitur«. Brahms kannte sie aus seiner Jugendzeit. Dennoch ist das Gelegenheitswerk ein echter Brahms: Nicht nur die verhaltene c-Moll-Eröffnung,

die insgesamt sehr anspruchsvolle kontrapunktische Ausarbeitung, vor allem die Auswahl der benutzten Liedmelodien weisen auf eine für Brahms charakteristische, dem akademischen Festakt im Grunde zuwiderlaufende Aussageabsicht: Nicht den Herren Professoren, nicht der gelahrten Academitas ist das Stück gewidmet. Gegen sie scheint der Groll der Einleitung geradezu zu Felde zu ziehen. Der studentischen Jugend gilt die Sympathie des Komponisten, ihre Lieder werden mit spürbarer Lust und Liebe zitiert. In den Texten wird nicht selten akademischer Borniertheit manch scharfer Hieb erteilt. So erscheint diese Musik, die heute wieder öfter zu hören ist, als Zeugnis Brahmsschen Humors, zugleich Brahmsschen Spottes, nach wie vor der Aufmerksamkeit wert.

Tragische Ouvertüre d-Moll op. 81
Besetzung: Pic, 2 Fl, 2 Ob, 2 Kl, 2 Fg; 4 Hr, 2 Trp, 3 Pos, Btb; Pk; Str
Aufführungsdauer: 13'
Erschienen: 1881, Simrock – GA: Bd. III, Nr. 2

Nach der »Akademischen« entstand, zwischen der 2. und 3. Sinfonie, im Sommer 1880 in Isch die »Tragische Ouvertüre«. Uraufgeführt wurde sie am 26. Dezember 1880 von den Philharmonikern im Wiener Musikvereinssaal unter Hans Richter, der aus dem Manuskript dirigierte. Dieses durchaus anspruchsvolle Werk ist nicht nur dem Titel nach sehr ernst. Aus Ischl hatte Brahms dem Freunde Billroth mitgeteilt: *Die Akademische (op. 80) hat mich noch zu einer zweiten Ouverture verführt, die ich nur eine ›Dramatische‹ zu nennen weiß – was mir wieder nicht gefällt.* Diese »Tragische Ouvertüre« steht in d-Moll, jener Tonart, die seit dem 1. Klavierkonzert für Brahms Synonym für kämpferische, energische, aber auch tragisch entsagende Haltungen ist. Heroisch-energische Züge bestimmen das ganze Werk mit unerbittlicher Konsequenz, in deren Dienst auch strenge kontrapunktische Arbeit steht. In der Aussagehaltung weist das Stück auf die 4. Sinfonie voraus. Sein Entstehungsanlaß ist unbekannt, bis heute ist die Vermutung, es sei Teil einer »Faust«-Musik, nicht zu belegen. Die inhaltliche Konzeption erschließt sich erst ganz am Schluß: Nach wilden Kämpfen, mit beethovenscher Klanggebärde und beethovenschen Sforzati, in die ein nur kurz auftretendes lyrisches Seitenthema wenig Aufhellung bringt, führt eine Fortissimo absteigende Linie zum ersten Abschluß:

Solche absteigenden Tonfiguren symbolisieren bei Brahms immer wieder tragische, auch resignierende Haltungen. Der folgende Abschnitt vertieft sie durch schmerzliche Melodien in der Klarinette und eine in Klarinetten und Fagotten weit ausgeführte, wiederum unaufhaltsam in die Tiefe absinkende Melodik. Erst danach setzen energische Bläserakkorde zu jagenden Streichertriolen den Schlußpunkt: Kampf und Aufbegehren finden ein tragisches Ende.

KONZERTE

1. Klavierkonzert d-Moll op. 15

Besetzung: Solo-Klavier – 2 Fl, 2 Ob, 2 Kl, 2 Fg; 4 Hr, 2 Trp; Pk; Str

Aufführungsdauer: 43'

Erschienen: 1862, Rieter-Biedermann – GA: Bd. VI, Nr. 1

Wie schon erwähnt, hat das erste Klavierkonzert von Brahms eine lange Genese. Zunächst entstanden Entwürfe für eine neue Klaviersonate, dann erwog Brahms, zwei Klaviere einzusetzen. Schließlich sollte das Material zu einer ersten Sinfonie geformt werden. Drei Sätze waren 1854 im wesentlichen fertig. Der erste sollte am Beginn der Sinfonie stehen, aber 1856 schuf Johannes Brahms aus ihm den ersten Satz seines 1. Klavierkonzertes d-Moll. Schon im Februar hatte er Clara Schumann in einem Brief mitgeteilt: *Denken Sie, was ich diese Nacht träumte: Ich hätte meine verunglückte Sinfonie zu einem Klavierkonzert benutzt und spielte dieses. Vom ersten Satz und Scherzo und ein Finale, furchtbar schwer und groß. Ich war ganz begeistert.*

Biographie und musikalische Umwelt geben uns Aufschlüsse über die inhaltlichen Kontexte, denen wir dieses d-Moll-Konzert zuzuordnen haben. Die Jahre der Entstehung, 1854 bis 1858, hat Brahms später selbst als seine »Wertherzeit« charakterisiert. Sie waren geprägt von aufwühlenden persönlichen Erlebnissen. Da war die Katastrophe im Hause Schumann, schließlich der Tod des verehrten Meisters. Zugleich entwickelten sich Zuneigung, Leidenschaft zu Clara, Schumanns Gattin. Nach Schumanns Tod, als der Weg zur Geliebten frei schien, zog sich Brahms aber schroff zurück. Der Vierundzwanzigjährige sah sich in eine tiefe persönliche Krise gestürzt. Daneben begann sich die Welt um ihn im Zeichen der nach 1848 einsetzenden Reaktion zunehmend zu verändern. Er, der leidenschaftlichen Anteil an den Idealen der bürgerlichen demokratischen Revolution genommen hatte, spürte den Geist der Indolenz, der Enge, der freiheitliche Regungen zu ersticken suchte. Die Unterdrückung der öffentlichen Meinung durch erzreaktionäre Pressegesetze (1854), das durch zunehmende Preissteigerungen ausgelöste Aufflackern von Streiks seit Mitte der fünfziger Jahre in vielen deutschen Staaten waren dazu angetan, den idealischen jungen Brausekopf Brahms mit einer grauen, aussichtslos scheinenden Wirklichkeit zu konfrontieren.

Konflikte im persönlichen Leben, Konflikte im Erleben der gesellschaftlichen Umwelt bestimmten den leidenschaftlich ringenden, explosiven Gestus dieses Klavierkonzertes. Zugleich wird die musikalische »Umwelt« deutlich, der sich Brahms als Erbe und Zeitgenosse verpflichtet fühlt: Unüberhörbar ist beethovenscher Einfluß. Er reicht im Kopfsatz des Klavierkonzertes bis zur unmittelbaren klanglich-motivischen Assoziation, weist damit besonders auf Beethovens 9. Sinfonie, deren Anfangssatz nicht nur die Tonart mit dem Brahmsschen Klavierkonzert gemein hat, sondern den grimmig-aufbegehrenden, in der Themenbildung knapp konzentrierten, zuweilen fast abrupten Gestus. Ein zweiter musikalischer Bezugspunkt darf nicht unerwähnt bleiben: 1853 hatte Brahms im Hause Schumanns dessen soeben vollendetes einziges Violinkonzert kennengelernt – es wurde übrigens der allgemeinen Öffentlichkeit erst 1937 zugänglich gemacht. Auch hier zeigen sich nicht nur in der Grundtonart, auch in den Kopfsätzen Verwandtschaften der thematischen Diktion. Die Lösungen, die Brahms zumal in seinem ersten Konzertsatz fand, bedeuten gegenüber dem Werk Schumanns »eine ungeheure Steigerung, aber es ist eben das Schicksal und das Erbe Schumanns, das die Konzeption und den Charakter des Satzes (bei Brahms) formte« (Walther Siegmund-Schultze).

Im d-Moll-Konzert ist der *erste Satz* (Maestoso, 6/4, d) nicht nur grandiose dramatische Eröffnung, sondern auch dramaturgisches Zentrum des ganzen Werkes. Die folgenden Sätze sind darum nicht so sehr im Sinne einer dramatisch-dialektischen Entwicklung zu sehen. Sie akzentuieren Haltungen, die im ersten Satz in größerem dramatischem Kontext bereits zu finden sind.

Nach klassischem Vorbild bringt der Maestoso-Beginn des ersten Satzes eine scharf umrissene thematische Gestalt, die den Gestus des Ganzen gleichsam in Töne meißelt; hier hat Beethoven unüberhörbar Pate gestanden. Tragisch, trotzig, verzweifelt aufbegehrend wirkt dieser Fortissimo-Beginn der Streicher mit seinen Trillerketten, seiner abrupten Phrasenbildung über dem donnernden Tremolo der Pauke. »Schüttelfröste« nannte Brahms' Freund Joseph Joachim das nicht unzutreffend:

Und schon in dieser ausgedehnten Orchester-Einleitung des Satzes wird das Prinzip des Ganzen musikalisch formuliert: Es besteht im Kontrast zwischen dem jähen Ausbruch wilder Konflikthaftigkeit und sanfter Lyrik. Zwischen diesen beiden Polen pendelt das Ganze.

Schon am Beginn folgt dem dramatischen ersten Themenkomplex lyrische Beruhigung, die aber dann den Beginn erneut beschwört, diesmal in noch intensiverer Form. Brahms erreicht solche Steigerung, indem er die wilde Themengestalt des Beginns nun kanonisch verdichtet. Schließlich vollzieht sich eine ähnliche Entwicklung zum dritten Mal. Weitere Steigerung der musikalischen Intensität wird geschaffen, indem Brahms in der Phase der Beruhigung nach dem zweiten »Ausbruch« den Solisten zum ersten Male zu Wort kommen lässt, mit neuem musikalischem Material, das Konflikthaftigkeit und Innigkeit nicht nebeneinanderstellt, sondern gleichsam assimiliert. Aber auch der Solist spielt sich dann wieder in die Triller-»Schüttelfröste« des Satzbeginns hinein. Zum dritten Male erklingt die Hauptthemengestalt des Beginns, wiederum in den Streichern kanonisch angelegt.

Nach der tragischen Akzentuierung des Satzes am Beginn durch das Orchester kommt nun zur Ausführung des großen, lyrisch-innigen Kontrastes im zweiten Thema logischerweise der Solist – zunächst allein – zu Wort. In vollgriffigem Akkordsatz beginnt er, Poco più moderato, F-Dur, mit einer innig-wehmütigen Weise, einem der schönsten melodischen Einfälle des jungen Brahms, die sich reich und anmutig entfaltet:

Nach kurzer Holzbläser-Überleitung wird dieser Gesang von den Streichern übernommen, das Klavier figuriert. Dieses 2. Thema klingt in der Tat wie ein Volkslied von Brahms. Beide Hauptthemen oder Teile derselben werden dann in der Durchführung dramatisch gegeneinandergeführt. Für die Dramaturgie des Ganzen wird wichtig, daß Brahms aus einem Quartschritt des lyrischen 2. Themas im Klavier zunächst ein energisches Signalmotiv mit anschließenden donnernden Doppeloktavgängen bildet, das sich gegen das tragische Hauptthema (in den Streichern) durchzusetzen sucht. Durchaus im beethovenschen Sinne will der Komponist hier den Kampf menschlichen Glücks- und Liebesstrebens gegen ein unerbittliches »Schicksal« gestalten. Es kommt dabei zu dramatischen Zuspitzungen von immenser Intensität. Auf den »Ausgang« dieses Kampfes deutet die Tatsache, daß nach einem Fortissimo-Ausbruch mit Orchester und Klavier mit dem Eintritt der Reprise das Klavier sowohl das kämpferische 1. Thema wie später das lyrische zweite übernimmt. Die dramaturgisch wichtige Trennung von Orchester (1. Thema) und Klavier (2. Thema) wird nun aufgehoben. Man könnte sagen, daß auf solche Weise die Konflikte nicht gelöst, sondern konzentriert, auf eine widersprüchliche Ebene gehoben werden.

Der *Mittelsatz* dieses Konzertes (Adagio, 6/4, D) knüpft thematisch an das lyrische 2. Thema des 1. Satzes an. Gedanken, die um dieses Thema kreisen, sollen hier ausgesponnen werden. Ursprünglich trug der Satz die Überschrift »Benedictus, qui venit in nomine Domini« aus dem Messetext (»Gelobt sei, der da kommt im Namen des Herrn«). Der Titel deutet aber nicht auf eine Messe. »Domine« wurde Robert Schumann im Kreise der Freunde genannt. Daß sich bei diesem Satz das Bild des verstorbenen Freundes mit dem seiner Gattin Clara und der Liebe zu ihr mischte, geht aus einer Mitteilung des Komponisten an Clara selbst hervor: *Auch male ich an einem sanften Porträt von dir, das das Adagio werden soll.* Solche Verschiebung vom Gedenken an den väterlichen Freund zur geliebten Frau hat denn wohl auch die ursprüngliche Überschrift verschwinden lassen und führte zu einer wesentlichen Änderung der Gesamtkonzeption dieses zweiten Konzertsatzes: An Stelle des D-Dur-Adagios sollte ja ursprünglich jene grandiose, unheimliche Musik stehen, die dann als b-Moll-Trauermarsch ins »Deutsche Requiem« einging (»Denn alles Fleisch, es ist wie Gras«). Feierlich, innig, lyrisch schwärmend, in der Melodik volksliednah, durch dramatische Zuspitzung aber auch gebrochen, mündet dieses ergreifende Adagio in eine Klavierkadenz, bevor das Orchester mit einer für Brahms typischen plagalen Wendung pianissimo abschließt.

Am *Finale* (Rondo, Allegro ma non troppo, 2/4, d) hat Brahms besonders hart gearbeitet. Beabsichtigt war sicher ein optimistischer Ausklang nach klassischem Muster. Entstanden ist aber endlich ein temperamentvoll sprühender, auch widerborstiger Satz mit ungarisch gefärbtem Rondo-Thema.

Das zweite Thema (F-Dur) bildet dessen wundersame Ergänzung und lyrisch-hymnische Ausweitung:

141

Ein drittes, ganz ins Milde gewandtes Thema wird später noch einmal vom Horn in D-Dur vorgetragen:

So ist ein temperamentvoll sprühender Satz entstanden, in kämpferisch-ritterlichem Duktus, der beethovensches Pathos immer wieder durchzusetzen sucht und in dem sich auch fugierte Arbeit findet. Der Abschluß in strahlendem Dur bleibt aber mehr wirkungsvolles Konzert-Finale, als daß er eine sich aus dem dramaturgischen Ablauf ergebende Apotheose wäre. Die ersten Aufführungen des Konzertes mit Brahms als Solisten fanden am 22. Januar 1859 in Hannover unter Joseph Joachim und am 27. Januar gleichen Jahres in Leipzig im Gewandhaus unter Julius Rietz statt. Der eklatante Mißerfolg in Leipzig traf den Komponisten schwer. Wenig später begann sich das Werk aber durchzusetzen und hat bis heute seinen zentralen Platz in den Konzerten behalten. Es brauchte freilich geraume Zeit, bis sich der Komponist selbst wieder diesem Genre zuwandte.

2. Klavierkonzert B-Dur op. 83

Widmung: Seinem teuren Freund und Lehrer Eduard Marxsen
Besetzung: Solo-Klavier – Pic, 2 Fl, 2 Ob, 2 Kl, 2 Fg; 4 Hr, 2 Trp; Pk; Str.
Aufführungsdauer: 49'
Erschienen: 1882, Simrock – GA: Bd. VI, Nr. 2

Am 9. November 1881 kam es im Budapester Redoutensaal zur Uraufführung des 2. Klavierkonzertes von Brahms, runde 20 Jahre nach dem ersten. Unter der Leitung Alexander Erkels saß der Komponist als Solist am Flügel. In der zwischen den beiden Konzerten liegenden Zeit hatte Brahms vor allem auf sinfonischem und vokalsinfonischem Gebiet wesentliches geschaffen: Die ersten beiden Sinfonien, das Violinkonzert, das Deutsche Requiem. Er hatte sich als Komponist durchgesetzt, war als Dirigent wie Pianist erfolgreicher Interpret der eigenen Musik. Aber die Welt um ihn hatte sich nach der deutschen Reichsgründung unter Bismarck wesentlich verändert. Dem deutschen Kaiser hatte Brahms noch 1871 mit seinem »Triumphlied« gehuldigt. Aber er spürte den Wandel der beginnenden Gründerjahre. Reichtum und Prunksucht auf der einen, Armut und Rücksichtslosigkeit im Umgang miteinander auf der anderen Seite. Ein Widerspruch zwischen Künstler und Leben bricht auf, wird künftig für Brahms tragische Dimensionen annehmen. »Seine persönliche Entwicklung hatte Brahms auf den Gipfel seines Denkens und Schaffens geführt, die Entwicklung der bürgerlichen Gesellschaft ließ ihn von diesem Gipfel aus ein Tal der Schmerzen erblicken«, kommentiert Georg Knepler.

So ist es auch zu erklären, daß das zweite Klavierkonzert zum einen eine konsequente Weiterführung des Konzepts des sinfonischen Konzerts bedeutete, indem die Viersätzigkeit der Sinfonie auf den Konzerttyp übertragen wird und indem konsequenter noch als im früheren d-Moll-Werk die Solopartie als fest integrierter Bestandteil des sinfonischen Gesamtorganismus erscheint. Die Poesie, die herbe, männliche Kraft dieser Musik, die sich den Traditionen Beethovens, nachdrücklich auch Schuberts verpflichtet fühlt, und ihre Naturverbundenheit als Sinnbild menschlichen Fühlens und Denkens sind Ausdruck der Humanitas. Aber zum anderen zeigen sich in ihr Züge der Resignation, der Wehmut, wie sie dann im späteren Schaffen des Komponisten immer stärker hervortreten. Wir müssen sie aus Brahms' schmerzlichem Getroffensein von den Widersprüchen seiner Welt verstehen, als seine künstlerische Reaktion auf eine gesellschaftliche Entwicklung, die er politisch nicht verstand, die er aber in zunehmender Betroffenheit miterlebte. Er hatte die Arbeit an diesem Konzert 1878 begonnen. Drei Jahre später, im April, auf einer zweiten Italienreise, gedieh die Arbeit weiter, und im Sommer 1881 wurde sie in Preßbaum bei Wien vollendet.

Den *ersten Satz* (Allegro non troppo, 4/4, B) eröffnet ein naturnaher Hornruf, dessen beiden Abschnitten der Solist präludierend antwortet:

Gleichsam frei phantasierend, den Satz weitatmig einleitend, folgt eine Klavierkadenz, die energische Züge ins Spiel bringt. Nun erst erklingt im vollen Orchester, kräftig und zupackend, das Hauptthema in seiner konzentrierten Gestalt, nimmt das weiträumige solistisch-sinfonische Geschehen seinen Lauf, in dem kräftige, innige, tänzerisch beschwingte (ungarisch gefärbte) Partien sich entwickeln, ausgewogen im Verhältnis zueinander, klar und licht, freundlich-energisch in der Gesamthaltung. Der dialektische Zuschnitt beethovenscher Themenentwicklung und Themengegensätze, wie noch im d-Moll-Konzert bemerkbar, weicht einer Reihung kunstvoll aufeinander abgestimmter und aufeinander bezogener, ineinander verwobener Abschnitte als Bild vielgestaltigen, warmherzig und kraftvoll in Töne gebundenen Lebens.

Diese Harmonie und Innigkeit erhält einen »Bruch« durch den *zweiten Satz* (Allegro appassionato, 3/4, d). Er ist ein Scherzo etwa beethovenschen Typs, möglicherweise auch schon ursprünglich für das Violinkonzert gedacht. Dieses Scherzo lebt nun wieder vom Kontrast: Schmerzlich sich aufbäumender Trotz

steht gegen friedliche Idylle. Mit Recht wurde darauf hingewiesen, daß sich in diesem Scherzo mit seiner Technik des hintergründigen Infragestellens musikalische Welten auftun, denen wir unter neuen Bedingungen etwa bei Prokofjew oder Schostakowitsch (Groteske!) begegnen.

Im *langsamen Satz* (Andante, 6/4, B) erklingt wieder ein anderer Typ brahmsscher Stimmungskunst. Innigkeit verkehrt sich in Wehmut, ja Resignation. Nicht zufällig bringt das melodisch den Satz eröffnende Solo-Violincello eine Melodie, die an die Brahmssche Liedweise »Immer leiser wird mein Schlummer«, allerdings in Dur, erinnert.

Und ein Fis-Dur-Seitenthema der Klarinette (pianissimo dolce) lehnt sich an das Brahms-Lied »Todessehnen« an. Damit ist die Haltung dieses genialen Stückes Musik umrissen. Widersprüchlichkeit, Problematik, wie sie die beiden Mittelsätze hervorkehren, werden – hier liegt offenbar eine konzeptionelle Absicht des Komponisten – in den großen Ecksätzen nicht relevant. Diese zielen auf Harmonie, auf freudiges Weltbekennen. Geschah das im Eröffnungssatz in kraftvoll-energischer und inniger Art, so werden im *Finale* (Allegretto grazioso, 2/4, B) »Mozartsche Leichtigkeit mit ungarischem Schwung« (Siegmund-Schultze) vereinigt. Die ungarischen Züge prägen das Hauptthema:

Ein a-Moll-Seitenthema erinnert an den Scherzo-Satz:

Das Ganze zeigt betont lockere, launige, temperamentvolle Züge. Anklänge an Italien, das er auf zwei Reisen kennengelernt hatte, sowie das magyarische Kolorit bieten Möglichkeiten reizvoller Farbigkeit. Klavier- und Orchestersatz sind transparenter angelegt, als sonst bei Brahms üblich. Und am Ende kann der Solist sogar mit ausgesprochen brillantem Passagenwerk glänzen. Das Werk ist für den Pianisten spieltechnisch eminent schwierig. Man hat es die »inhaltlich gewichtigste wie technisch anspruchsvollste Aufgabe« genannt, »die dem Pianisten am Ausgang des 19. Jahrhunderts überhaupt gestellt wurde«. Es übertrifft bei weitem alles, was von den großen Virtuosen der Zeit, Liszt eingeschlossen, als Maß gefordert wurde. Das veranlaßte Brahms auch dazu, die Partitur dieses seines von Anbeginn sehr erfolgreichen zweiten und letzten Klavierkonzertes Franz Liszt zu übersenden.

Violinkonzert D-Dur op. 77

Widmung: Joseph Joachim

Besetzung: Solo-Violine – 2 Fl, 2 Ob, 2 Kl, 2 Fg; 4 Hr, 2 Trp; Pk; Str

Aufführungsdauer: 36'

Erschienen: 1879, Simrock – GA: Bd. V, Nr. 1

Mit seinem Violinkonzert gelang Johannes Brahms ein klassischer Wurf. Bekanntlich war er von Haus aus Pianist. Aber seine frühe Freundschaft mit dem ausgezeichneten Geiger Joseph Joachim hat ihm Wesen und Spieltechnik sowie die Wirkungsmöglichkeiten der Geige aufs gründlichste nahegebracht. Joachim ist das Konzert auch gewidmet, das im Sommer 1878 in Pörtschach entstand. Mit Joachim gab es ausführliche Proben und Diskussionen, bei denen es Brahms aber auch verstand, den Geiger für damals ungewöhnliche Spieltechniken zu interessieren.

Brahms wollte sein Violinkonzert ursprünglich nach sinfonischem Prinzip viersätzig anlegen. Schon das erste Klavierkonzert galt ja bald als »Sinfonie mit obligatem Klavier«. Solche Absichten trieben den Komponisten auch beim Violinkonzert. Aber nach eigenem Bekunden *stolperte* er über die beiden Mittelsätze. Er änderte das Adagio und nahm das vorgesehene Scherzo heraus, das dann für das 2. Klavierkonzert genutzt wurde. Am 1. Januar 1879 spielte Joseph Joachim unter der Leitung des Komponisten im Leipziger Gewandhaus die Uraufführung. Er spielte aus dem Manuskript und fügte eine eigene Kadenz bei. Brahms bedankte sich bei dem Freund: *Du wirst Dich hüten, wieder um ein Konzert zu bitten? Etwas entschuldigt, daß das Konzert Deinen Namen trägt, Du also für den Violinsatz ein wenig verantwortlich bist.*

Dieses Konzert, das durchaus und nicht ohne Absicht so stark an das in gleicher Tonart stehende Beethoven-Werk erinnert, lebt vor allem von einer beseelten Innigkeit des Melodischen. Typisch ist weitschwingendes, edles Melos, ist eine sinfonische Diktion, die dem Solo-Instrument dennoch alle Freiheit virtuoser und lyrischer Entfaltung bietet. Es bestimmt bereits den *ersten Satz* (Allegro non troppo, 3/4, D). Die Orchestereinleitung bringt sogleich in den tiefen Streichern und Fagotten das aus Dreiklangsbrechungen bestehende, ruhevoll schreitende erste Thema:

Die Solo-Violine beginnt gleichsam improvisierend, über einem mächtigen Orgelpunkt, ehe sie zum Hauptthema gelangt, das dann strahlend in höchsten Lagen erscheint. Das vom Orchester ausgesparte zweite Thema wird erst vom Soloinstrument vorgetragen:

Im dritten, nun vor allem ungarisch akzentuierten Thema nutzt Brahms energische Doppelgrifftechnik:

Ein wesentliches Gestaltungsmittel dieses Satzes wie des ganzen Werks ist das Umspielen oder Fortspinnen der Melodielinien. Das bringt in der Durchführung eine Fülle schöner, neuer, tänzerisch beschwingter Weisen. Die verkürzte Reprise mündet in einen Orchester-Quartsextakkord, von dem aus der Geiger seine Kadenz entwickelt. In der Coda erklingt noch einmal die in hohen Lagen ausschwingende Melodie des Beginns, ehe ein tänzerisches Animato zum Schluß führt.

Der *zweite Satz* (Adagio, 2/4, F) beginnt mit einem idyllischen, 25taktigen Oboensolo:

146

Die Solo-Violine wiederholt und umspielt die Hauptmelodie. Im Mittelteil (fis-Moll) dominiert die Violine mit leidenschaftlichem Gesang in ungarischem Kolorit:

Schließlich singen Oboe und Solo-Violine die Anfangsmelodie gemeinsam.

Ganz all'ongarese gibt sich das *Finale* (Allegro giocoso, ma non troppo vivace, 2/4, D). Der glanzvolle und feurige Satz wird vom einprägsamen Hauptthema in Doppelgriffen geprägt:

Den Materialfonds ergänzt charakteristisch und erweitert eine gleichfalls »ungarisch« geprägte E-Dur-Weise, die die Solo-Violine, »energicamente« in Oktaven aufsteigend, zuerst vorträgt. Zum Mittelpunkt wird ein lyrischer G-Dur-Abschnitt, in dessen Stretta Brahms das Hauptthema noch einmal rhythmisch umgestaltet, ehe nach kurzem Retardieren der effektvolle Schluß erreicht wird.

Anfangs wurde dieses schöne und lyrisch-optimistische Werk seiner technischen Schwierigkeiten wegen kritisiert. Heute hat es neben Beethoven, Mendelssohn und Tschaikowski seinen festen Platz unter den Violinkonzerten des 19. Jahrhunderts. Es ist aber immer noch seiner technischen wie gestalterischen Ansprüche wegen Prüfstein für höchste Qualität geigerischer Interpretationskunst. Es zeigt noch einmal den Brahms vom Ende der siebziger Jahre des vorigen Jahrhunderts, der, auf der Höhe seiner Schöpferkraft, Lebensfreude und Lebensbejahung in seiner Musik auszudrücken weiß, ehe in den achtziger Jahren Enttäuschung und Resignation das Profil seiner Musik bestimmen werden.

Doppelkonzert für Violine und Violoncello a-Moll op. 102

Besetzung: Solo-Violine, Solo-Violoncello – 2Fl, 2 Ob, 2 Kl, 2 Fg; 4 Hr,
2 Trp; Pk; Str
Aufführungsdauer: 34'
Erschienen: 1888, Simrock. GA: Bd.V, Nr. 2

Dieses Konzert, im Sommer 1887 in Thun entstanden, ist das letzte Orchesterwerk von Brahms. Mit seiner Entstehung hat es eine besondere Bewandtnis: Zwischen Brahms und seinem Jugendfreund Joseph Joachim war es zu gründlichen Spannungen gekommen. Brahms wollte das so fruchtbare Verhältnis alter Freundschaft wiederherstellen. Den Freund zu versöhnen, nutzte er – erfolgreich, übrigens – eine »kompositorische« List: Der Violoncellist Robert Hausmann hatte ihn um eine Komposition gebeten. Brahms erfüllte diesen Wunsch, schrieb aber ein Konzert für Violine und Violoncello. Die Violine, das war die Personifizierung Joachims, des Geigers, und Brahms sah sich gleichsam in der Rolle des Violoncellos. Es wurde behauptet, in diesem Werk habe Brahms Material einer geplanten 5. Sinfonie verwendet, die nie geschrieben wurde. Mitte Juli 1887 jedenfalls kündigte er sein Doppelkonzert Joachim an, wenig später auch Clara Schumann. Dann wurde es probiert, mit Joachim und Hausmann als Solisten, Brahms am Klavier. Dabei gab es eine Reihe von Revisionen. Clara Schumann, die zuhörte, war von der Musik nur teilweise angetan. Die Uraufführung erfolgte am 18. Oktober 1887 im Kölner Gürzenich-Saal. Joseph Joachim und Robert Hausmann waren die Solisten, Brahms dirigierte.

Dieses letzte Konzert des Meisters hat erst in neuerer Zeit wieder größeres Interesse gefunden. Seine Schwierigkeit liegt im Anspruch, zwei überlegene und übereinstimmende Solisten für seine sehr diffizile, auch herbe und zum Teil äußerlich spröde wirkende Musik zu finden. Formal bedeutet es einen erneuten Rückgriff auf die bedeutende klassische und vorklassische Tradition der »Sinfonia concertante«.

Den *ersten Satz* (Allegro, 4/4, a) eröffnet das energische Orchestertutti mit dem Hauptthema:

Bereits im 5. Takt setzt das Solo-Violoncello mit Umspielungen dieses Themas ein. Orchester und Solo-Voline präsentieren dann Andeutungen eines 2. Themas, und die beiden Solisten spielen sich die einzelnen Motive zu, bis das Orchester zu einer ausführlichen Exposition geradezu gezwungen wird. Dann beginnt das Violoncello (also Brahms) mit dem zweiten Thema, dem »Versöhnungsversuch« (C-Dur):

Von dem will die Musik in der folgenden konfliktreichen Durchführung noch nicht allzuviel wissen. Fortissimo setzt die Reprise ein, das 2. Thema rückt nun nach A-Dur, aber eine ausführliche Coda führt mit Nachdruck in die Ausgangstonart a-Moll zurück, in die nun auch das zweite, das »Versöhnungsthema« einbezogen wird. Noch ist also nichts entschieden.

Der *zweite Satz* (Andante, 3/4, D) ist da schon von mehr Zuversicht und Freundlichkeit erfüllt. Kurze Devisen der Hörner und Holzbläser eröffnen, dann erklingt das ruhig und kräftig schreitende Kopfthema in Oktavenspiel von Solo-Violine und Solo-Cello:

Die Freunde schreiten gemeinsam. Innigeren Charakter hat das Seitenthema in terzverwandtem F-Dur. Den schönen, gedankenvollen Satz prägen Ernst und Gewißheit.

Neue Töne klingen im *Schlußsatz* (Vivace non troppo, 2/4, a) auf. Etwas sperrig wirkt der Humor des Kopfthemas mit seinem tänzerischen Gestus:

Diese Haltung prägt den Verlauf des Satzes. Im Gesangsthema gibt sich das Solo-Violoncello dagegen in zweistimmiger Führung betont lyrisch-liedhaft:

149

Erst nach manchen Konflikten wird im 3. Thema die alte Freundschaft neu geschlossen:

Energisch, mit beziehungsreichem, ungarischem Kolorit (Freund Joachim war gebürtiger Ungar!) gehen hier die beiden Solisten zusammen. Und am Ende wird das Klangbild immer milder. Das zweite Thema rückt nach A-Dur, poco meno allegro wenden sich auch die Motive des Kopfthemas nach A-Dur. In dieser hellen, freudig-milden Tonart schließen denn auch Satz und Werk.

KAMMERMUSIK FÜR STREICHER

Zwei Streichsextette (op. 18, op. 36)

Die beiden Brahms-Streichsextette haben ausgesprochenen »Serenaden-ton«. Das *1. Sextett* op. 18, B-Dur, entstand während Brahms' Detmolder Zeit und wurde im Sommer 1860 in Hamburg und Bonn beendet. Die Ur-aufführung erfolgte am 20. Oktober 1860 in Hannover während einer Quartett-Matinee Joachims, der dem Freund auch bei diesem Werk bera-tend zur Seite stand. (Erschienen 1861, Simrock; GA: Bd. VII, Nr. 1, Auf-führungsdauer: 32') Schon im *ersten Satz* (Allegro ma non troppo, 4/4, B) werden die The-mengedanken stärker entfaltet, weniger durchgeführt. Der *zweite Satz* (Andante ma moderato, 2/4, d) bringt Variationen eines »ritterlichen The-mas« (Brahms). Ein *Scherzo* (Allegro molto, 3/4, F) umschließt mit kräftig-tänzerischen Akzenten das dynamisch noch zum Fortissimo gesteigerte *Trio* (Animato). Den Beschluß bildet ein wiegendes *Rondo* (Poco allegretto e grazioso, 2/4, B), in dem die energischen Zwischensätze wirkungsvolle Akzente setzen.

Das *2. Sextett*, op. 36, G-Dur wurde am 11. Oktober 1866 im fernen Bo-ston uraufgeführt (Erschienen 1866, Simrock; GA: Bd. VII, Nr. 2, Auf-führungsdauer: 30'). Es wurde 1864/65 in Lichtenthal komponiert und ist vor allem im ersten Satz Nachklang des Liebesfrühlings mit Agathe von Siebold in Göttingen. Dieser Satz beginnt mit einer mediantischen Struk-tur aus G-Dur und Es-Dur, die den Namen der Angebeteten in Tonsymbo-len zitiert: g-d (Agathe), Es-B (Siebold).

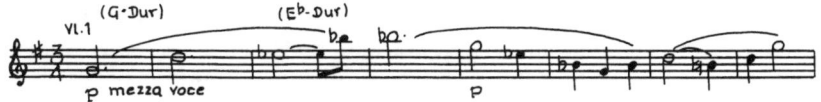

Es folgen ein balladenhaftes g-Moll-*Scherzo* (Allegro non troppo, 2/4) mit Presto-Giocoso-Trio (G-Dur). Ein in die Nähe des späteren Doppelkonzer-tes weisendes Adagio (4/4) mit Quartstrukturen und Chromatik, und ein Poco Allegro an vierter Stelle (9/8) bildet in reizvollem Wechselspiel der Instrumente den lockeren Kehraus.

Zwei Streichquintette (op. 88, op. 111)

Über das *1. Streichquintett* F-Dur op. 88, im Mai 1882 in Bad Ischl vollendet, schwärmte Freund Billroth in einem Brief an Clara Schumann: »Wohllaut, Wonne, Musik von Raffaelitischer Schönheit! Und doch in ihrer Einfachheit wie herrlich kunstvoll alles gemacht!« Auch hier lebt klassische Divertimento-Tradition weiter. Beide Quintette bevorzugen die Mozart-Besetzung mit je zwei Violinen, Violen und einem Violoncello. Das erste wurde am 29. Dezember 1882 in Frankfurt/Main uraufgeführt (Erschienen 1882, Simrock, GA: Bd. VII, Nr. 3, Aufführungsdauer: 26'). Von heiterem Naturausdruck erfüllt ist sogleich der *erste Satz* (Allegro non troppo ma con brio, 4/4, F). Hier tritt wieder einmal die Bratsche, Brahms' Liebling unter den Streichinstrumenten, mit ihrem sonoren Klang betont hervor. Im *zweiten Satz* werden zwei Themenkomplexe im Wechsel vorgeführt: Der erste ist Grave ed appassionato (3/4, cis) von ruhiger Bewegung, der zweite wirkt wie ein Scherzo im langsamen Satz (Allegretto vivace, 6/8 und Presto, Alla breve, A). Ein stürmisches *Finale* (Allegro energico, 3/2, F) setzt fugiert und mit ostinaten Figurationen ein.

Das *2. Streichquintett* G-Dur op. 111 ist ein Spätwerk. Mit ihm wollte Brahms eigentlich, 57jährig, seine kompositorische Arbeit beenden. Jedenfalls wendete er sich nach der 4. Sinfonie (op. 98), dem Doppelkonzert (op. 102), den Fest- und Gedenksprüchen und den 3 Motetten (op. 109 und 110) nun nur noch der Kammermusik und dem Lied zu. Es begann die Zeit der »einsamen Monologe«. Umso erstaunlicher ist, daß das G-Dur-Quintett außer durch seine meisterliche kompositorische Reife durch jugendlichen Überschwang aus diesem Rahmen hervorsticht. Das Werk entstand im Sommer 1890 in Wien und Bad Ischl. Am 11. 11. des gleichen Jahres kam es zur Uraufführung im Bösendorfer Saal zu Wien (Erschienen: 1891, Simrock. GA: Bd. VII,4, Aufführungsdauer: 25'). Zu wogenden Sechzehnteln der Violinen und Violen präsentiert sich im *ersten Satz* (Allegro non troppo, ma con brio, 9/8, G) das Cello mit einem zupackenden Hauptthema, das aber aus einem kunstvoll konstruierten Komplex besteht. Der *zweite Satz* (Adagio, 2/4, d) läßt im Romanzenton die Melodik solistisch vortragen. Wieder wird die elegische Bratsche bevorzugt. Stimmungsvoll gibt sich auch der *dritte Satz* (Un poco allegretto, 3/4,g), dessen elegischer Moll-Klang im Trio nach Dur aufgelichtet wird. *Das rasante* Finale ist wieder einmal ungarisch gefärbt (Vivace ma non troppo presto, 2/4, G) und verbreitet, kunstvoll gebaut, tänzerische Energie.

Klarinetten-Quintett op. 115

Dem 2. Streichquintett von 1890 folgte im Sommer 1891 Brahms' letzte Komposition für gemischte Besetzung: das Klarinetten-Quintett h-Moll op. 115 (Erschienen 1892, Simrock; GA: Bd. VII, Nr. 5, Aufführungsdauer: 34'). Die Uraufführung fand am 12. Dezember 1891 in Berlin, im Saal der Singakademie, mit dem Joachim-Quartett und dem hervorragenden Klarinettisten Richard Mühlfeld statt; dessen Spiel hatte den Komponisten zu seinen gesamten späten Klarinetten-Werken angeregt. Dieses Spätwerk ist eines der schönsten Werke von Brahms. Es gehört zu den späten »Monologen«, die jenes Feld sind, in das sich Brahms enttäuscht und verbittert von der Bürgerwelt seiner Zeit zurückzog. »Sein Blick richtete sich zurück zu jenen Idealen von Schönheit, Menschlichkeit, wie er sie in den Werken der Klassiker verkörpert sah, die er seit seiner Jugend intensiv studiert hatte« (Siegmund-Schultze). Die Haltung wehmütigen Abschiednehmens zeigt sich in den leise verklingenden Schlüssen aller vier Sätze. Auch im Finale gibt es am Ende keinen Dur-Schluß. Dort steht, zunächst Forte, ein h-Moll-Akkord, der dann dynamisch verlischt und schließlich piano noch einmal wiederholt wird.

Der *erste Satz* (Allegro, 6/(8, h) beginnt mit kräftigem melodischem Schwung in vielschichtiger thematischer Bildung

Die Klarinette dominiert, auch bei leisem Zusammenspiel, und verleiht vor allem in den tiefen Lagen dem Ganzen sanfte Klangfärbung. In der Durchführung verbindet sich motivisch-thematische Arbeit mit dem Variieren ganzer Komplexe. Organisch führt das auch in die Reprise. Der *zweite Satz* (Adagio, 3/4, H) ist dreiteilig angelegt. Klarinette und 1. Violine führen die beiden gesangvollen Rahmenteile, in denen die sordinierten Streicher den Klang apart färben:

Im ausgedehnten Mittelteil ergeben sich aus improvisierenden Klarinetten-Monologen und schmerzlichen Ausbrüchen der Streicher fast impressionistische Klangwirkungen. Der Klarinetten-Beginn des *dritten Satzes*

(Andantino, 4/4, D) erinnert an den Beginn des 2. Satzes der 3. Sinfonie. Ein eingeschobenes Presto non assai, ma con sentimento (2/4), das aus dem Hauptgedanken des Satzes entwickelt ist, bringt den von Brahms so geliebten »ungarischen Ton« ins Spiel:

Der *Schlußsatz* (Con moto, 2/4, h) besteht aus einem Thema und fünf Variationen mit anschließender Coda:

Nach den Charaktervariationen wird in der Coda das Hauptthema des ersten Satzes noch einmal intoniert, und das Werk mündet in jene Geste müden, freundlichen Abschieds, der von Anbeginn angeschlagen wurde. »Brahms nahm Abschied von der Welt. Aus seinen letzten Werken tritt uns die Haltung eines Menschen entgegen, der von der Welt – für sich selbst und für sie – nichts mehr erwartet, der sich aber dennoch ein wehmütig-prekäres Gleichgewicht in der eigenen Brust geschaffen hat« (Georg Knepler).

Drei Streichquartette op. 51, Nr. 1, 2 und op. 67

Es ist kein Zufall, daß Johannes Brahms sich die beiden zentralen Instrumentalgenres der Klassik, Sinfonie und Streichquartett, mit besonderer Sorgfalt, in langem Ringen, erobert hat. Die Veröffentlichung eines h-Moll-Quartetts, das Brahms als Zwanzigjähriger komponiert hatte, stellte er – obwohl von Robert Schumann befürwortet – doch wieder zurück. Nach eigener Aussage hat er vor Op. 51 bereits mehr als 20 Streichquartette komponiert. Sein Kommentar: *Es ist nicht schwer, zu komponieren, aber es ist fabelhaft schwer, die überflüssigen Noten unter den Tisch fallen zu lassen.*

Bis heute zählen die drei Brahms-Quartette zu den Meisterwerken des Genres im 19. Jahrhundert. Vorbilder sind Mozart, Beethoven und Schubert. Die beiden Quartette op. 51, die Brahms seinem Freunde, dem Arzt Theodor Billroth gewidmet hat, wurden während des Sommers 1873 in

Tutzing am Starnberger See vollendet. Skizzen zu beiden Werken entstanden aber schon in den sechziger Jahren.

Das *1. Streichquartett* op. 51 (Erschienen wie das zweite 1873, Simrock. GA: Bd. VII, Nr. 5. Aufführungsdauer: 27') ist energisch-trotzig und steht wie die 1. Sinfonie von Brahms in c-Moll. Beethovenschen Zuschnitt hat auch das Hauptthema, mit dem die 1. Violine den *ersten Satz* (Allegro, 3/2, c) eröffnet:

Die bewußt »beethovensche« Eröffnung wird aber anschließend auf für Brahms charakteristische, neue Weise fortgesetzt, inhaltlich kontrastiert: In harmonisch völlig neues, wechselndes Licht getaucht, folgt eine innig-kantable melodische Partie,

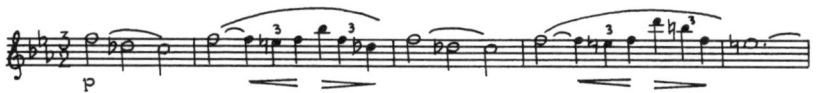

deren Fortspinnung der aufwärtsstrebenden, energisch punktierten Bewegung ein allmähliches, fast wehmütiges Abgleiten in die tieferen Klangregionen entgegensetzt. Überschaut man den Satz im Ganzen, so führt er nicht, wie bei Beethoven zu erwarten, zu tatkräftiger dramaturgischer Lösung. Er klingt aus in »leisem« Schluß, einem sanft an- und abschwellenden C-Dur-Dreiklang.

Als *zweiter Satz* folgt eine *Romanze* (Poco adagio, 3/4, As). Auch hier wird die Erinnerung an Beethoven wach, an die Es-Dur-Cavatina aus dessen Quartett op. 130. Und zugleich fällt auch hier die neue Haltung bei Brahms ins Auge: Das innige, kantable Melos wird bei ihm mit Nachdruck in tiefe, klangdunkle Lagen geführt. Im Mollteil wird der Grundton lyrischer Versponnenheit ins Elegische gewandelt.

Zum Typ des Brahmsschen Intermezzos gehört der *dritte Satz* (Allegretto molto moderato e commodo, 4/8, f). Wir können deutlich Vorgriffe auf den 3. Satz der Brahmsschen F-Dur-Sinfonie op. 90 gewahren. Hier führt zunächst die Bratsche, Brahms' Lieblingsinstrument, melodisch. Im *Trio-Teil* (Un poco più animato, 3/54, F) erklingt eine schlichte Ländlerweise, die durch Pizzikato-Akkorde der Bratsche und durch die Kopplung des auf leerer Saite gespielten und auf der d-Saite gegriffenen a in der 2. Violine klanglich reizvoll nuanciert wird.

Zu Beginn des Finalsatzes (Allegro, alla breve, c) greift Brahms motto-

155

artig auf den Hauptgedanken des ersten Satzes zurück. Insgesamt kehrt die Spannung des ersten Satzes in neuer musikalischer Formulierung wieder, nun noch an Intensität beträchtlich gesteigert. Vor allem das Schluß-Stringendo über einem 14 Takte umspannenden Orgelpunkt auf dem Ton c führt zu einer gewaltigen dramatischen Aufgipfelung, die in den abrupten, aus dem Hauptthema des ersten Satzes bekannten fallenden Intervallsprung es-fis mündet, ehe drei kadenzierende Akkorde den endgültigen Schlußpunkt (in Moll!) setzen.

Das *2. Streichquartett* a-Moll, op. 51, Nr. 2 (Erschienen 1873, Simrock; GA: Bd. VII, Nr. 6, Aufführungsdauer: 34') wurde von Brahms vermutlich noch vor dem c-Moll-Werk in Angriff genommen. Hier sind alle vier Sätze inhaltlich und motivisch eng miteinander verbunden. So bildet der großangelegte *erste Satz* (Allegro non troppo, alla breve, a) die Keimzelle des ganzen Werkes. Das ausdrucksvolle Hauptthema, mit dem die Violine sogleich beginnt,

p espressivo

erinnert an das musikalisch-poetische Motto, das der junge Brahms vom befreundeten Geiger Joseph Joachim übernommen hatte, die Töne f-a-e (»Frei, aber einsam«). Wir begegnen diesem Motto auch im ersten Satz der 3. Sinfonie. Aus diesem weit gesponnenen Gesang mit seinem Aufschwung, aber auch seinen elegischen Zügen, entwickelt der Komponist die weiteren wichtigen Themen des ganzen Quartetts.

Eigenartig und neuartig wirkt der *zweite Satz* (Andante moderato, 4/4, A), eines der poesievollsten Instrumentalstücke des Meisters. Die Hauptmelodie weist zum einen auf das Seitenthema des ersten Satzes, zum anderen wurde sie im Einsatz von Vorhaltswirkungen spürbar durch Mozart inspiriert (während im ersten Satz Anregungen Franz Schuberts deutlich werden). Im dramatisch-kontrastreichen fis-moll-Mittelteil bewirken Tremolo-Effekte fast szenische Wirkungen. Vor allem erscheinen hier auch ungarische Intonationen (Brahms hatte vor, das Quartett seinem Freund Joachim, der Ungar war, zu widmen). Museteartig, mit Quintbässen, beginnt der *dritte Satz* (Quasi Minuetto, moderato, 3/4, a). Das Thema dieser zarten, sich grazil im 3/4-Takt wiegenden Musette klingt wiederum ans Hauptthema des ersten Satzes an. Zweimal wird es durch rasche Zwischensätze »voll kontrapunktischer Teufeleien« (Max Kalbeck) kontrastiert (Allegretto vivace, 2/4, A).

Im Hauptthema des *Finalsatzes* (Allegro non assai, 3/4, a) schafft der Komponist eine bemerkenswerte inhaltliche Synthese: Die Melodie klingt wiederum entfernt an das Hauptthema des ersten Satzes an, sie prägt aber auch den ungarischen Tonfall mit Nachdruck aus:

Schwärmerische und energische Züge verbinden sich hier in lebhafter, rhythmisch gespannter Bewegung. Das überschäumende Temperament in dieser Melodie und ihren Fortspinnungen droht durch »ungarische« Synkopierungen immer wieder über die Stränge des 3/4-Taktes zu schlagen. Nur die energischen Akzentuierungen der Begleitung vermögen sie »im Takt« zu halten. Eine sanft bewegte Ländlerweise kontrastiert zu dem wild bewegten Beginn. Doch immer wieder bricht sich das magyarische Temperament Bahn, bis schließlich der Komponist im abschließenden più vivace beide Melodien kunstvoll verzahnt und gemeinsam zum schwungvollen Ende führt: einer fast dramatischen Stretta mit zwei abschließenden kadenzierenden Akkorden. Wie im c-Moll-Quartett bleibt der Moll-Klang am Ende erhalten.

Uraufgeführt wurden das Quartett c-Moll op. 51, Nr. 2 durch das Hellmesberger-Quartett am 11. Dezember 1873 im Wiener Musikvereinssaal und das a-Moll-Quartett op. 51, Nr. 2 durch das Joachim-Quartett am 12. Oktober 1873 in der Berliner Singakademie.

Das *3. Streichquartett* B-Dur op. 67 wurde in wesentlich kürzerem Zeitraum als seine beiden Vorgänger komponiert. Es entstand in der zweiten Hälfte des Jahres 1875 in Ziegelhausen bei Heidelberg und wurde wiederum einem Arzt gewidmet: Professor Theodor Engelmann aus Utrecht, dessen Gattin eine begabte, von Brahms' Werken besonders begeisterte Pianistin war. (Erschienen 1876, Simrock, GA: Bd. VII, Nr. 8. Aufführungsdauer: 33'). Dieses Quartett ist im Vergleich zu den vorangegangenen Werken von geradezu klassischer Gelöstheit und Heiterkeit.

Das verrät sogleich der Beginn des ersten Satzes (Vivave, 6/8, B) mit seinen lustigen und energischen Klängen, die das Horn imitieren (sie erinnern nicht zufällig an Mozarts »Jagd-Quartett«).

Sie beschwören unbeschwert heitere Naturstimmungen. Diese Haltung bestimmt den ganzen Satz, auch im zweiten Thema. Beide Themen rückt Brahms hier in immer neues Licht, zumal in der Durchführung, wo lebhafte Fröhlichkeit und der Ausdruck inniger »Sehnsucht nach Liebe« (Wilhelm Altmann) hervortreten, sowie in der kräftig sich steigernden Reprise.

Zu einem Gesang von schlichter Schönheit hebt Brahms im *zweiten Satz* (Andante, 4/4, F) an:

Der Mittelteil bringt durch Punktierungen und differenziertere Bewegung Spannung ins Spiel, die sich dann mit der Rückkehr jener Gesangsmelodik wieder beruhigend löst. Der *dritte Satz* (Agitato, 3/4, d) steht wieder als typisches Brahmssches Intermezzo an der Stelle des Menuetts oder Scherzos der Klassiker. Die Bratsche tritt melodieführend hervor, von den sordinierten übrigen Instrumenten synkopisch begleitet. Auch im *Trio*-Teil (a-Moll) hat die Bratsche die melodische Führung. Eine 18-taktige Coda hellt am Ende das Geschehen in mildes D-Dur-Licht auf.

Das *Finale* (Poco Allegretto con Variazioni, 2/4, B) beginnt mit einem Thema von klassischer Schlichtheit und klassischem Ebenmaß:

Zunächst folgen fünf Figural-Variationen, in denen die Bratsche, danach dann die 1. Violine mit Figurenwerk hervortreten. Die 4. Variation rückt nach Des-Dur, die 5. nach b-Moll. Die folgende Variation (Doppio Movimento) bringt in 2. Violine und Bratsche wieder das »Horn-Thema« aus dem ersten Satz ins Spiel und macht auch eine gewisse Verwandtschaft zwischen diesem und dem Variationen-Thema selbst bewußt. Die folgenden Variationen beruhen auf Veränderungen beider Themen. Am Ende werden sie gar gekoppelt: Kunstvollste Satzweise im Dienste unbeschwert heiteren Musizierens.

Mit diesem B-Dur-Werk, das vom Joachim-Quartett am 30. Oktober 1876 in der Berliner Singakademie uraufgeführt wurde, nahm Brahms ein Jahr vor der ersten Aufführung seiner 1. Sinfonie und 22 Jahre vor seinem Tode vom Genre des Streichquartetts Abschied.

KAMMERMUSIK MIT KLAVIER

Klavierquintett f-Moll op. 34

Widmung: Ihrer Königlichen Hoheit,
der Frau Prinzessin Anna von Hessen gewidmet
Besetzung: Klav, 2Vl, Vla, Vc. Aufführungsdauer: 45'
Erschienen: 1865, Rieter-Biedermann. Uraufführung: 22. 6.
1866, in einer
»musikalischen Abendunterhaltung« des Leipziger Konservatoriums.
GA: Bd. VIIII, Nr. 1

In diesem Werk hat der 31-jährige Brahms einen gewichtigen Schritt zur
Sinfonik getan. Er ist ihm nicht leicht gefallen. Erste Skizzen entstanden
1861, zunächst für ein Streichquintett. Dann entstand eine Fassung für 2
Klaviere, die den Freunden durchaus gefiel. Clara Schumann meinte freilich, daß »die Gedanken über ein ganzes Orchester ausgestreut werden
müßten.« Die Umarbeitung zum Klavierquintett erfolgte dann 1864 in
Wien. Im Sommer dieses Jahres spielte Brahms mit Clara Schumann die
Fassung für zwei Klaviere der Landgräfin Anna von Hessen vor. Sie zeigte
sich so begeistert, daß Brahms ihr das Werk in beiden Fassungen, für
zwei Klaviere und Klavierquintett, widmete. Die Fassung für zwei Klaviere ließ Brahms auch künftig gelten. Er veröffentlichte sie als Sonate f-
Moll für zwei Kaviere op. 34bis 1871 und spielte sie am 14. April 1864 im
Wiener Musikvereinssaal zusammen mit Karl Tausig zum ersten Male öffentlich.

In die leidenschaftlichen Klänge dieser Musik ist viel Autobiographi-
sches eingeflossen, ohne daß sich Brahms dazu jemals genauer geäußert
hätte. Er hat nur angedeutet, daß in ihm »Werther"-Stimmung herrsche.
Seine Werther-Zeit war nach eigenen Worten die Zeit bei den Schumanns,
als in ihm die Leidenschaft für Schumanns Gattin Clara aufloderte, sein
Verzicht am Ende, aus dem dann ihre lebenslange Freundschaft erwuchs.

Vier Sätze führen von totzig-kämpferischem f-Moll über Hoffnung und
Kämpfe im Finale nach f-Moll zurück. Ein sehr weiter gedanklicher Bogen
wird gespannt, in dem musikalisch Anregungen der großen Vorbilder,
Beethovens und besonders Schuberts immer wieder aufleuchten. Nicht
zufällig werden, vor allem im Finale, aber auch in den Strettastrukturen
Anregungen Verdis (aus der Zeit seiner mittleren Opern) zu registrieren
sein.

In sehr ausgedehnter Sonatenform präsentiert sich der *erste Satz* (Allegro non troppo, 4/4, f). Unisono setzt das Hauptthema ein, erreicht im 4. Takt auf einer Fermate den dominantischen C-Dur-Akkord:

Es entwickelt sich in Klavier und Streichern in großen Blöcken, bis Klavier, Geigen und Bratsche einen neuen Gedanken in weichem Espressivo finden. Dann wendet sich das Geschehen mit neuem melodischen Material nach gis-Moll (auch hier tritt Brahms' Lieblingsinstrument, die Bratsche, wieder führend hervor). Weiter geht's nach Des-dur, werden Schluß der Exposition und Beginn der Durchführung miteinander verschmolzen. Am Ende wird über eine Kadenz der Streicher der grandiose Fortissimo-Abschluß dieses gewaltigen Satzes erreicht.

Der *zweite Satz* (Andante, un poco Adagio, 3/4, As) ist von besonderem romantisch-poetischem Reiz, mit Anklängen an Schubert und Schumannsche Schwärmerei. Ein besonderer »Wurf« ist der *dritte Satz* (Scherzo / Allegro, 6/8, c-Moll). Ihn bestimmen ein ostinates Cello-Pizzikato und vollklingende Gesanglichkeit. Eine C-Dur-Weise im Trio steht ganz im lyrischen Brahmsschen »Volkston«.

Das *Finale* (Poco sostenuto, alla breve / Allegro non troppo, 2/4, f) führt aus langer, konfliktreicher Einleitung in den Allegro-Hauptsatz, der zunächst hartnäckig auf ziemlich sprödem, widerborstigem thematischem Gestus beharrt. Hier wird die Stretta sehr ausgedehnt (Presto, non troppo, 6/8). Sie führt von cis-Moll nach f-Moll zurück und endet in einem herabstürzenden Motiv in Moll.

Drei Klavierquartette op. 25, op. 26, op. 60

Es gibt Klavierquartette von Mozart. Bei Beethoven und Schubert finden sie sich nicht. Erst durch Menselssohn-Bartholdy, Schumann und endlich vor allem durch Johannes Brahms wurden sie wieder exemplarisch neben Klavier-Trio und Streichquartett gepflegt. Die ersten beiden Klavierquartette (Besetzung: Klav, Vl, Vla, Vc), schrieb Brahms wieder einmal kurz hintereinander. Sein *erstes,* das in *g-Moll, op. 25*, ist bis heute sein populärstes geblieben. Er hat es dem Baron Reinhard von Dalwig gewidmet, dem Oldenburger Hofintendanten, in dessen Diensten sein Freund Albert Dietrich stand. Es wurde im Herbst 1861 in Hamm bei Hamburg vollendet. Die Uraufführung fand mit Clara Schumann am Klavier am 16. November

1861 als »Musikalische Abendunterhaltung« im Kleinen Wörmserschen Saal zu Hamburg statt.

Erschienen: 1863 Simrock. GA: Bd. VIII,2. Aufführungsdauer: 40'.

In schlichtem »Erzählerton« eröffnet das Klavier den *ersten Satz* (Allegro, 4/4, g):

Nach phantasievollem Weiterspinnen und Modulieren im umfangreichen Expositionsteil bleibt es bei knapper Durchführung. Als Strukturprinzip dieses Satzes, der einer der umfangreichsten in Brahms' Kammermusikwerk ist, bleibt bis zur verdämmernden Coda vor allem die Entfaltung und Ausarbeitung mehrerer thematischer Gedanken erkennbar. Es ist eine phantasievolle Arbeit des 21-jährigen Genies. Der *zweite Satz* (Allegro non troppo, 9/8, c) ist ein typisches Brahmssches Intermezzo, in klanglichem Dämmer. Knappe melodische Gebilde werden von einer Achtel-Repetition im Cello grundiert:

Das As-Dur-Trio (Animato) steuert dazu die lichteren Farben bei. Von eigenem Charakter ist der *dritte Satz* (Andante con moto, 3/4, Es). Das Klavier beginnt »poco f espressivo«, zweimal wird ein C-Dur-Höhepunkt erreicht. Zum dynamischen Crescendo kommt zunehmender Marsch-Charakter. Das Klavier führt. Am Ende dominiert wieder der hymnische Ton des Beginnes. Der populäre *vierte Satz* (Rondo alla Zingarese / Presto, 2/4) g) ist ständig in brillanter Bewegung und präsentiert mit hörbarem Vergnügen alle Effekte der von Brahms so geliebten Zigeunermusik. Er ist ein hochvirtuoses, überaus wirkungsvolles Finale.

Das *2. Klavierquartett* A-Dur, op. 26 entstand ebenfalls im Herbst 1861 in Hamm bei Hamburg. Damals wohnte der Komponist bei Elisabeth Rösing. Sie war die Witwe eines Privatgelehrten und vor allem Tante von Betty und Marie Völckers, die damals beide zum Hamburger Frauenchor von Brahms gehörten. Darum also die Widmung von op. 26 an »Frau Dr. Elisabeth Röding«. Die erste Aufführung fand am 29. November 1862 im

Wiener Musikvereinssaal mit Brahms am Klavier statt. Erschienen: 1863, Simrock. GA: Bd. VIII, Nr. 3. Aufführungsdauer: 35'

Im Vergleich zum 1. Klavierquartett erscheint das A-Dur-Werk intimer, auch zurückhaltender, wenngleich dramatische Spannungen nicht ausbleiben. Im *ersten Satz* (Allegro non troppo, 3/4, A) findet sich eine gründlichere Ausarbeitung. Auch der *zweite Satz* (Poco Adagio, 4/4, E), mit anfangs sordinierten Streichern, verbindet kammermusikalische Intimität des Ausdrucks mit feiner Ausarbeitung. Der *dritte Satz* (Scherzo, Poco Allegro, 3/4, A) betont den tänzerischen Charakter im Wechselspiel der Instrumente und wird zuweilen derber, nicht zuletzt am Beginn des d-Moll-Trios. Tänzerische Bewegung herrscht auch im *Finale* (Allegro, alla breve A) mit ausgedehnter Coda (Animato).

Die ersten beiden Sätze des *3. Klavierquartettes c-Moll op. 60* gehen auf frühere Entwürfe (1855) zurück (wo die Grundtonart cis-Moll war!) und stammen aus dem Umfeld der beiden ersten Klavierquartette. Erst zwei Jahrzehnte später wurden der 3. und der 4. Satz geschrieben. Eine erste Aufführung gab es am 18. November 1875 im Wiener Musikvereinssaal mit Brahms und Mitgliedern des Hellmesberger-Quartetts. (Erschienen 1875, Simrock, GA: Bd. VIII, Nr. 4, Aufführungsdauer: 29')

So findet der heutige Hörer in einem Werk die Tonsprache des jungen, schwärmerischen Brahms mit der des Meisters der Sinfonien verbunden. Auf die ersten beiden Sätze, ein energisch ausgreifendes *Allegro non troppo* (3/4, c) und ein Scherzo (Allegro, 6/8, c) mit stetig pochenden Achtel-Triolen folgt mit dem 3. Satz ein Andante (4/4, E) von volksliedartig schlichter Melodik in intensiver kontrapunktischer und figurativer Verarbeitung. Das *Finale* (Allegro commodo, alla breve, c) weist dann ziemlich unmittelbar auf die Sprache der 1. Sinfonie. Choralartige Einwürfe in der Durchführung und eine ins hymnische C-Dur zielende Stretta legen diesen Eindruck besonders nahe:

Klavier-Trios op. 8, op. 87, op. 101

Durch Haydn, Mozart und Beethoven hat das Klavier-Trio sein klassisches Profil gefunden. Vor allem Mendelssohn und Schumann haben diese Tradition im 19. Jahrhundert fortgeführt. Bei Brahms erreichte sie einen besonderen Höhepunkt. Klavier-Trios hat dieser Komponist in allen Phasen seines Schaffens geschrieben.

Das *1. Klaviertrio H-Dur, op. 8* gibt es in zwei deutlich voneinander verschiedenen Fassungen. Die erste Fassung entstand im Januar 1854 auf der Basis früherer Vorarbeiten in Mehlem und Düsseldorf, bei den Schumanns also. Der 21jährige Komponist bewegt sich in romantischen Gefilden, läßt die Phantasie schweifen. Eine erste öffentliche Aufführung gab es in Breslau am 18. Dezember 1855. Die eigentliche öffentliche Uraufführung hatte schon einige Tage zuvor im fernen New York (am 27. November, in Dodsworth's Hall) stattgefunden. (GA: Bd. IX, Nr. 1. Erschienen: 1854, Breitkopf & Härtel). Eine grundlegend veränderte Fassung entstand dann 35 Jahre später, in Bad Ischl. Brahms: *Ich habe mein H-Dur Trio noch einmal geschrieben und kann es Op. 108 statt Op. 8 nennen.* Unverändert blieb dabei nur das Trio des Scherzo. Im Ganzen läuft die Neukomposition auf Straffung und Kürzung der alten Werk-Substanz hinaus. Op. 8 in 2. Fassung (GA: Bd. IX, Nr. 2) hatte am 10. Januar 1890 in Budapest seine Uraufführung. Brahms (Klavier) musizierte mit Jenö Hubay (Violine) und David Popper (Violoncello). Die Druckausgabe erschien 1891 bei Simrock. Aufführungsdauer: 30'.

Typisch die liedhaft schwärmende Melodik, die den 1. Satz (Allegro con brio <con moto>, alla breve, H) einleitet:

Mit diesem Thema verwandt ist auch die Scherzo-Melodik des *2. Satzes* (Allegro molto, 3/4, h, Trio: H), die imitatorisch beginnt, während das Trio, das in den für Brahms tpyischen weichen Sexten schwelgt, charakteristischerweise auch in der 2. Fassung (der heute meist benutzten) unverändert steht. Feierliche Klavierakkordik und zartes melodisches Linienspiel prägen den *3. Satz* (Adagio <non troppo>, 4/4, H). Eine formal besondere Gestalt hat das *Finale* (Allegro <molto agitato>, 3/4, h-H). Dem h-Moll-Hauptthema folgt ein dreiklangsorientiertes D-Dur-Thema in betontem Kontrast. Der Wiederaufnahme des 1. Themas folgen ein H-Dur-Teil und durchführungsartig verarbeitetes bisheriges thmeatisches Material, mündend in eine Apotehose des Dur-Themas. Danach geht es in die vom 1. Thema eröffnete Coda.

Das *2. Klaviertrio C-Dur, op. 87* entstand in den Sommertagen 1880 und 1882 in Bad Ischl. GA: Bd. IX, Nr. 3, Aufführungsdauer: 27', Erschienen: 1882, Simrock. Die erste Aufführung gab es am 29. Dezember 1882 mit Brahms am Klavier in Frankfurt/M. Ein mottoartiges Thema eröffnet den *1. Satz* (Allegro, 3/4, C):

Es wird kunstvoll verarbeitet, vor allem in polyphoner Struktur. Der *2. Satz* (Andante con moto, 2/4, a) bringt Variationen über ein Thema mit ungarischem Akzent. In ungestümer, aggresiver Bewegung präsentiert sich der *3. Satz* (Scherzo /Presto, 6/8, c, Trio: Poco meno presto, 6/8, C). Voll fließender Bewegung und Beweglichkeit ist das *Finale* (Allegro giocoso, 4/4, C).

Das *3. Klaviertrio c-Moll op. 101* wurde im Sommer 1886 in Thun geschrieben (Erschienen 1887, Simrock. GA: Bd. IX, Nr. 4, Aufführungsdauer: 20'). Brahms spielte mit Jenö Hubay und David Popper am 20. Dezember 1886 die Uraufführung in Budapest aus dem Manuskript.

Besonders im *ersten Satz* (Allegro energico, 3/4, c) mit mottoartiger Eröffnung und punktierter Thematik dominieren dramatische, kämpferische Haltungen. Sie wirken im folgenden *Scherzo* (Presto non assai, alla breve, c) fort. Der *3. Satz* (Andante grazioso, 3/2 - 2/4, C) setzt dagegen volksliedartige Dur-Klänge in melodisch komplizierter Periodenbildung: einem 3/2-Takt folgen jeweils zwei 2/4-Takte:

im Mittelteil wird das Tempo beschleunigt, es wechseln jeweils ein 9/8- und ein 6/8-Takt. Der *vierte Satz* (Allegro molto, 6/8, c-C) hat wiederum drängende Kraft. Klangliche Trübungen weisen auf den Spätstil des Komponisten. Sie lösen sich am Ende in reinen Dur-Harmonien.

Klavier-Trios op. 40 (mit Horn bzw. Viola), op. 114 (mit Klarinette bzw. Viola)

Das *Es-Dur-Trio op. 40 für Klavier, Violine und Horn (oder Viola, Violoncello)* entstand im Mai 1865 in Baden-Baden (GA: Bd. IX, Nr. 5). Im gleichen Jahr, am 28. November, kam es in Zürich mit Brahms am Klavier zur Uraufführung (Erschienen: 1866, Simrock; Aufführungsdauer: 30')
Der *erste Satz* (Andante, 2/4, Es) ist in seinem ruhigen melodischen Fluß vom »romantischen« Hornklang hörbar inspiriert. Zwei thematische Komplexe bilden die strukturelle Substanz. Dem Klavier sind vor allem Begleitfiguren und harmonische Farbgebung zugeordnet. Die Stakkato-Ketten des *2. Satzes* (Scherzo/ Allegro, 3/4, Es – Trio: Molto meno Allegro,

3/4 as) treten im Trio in Kontrast zu verschleiernden Klangbildungen. Sie führen zum elegischen Gesang des *3. Satzes* (Adagio mesto, 6/8, as). Eine schwungvolle Jagdszene entwickelt sich im *Finale* (Allegro con brio, 6/8, Es), ganz dem gewohnten Hornklang gemäß.

Das *a-Moll-Trio op. 114 für Klarinette (oder Viola), Violoncello und Klavier* ist ein Werk im Spätstil; es ist mit dem Klarinettenquintett op. 115 im Sommer 1891 in Bad Ischl entstanden, wurde im Dezember gleichen Jahres von Brahms mit Richard Mühlfeldt (Klarinette) im Saal der Berliner Singakademie uraufgeführt (Erschienen 1892, Simrock. Aufführungsdauer 22', GA: Bd. IX, Nr. 6).
Auffallend ist hier die Lockerheit der Strukturen, des Satzbildes allgemein. Aus dem solistischen Cello-Beginn des *1. Satzes* (Allegro, 4/4, a) entwickelt sich kontrapunktierendes, seltsam verhaltenes Musizieren. Kern dieses Werkes ist der *2. Satz* (Adagio, 4/4, D) mit reich figuriertem Klaviersatz und beseeltem Wechselspiel der Instrumente. Als betont trivialer Ländler präsentiert sich der *3. Satz* (Andante grazioso, 3/4, A). Das Finale (Allegro, 2/4 <6/8>, a) vermittelt eine in sich gekehrte Haltung, klingt spröde.

Scherzo c-Moll WoO 2

Unter dem 15. Oktober 1853 findet sich im »Haushaltsbuch« Robert Schumanns der Hinweis: »Idee zu einer Sonate für Joachim«. Das betrifft eine Gemeinschaftsarbeit Schumanns, Brahms' und Albert Dietrichs. Jeder der drei Freunde schrieb einen Sonatensatz für das gemeinsame Werk, das, dem Geigerfreund Joseph Joachim gewidmet, das Joachim-Motto »f-a-e« (»Frei, aber einsam«) als Thema hatte. Besetzung selbstverständlich: Violine und Klavier. Brahms hatte zu diesem Werk für den Freund das *Scherzo c-Moll* beigesteuert. Im Hause Schumanns erfolgte die Übergabe des kompletten Manuskripts an Joachim durch Gisela von Arnim am 28. Oktober. Brahms (Klavier) und Joachim (Violine) spielten sogleich aus der Handschrift. Das Scherzo wurde erst 1906 als WoO 2 (posthum) durch die Deutsche Brahms-Gesellschaft veröffentlicht (GA: Bd. X, Nr. 4, Aufführungsdauer: 6')
Die kleine Arbeit zeigt schon bemerkenswerte Züge des späteren Brahms-Stiles: Da ist ein pulsierender, drängender Rythmus, der sich auch später in manchen Brahms-Scherzi finden wird:

Die Instrumente konzertieren gleichberechtigt, das f-a-e-Motto wird schon nach Art der Brahmsschen »entwickelnden Variation« behandelt.

Drei Sonaten für Klavier und Violine, op. 78, op. 100 und op. 108

Die drei Violinsonaten aus Brahms' Meister-Zeit gelten bis heute als Spitzenwerke des Genres aus dem späten 19. Jahrhundert. Die ersten beiden atmen Frohsinn, Lebensfreude, aber auch die für Brahms charaktertistische Melancholie. Die *1. Violinsonate G-Dur op. 78* entstand in den Sommern 1878 und 1879 in Pörtschach. Sie erklang am 8. November 1879 zum ersten Male, in Bonn. (Erschienen 1879, Simrock. GA: Bd. X, Nr. 1, Aufführungsdauer: 25') Diese Sonate gehört in Haltung und Anlage in die Nähe der 2. Sinfonie und des Violinkonzertes. Man nennt sie die »Regensonate«, weil Brahms in ihr thematisch an sein »Regenlied« (op. 59, Nr. 3) nach Versen des Freundes Klaus Groth anknüpft:

Das Thema des *1. Satzes* (Vivace non troppo, 6/4, G) ist schon dieser »Regenmelodie« verwandt. Der Satz selbst wirkt aber lebenslustig, aktiv, freundlich. Der melancholischen Stimmung des Gesanges kommt dann schon der *2. Satz* (Adagio, 2/4, Es) am nächsten. Der *3. Satz* (Allegro molto moderato, 4/4, g-G) greift die Moll-Melodie des Liedes am ähnlichsten auf, führt sie aber am Ende in lichtes Dur.

Die *2. Violinsonate A-Dur, op. 100* entstand neben der dritten Sonate, der Cellosonate op. 99 und dem Klaviertrio op. 101 im Sommer 1886 in Thun. Sie soll »in Erwartung der Ankunft einer geliebten Freundin«, der Sängerin Hermine Spies nämlich, entstanden sein. Vielleicht ist es kein Zufall, daß das eröffnende Thema des *1. Satzes* (Allegro amabile, 3/4, A) so stark an Stolzings Preislied aus Wagners »Meistersingern« erinnert:

Das »Amabile« durchzieht das ganze Werk; im Wechselspiel der Ausdrucksbereiche des *2. Satzes* (Andante tranquillo, 2/4, F und Vivace, 3/4, d) ebenso wie im Finale (Allegretto grazioso <quasi andante>, alla breve,

A), das mit einer zwölftaktigen, breit ausgesponnenen Melodie auf der G-Saite beginnt und mit kräftigem Doppelgriff-Spiel endet (GA: Bd. X, Nr. 2. Erschienen 1887, Simrock; Aufführungsdauer 18'). Brahms spielte mit Joseph Hellmesberger die Uraufführung am 2. Dezember 1886 im kleinen Wiener Musikvereinssaal. Die *3. Violinsonate d-Moll op. 108* hat Brahms dem Freunde Hans von Bülow gewidmet. Sie entstand neben der Sonate op. 100 im Sommer 1886 in Thun (Erschienen: 1889, Simrock. GA: Bd. X, Nr. 3. Aufführungsdauer: 22'). Die erste öffentliche Aufführung spielte Brahms mit Jenö Hubay am 21. Dezember 1888 in Budapest. In diesem Werk sind Züge des Brahmsschen Spätstils ausgeprägt: Polyphone Arbeit, kühne, meist verschleiert wirkende Harmonik, Kontraste im Ausdruck zwischen Lyrischem, Impulsivem und Konflikthaftem. In der Durchführung des *1. Satzes* (Allegro, alla breve, d) fällt ein 46 taktiges Ostinato auf a (als Viertelnote) auf, das scharfe Dissonanzwirkungen auslöst. Der *2. Satz* (Adagio, 3/8, D) ist ein klangvolles Duett der beiden Instrumente. Als einzige Violin-Sonate von Brahms hat dieses Werk einen *Scherzo-Satz* (Un poco presto e con sentimento, 4/4, fis) von skurriler, schattenhaft dahinhuschender Faktur. Der *4. Satz* (Presto agitato, 6/8, d) bringt wiederum in der Durchführung energische, dramatische Abschnitte ins Spiel, die aus den Charakteren der beiden Themen, einem agressiven und einem lyrischen, gespeist werden.

Cello-Sonaten op. 38, op. 99

Nicht zufällig lautet die Bezeichnung bei Brahms – wie ähnlich im Falle der Violinsonaten: »Sonaten für Klavier und Violoncello«. Der Pianist Brahms geht vom Klavierklang aus, aber er weiß ebenso die kompositorischen Strukturen den Klangwirkungen und Klangmöglichkeiten der jeweiligen Partner-Instrumente anzupassen. Das gilt auch hierfür. Beide Sonaten entstanden mit beträchtlichem zeitlichem Abstand von rund zwei Jahrzehnten. Die *1. Sonate e-Moll, op. 38*, dem befreundeten Juristen und Cellisten Josef Gänsbacher »für freundliche Maklerdienste« (beim Erwerb eines Schubert-Autographs) gewidmet, wurde zwischen 1862 und 1865 komponiert. (Erschienen: 1866, Simrock. GA: Bd. X, Nr. 5, Aufführungsdauer: 25'). Ursprünglich hatte sie vier Sätze. Einen Adagio-Satz nahm Brahms aber aus dem Ganzen wieder heraus.

Ganz dem Klangtimbre des Cello verbunden, beginnt im *1. Satz* (Allegro non troppo, 4/4, e) das tiefe Streichinstrument seinen elegischen Gesang:

Ihm entspringt auch das zweite Thema. Beide werden in der Durch-
führung kunstvoll verzahnt und münden in klangvolles Dur. Der *2.
Satz* (Allegretto quasi Menuetto, 3/4, a) gibt sich zunächst betulich.
Im Trio blüht aber dann eine der schönsten Melodien Brahms' als »langsamer
Walzer« auf. Der *3. Satz* (Allegro, 4/4, e) verbindet Fugen- und Sonaten-
form. Das Thema seiner großangelegten Final-Fuge, das auch die Funk-
tion des Sonatenthemas hat, erinnert nicht zufällig an Bachs »Kunst der
Fuge«:

Am 14. Januar 1871 erklang das Werk erstmals in einer Kammermusik-
Soirée des Leipziger Gewandhauses.

Die *2. Cellosonate op. 99 F-Dur* entstand auf Anregung des mit Brahms
befreundeten Cellisten Robert Hausmann im Sommer 1886 in Thun. Hausmann spielte mit Brahms die Uraufführung am 24. November 1886 im
Kleinen Musikvereinssaal zu Wien (Erschienen: 1887 Simrock. GA: Bd. X,
Nr. 6, Aufführungsdauer: 24'). Das Werk ist anspruchsvoller und auch
komplizierter und konfliktreicher als das vor mehr als 20 Jahren entstandene Schwesterwerk. Bemerkenswert, wie sich im dramatischen *1. Satz*
(Allegro vivace, 3/4, F) die Themen, obgleich für einen Sonatensatz gefunden, ähneln, also nicht als Gegensätze gedacht sind. Es herrschen dramatische Spannung und Unruhe, gefördert durch ausgedehnte Klavier-
Tremoli, dazu scharf geschnittene Melodik. Charaktervoll ist auch der
zweite Satz (Adagio affettuoso, 2/4, Fis) mit seinem Trauermarsch-Duktus.
Das Scherzo, der *3. Satz* (Allegro passionato, 6/8, f), wird von durchaus
klanglich verschattetem, aber auch aggressivem Ernst geprägt, selbst im
ruhig beginnenen F-Dur-Trio. Geradliniger gibt sich das *Finale* (Allegro
molto, alla breve, F), dessen Thema ans Melodiegerüst des Finales der
1. Sinfonie erinnert:

Klarinetten-Sonaten op. 120, Nr. 1-2

Die beiden Sonaten op. 120 sind die letzten Kammermusikwerke des Komponisten. Sie entstanden, wie zuvor das Klarinetten-Trio und das Klarinetten-Quintett, auf Anregung des ausgezeichneten Klarinettisten der Meininger Hofkapelle, Richard Mühlfeldt. Brahms schwärmte von ihm an Clara Schumann: *Du hast keine Idee von einem Klarinettisten wie dem dortigen Mühlfeldt. Er ist der beste Bläser überhaupt, den ich kenne.* Beide Werke wurden im Sommer 1894 in Ischl komponiert. Am 8. und 11. Januar 1895 kamen sie durch Mühlfeldt und Brahms im Wiener Bösendorfer-Saal zur Uraufführung (Erschienen 1895, Simrock. GA: Bd. X, Nr. 6,7. Aufführungsdauer: op. 120,1: 22', op. 120, 2: 19'). Simrock zahlte dem Komponisten für die beiden Werke, die auch statt der Klarinette eine Bratsche vorsehen, das für damalige Verhältnisse ansehnliche Honorar von 6000 Mark. Die *1. Sonate in f-Moll* (op. 120,1) ist in Charakter und Klang die herbere. Das zeigen die motivisch-thematischen Strukturen wie der geschärfte Klarinetten-Klang. Am Beginn des *1. Satzes* (Allegro appassionato, 3/4, f) steht ein für Brahms typisches Thema voll motivischer Binnenbezüge:

Lyrischeren Charakter hat das Seitenthema. Die Entwicklung mündet in eine auffällig selbständige Dur-Coda. Im *2. Satz* (Andante un poco Adagio, 2/4, As) entwickelt sich zunächst gleichsam improvisatorisches Bläserspiel, dem sich das Klavier erst allmählich gleichberechtigt zugesellt. Ein derber Ländler ist der *3. Satz* (Allegretto grazioso, 3/4,f). Die Klarinette führt drastisch. Im Trio werden die Klanggegensätze der Instrumente (hohe Lage der Klarinette, tiefe und Mittellage des Klaviers) sensibel genutzt. Ausgedehnt gibt sich das routiniert dahinjagende *Finale* (Vivace, alla breve, F).

Die *zweite Sonate Es-Dur*, op. 120,2 wirkt verhaltener, inniger im Ausdruck. Das bezeugt sogleich der *1. Satz* (Allegro amabile, 4/4, Es) in dem als Seitenthema eine der schönsten Melodien von Brahms zu hören ist. Der *2. Satz* (Allegro appassionato, 3/4, es) bringt durch den Moll-Klang eine neue Farbnuance ins Spiel. Hymnisch erhaben schreitet dagegen das Trio (Sostenuto). Der *letzte Satz* (Andante con moto, 6/8, Es) beginnt mit einem intermezzoartigen Thema, dem fünf Variationen und eine breite Coda folgen. In der ersten Variation wird das Thema fugiert, 2. und 3. Variation bringen beschleunigte Bewegung, die 4. Variation ist wieder verhaltener und mündet in eine Moll-Variation.

KLAVIERMUSIK

Als Brahms von seinem Vater, der Kontrabaß spielte, frühzeitig in die musikalische Lehre gegeben wurde, hatte er von Anfang an Interesse fürs Klavier. Er brauchte es zum Aufspielen in den Hamburger Kneipen und Vergnügungsstätten. Aber er bezeigte auch früh sein pianistisches Talent. Und ein geachteter, erfolgreicher Pianist ist er das ganze Leben lang geblieben. Daß auch der Komponist Brahms in Klavierspiel, Klaviersatz und Klavierklang »zu Hause« war, ergab sich daraus gleichsam zwangsläufig. So nehmen Kammermusiken mit Klavier, klavierbegleitete Vokalmusik, Bearbeitungen für Klavier, Werke für Klavier zu zwei Händen, zu vier Händen, auch für zwei Klaviere einen ganz beträchtlichen Raum in seiner schöpferischen Arbeit ein. Daß das Brahms-Orchester sozusagen »aus dem Klavierklang heraus« gehört wurde, nimmt da ebensowenig wunder. Die Klaviermusik des Norddeutschen lebt in der Frühzeit von kräftigem, vollem Akkordspiel, von beträchtlicher Virtuosität im Passagenspiel, rhythmischer Brisanz. Im Spätwerk wird der Klang transparenter, nutzt zunehmend auch die Klangregister in Höhe und Tiefe, arbeitet mit verdünnter Stimmigkeit und wird harmonisch kühner. Vergleiche zum Stil des späten Beethoven werden oft und nicht zu Unrecht gezogen.

Nachdem der selbstkritische junge Musiker eine ganze Reihe früherer Werke wieder vernichtet hatte, wurde sein *Scherzo es Moll* für Klavier als Opus 4 das erste Werk, das er, auf Empfehlung Schumanns, zum Druck freigab. Er hat es achtzehnjährig in Hamburg geschrieben. 1854 ist es bei Breitkopf & Härtel erschienen; es ist Ernst Ferdinand Wenzel gewidmet, einem Schüler von Clara Schumanns Vater Wieck. Brahms hat ihn als Leh-

rer am Leipziger Konservatorium kennengelernt. Der Komponist legte das Stück Liszt in Weimar vor. Der spielte es vom Blatt und lobte es. Die öffentliche Uraufführung fand am 8. Juni 1853 durch Brahms in einem Hofkonzert in Hannover statt. Man fand, es sei ein zu »unhöfisches« Stück. Aus Liszts Umgebung verlautete, man höre aus ihm Anlehnungen an Chopin-Musik, die Brahms damals jedoch noch gar nicht kannte. »Rasch und feurig« beginnt das Werk (3/4), in seiner jugendlichen Sprödigkeit schon ganz klar Brahms. Ungewöhnlich ist, daß es zwei Trios gibt (Es-Dur und H-Dur).

Klavier-Sonaten

Die Reihe der Brahmsschen Opera eröffnet mit der *1. Klaviersonate C-Dur*, die der junge Komponist *seinem besten Freund, Sr. Gnaden dem Herrn Konzertmeister* (Joseph Joachim) widmete. 1853 erschien die Sonate bei Breitkopf & Härtel (GA: Bd. XIII, Nr. 1). Brahms selbst spielte die öffentliche Uraufführung in seinem ersten Gewandhauskonzert zu Leipzig, am 17. Dezember 1853. Kraftvoll und in kompaktem Klang beginnt der *1. Satz* (Allegro, 4/4,C). Im *2. Satz* (Andante, 2/4, c) erklingt eine Melodie *nach einem altdeutschen Minnelied* (Brahms), die der Komponist später noch mehrfach (vokal) nutzte:

Ver- stob- len geht der Mond auf

Temperamentvoll und ungestüm kontrastiert dazu das *Scherzo* (Allegro molto e con fuoco, 6/8, e) mit sanglichem C-Dur-Trio (3/4). Ein mitreißendes, hochvirtuoses *Finale* (Allegro con fuoco, 9/8, C) bildet den Beschluß. Brahms soll bei diesem Satz an Worte eines Gedichtes von Robert Burns gedacht haben: »Mein Herz ist im Hochland«.

Die *2. Klaviersonate fis-Moll*, op. 2 wurde Clara Schumann gewidmet. Sie entstand bereits vor einigen Sätzen der C-Dur-Sonate op. 1 (Erschienen 1854, Breitkopf & Härtel, GA: Bd. XIII, Nr. 2). Ein Uraufführungstermin ist nicht nachzuweisen. Im Februar 1882 spielte sie Hans von Bülow in Wien in seinem ersten reinen Brahms-Klavierabend. In diesem nicht minder schwungvollen, aber auch klanglich herben Werk begegnen wir der gründlichen thematisch variativen Arbeit, die für Brahms so charakteristisch ist: Schon der *1. Satz* (Allegro non troppo ma energico, 3/4, fis) weist in den eröffnenden Doppeloktaven auf Substanzgemeinschaft zum *2. Satz* (Andante con espressione, 2/4, h). Hier soll Brahms der eröffenden

Melodie Worte eines altdeutschen Liedes unterlegt haben Es handelt sich möglicherweise um das Lied »Mir ist leide« des Minnesängers Kraft von Toggenburg:

Aus dieser Melodie ist das kantige Scherzo-Thema des *2. Satzes* (Allegro, 6/8, h) abgeleitet:

Es weitet sich im D-Dur-Trio zu volksliedartigem Hörnergesang:

Und es steht als Mottogestalt am Beginn der Introduktion des *Finales* (Sostenuto, 4/4, A, Allegro non troppo rubato). Die *3. Klaviersonate f-Moll op. 5* wurde 1853 in Düsseldorf, bei den Schumanns, vollendet. Sie ist der Gräfin Ida von Hohenthal, geb. Gräfin von Seherr-Thoss »für erwiesene Gastfreundschaft« gewidmet und erschien 1854 (Verlag Bartholf Senff, Leipzig. GA: Bd. XIII, Nr. 3). Andante und Scherzo aus diesem Werk spielte Clara Schumann am 23. Oktober 1854 im Leipziger Gewandhaus. Sie ist wohl auch die eigentliche Adressatin dieses Werkes, der sich das Herz des jungen Komponisten voller Liebe und bald Leidenschaft zuwandte. Nach dem kraftvollen *1. Satz* (Allegro maestoso, 3/4, f) erklingt denn auch ein inniges *Andante espressivo* (2/4 As), dem die Sternau-Verse zugeordnet sind: »Der Abend dämmert, das Mondlicht scheint / Da sind zwei Herzen in Liebe vereint und halten sich selig umfangen«. Es folgt ein *Scherzo* (Allegro energico, 3/4, f) mit vollklingendem, innigem Brahms-Choral als *Trio* (3/4, Des). Dann an vierter Stelle ein den Andante-Satz fortspinnnendes *Intermezzo*, ein typischer Brahms-Satz! (Andante molto, 2/4, b) mit dem bezeichnenden Hinweis »Rückblick«, ehe das *Finale* (Allegro moderato ma rubato, 6/8, f-F) die großangelegte Sonate beendet.

Variationen-Werke

Clara Schumann sind auch die *Sechzehn Variationen über ein Thema von R. Schumann, fis-Moll, op. 9* gewidmet, die der einundzwanzigjährige Brahms 1854 in Düsseldorf schrieb. Er nahm das Thema aus Robert Schumanns »Bunten Blättern« op. 99:

Mit hoher satztechnischer Kunst bezieht er auch andere »Adressen« ein, so vor allem das Thema der geliebten Clara aus Schumanns Impromptus op. 5. Gestalterisch ist das Werk hörbar von der Schumannschen Variationskunst, etwa in dessen »Symphonischen Etüden«, beeinflußt. Es sind Phantasie-Variationen mit Hang zum Kontrapunkt. Die Tonart des Themas (Ziemlich langsam, 2/4, fis) wird nur in den Variationen 9, 10, 15 und 16 verlassen. Die Schumann-Weise steht in der 1. Variation im Baß, später wird sie immer mehr verknappt und verwoben. In Variation 8 (2/4) wird sie Thema eines Kanons in der Oktave. Die langsame 10. Variation (D-Dur) bringt den kontrapunktischen Höhepunkt: Der Originalbaß erscheint als Oberstimme. Seine Spiegelung wird zum Baß, dazwischen erscheinen beschleunigte Thema-Imitationen. Die letzte Variation in Fis-Dur ist passacaglia-ähnlich angelegt.

Die *Variationen über ein eigenes Thema D-Dur op. 21, Nr. 1* entstanden 1857 in Düsseldorf. Die erste nachweisliche Aufführung spielte am 31. 10. 1865 Clara Schumann in Frankfurt/M. (Erschienen 1862, Simrock, GA: Bd. XIII, Nr. 5). Das eigene Thema (Poco larghetto, 3/8, D) zeigt ungerade Struktur im Periodenbau. Die Variationen weisen auf Brahms' enge Beziehungen zur Kunst J. S. Bachs. Er hat sie auch durch seine Bearbeitung der Violin-Chaconne g-Moll für Klavier, linke Hand, demonstriert. Variation 5 des op. 21,1 weist als »Canone in moto contrario« auf Bachs Goldberg-Variationen. Ansonsten ist Brahms hier Meister der Charaktervariation, zugleich einfallsreicher melodischer Gestalter. Das Allegro non troppo der 8. Variation erscheint in temperamentvoll-aggressivem d-Moll. Das D-Dur-Finale hat eine eigene Kantilene, auf dem originalen Harmonieablauf basierend, die Coda endet in überraschendem Pianissimo.

Die *Variationen und Fuge B-Dur über ein Thema von Händel op. 24* sind Brahms' wohl bedeutendster Variationszyklus. Sie entstanden im Herbst

1861, wurden am 7. Dezember des gleichen Jahres von Clara Schumann in Hamburg uraufgeführt (Erschienen 1862 bei Breitkopf & Härtel; GA: Bd. XIII, Nr. 7). Das Thema entnahm Brahms Händels »Lessons for the harpsichord«:

In 25 Variationen wird das Händelsche Aria-Thema bearbeitet. Manche Variationen fügen sich paarweise zusammen. Der Takt wird beibehalten, nur dreimal zum 12/8-Takt erweitert. Nur viermal wechselt die Tonart (dreimal nach es-, einmal nach g-Moll). Brahms arbeitet mit knappen Motiven, mit Verzierungen, Tonwiederholungen, Orgelpunkten, Chromatik, Akkordrückungen. Es gibt Kanontechniken, aber es gibt auch die von Beethoven bekannte Charaktervariation. Da finden sich Schellengeklingel (Variation 14), Jagdklänge (Variation 15), graziös punktierte Melodik. An zentraler Stelle bildet die 13. Variation (Largamente, b-Moll) mit den brahmsschen Sextparallelen das klangdunkle Zentrum. In großangelegtem Cresendo wird die in Sechzehntelbewegung dahinstürmende Fuge à 4 erreicht, die in freier Gestaltung an das Händel-Thema anknüpft. »Händelisch ist aber durchaus der Geist. Stets schimmern in den Mittelstimmen die einfachen Konturen des Originalthemas hindurch, und nach mächtiger Steigerung in den hohen Lagen ertönt das Fugenthema im Marcatissimo-Baß in Vergrößerung, nun prachtvoll gekoppelt mit der ursprünglichen Form. Ein Abschluß wie der folgende mit seiner triumphalen Steigerung war vorher in der Geschichte der Musik nur im Finale der Beethovenschen Hammerklaviersonate op. 106 anzutreffen, mit der sich der reife Brahms nunmehr messen kann.« (Walther Siegmund-Schultze)

Zwei Jahre später hat Brahms in Wien das zweite seiner großartigen Variationenwerke geschaffen: Die *Paganini-Variationen op. 35*. Er nannte sie »Studien für Klavier«. Sie erschienen in zwei Heften zu je 14 Variationen, denen jeweils das berühmte Thema der a Moll-Caprice von Paganini vorangestellt wird:

Non troppo Presto

Die Bekanntschaft mit dem genialen Pianisten Karl Tausig in Wien regte Brahms zu dieser Arbeit an. Sie erschien 1865 bei Rieter-Biedermann (GA: Bd. XIII, Nr. 8). Am 25. November wurde das Werk in Zürich zum ersten Male von Brahms (aus dem Manuskript) aufgeführt. Dann hat sich vor allem Karl Tausig um seine Verbreitung verdient gemacht. In diesen »Hexenvariationen« (so Clara Schumann) konzentrierte Brahms noch einmal alles, was ihm an pianistischer Technik zur Verfügung stand. Sicher angespornt vom Virtuosenruf des Teufelsgeigers aus Genua, dessen a-Moll-Caprice neben Brahms auch Liszt, Schumann, später Rachmaninow und in unseren Tagen Witold Lutoslawski sowie Boris Blacher zu virtuosen Variationen anregte.

Der pianistische Anspruch stand gewiß für Brahms im Vordergrund. Dennoch ist daraus ausdrucksstarke Musik, zumal im Sinne von Charaktervariationen, geworden. Die Variationen beider Hefte widmen sich jeweils bestimmten spieltechnischen Problemen. Dazwischen finden sich Variationen von tiefer lyrischer Ausdruckskraft, zumal die Andante-Variationen Nr. 11 aus Heft I in warmem A-Dur und Nr. 13 aus Heft II (Poco più andante, a Moll).

Vier Balladen op. 10

Diese Balladen entstanden im Sommer 1854 in Düsseldorf. Brahms widmete sie Julius Otto Grimm, dem Freund und einstigen Leipziger Konservatoriumschüler, der mit ihm gemeinsam während Schumanns Todes-Krankheit nach Düsseldorf fuhr, um Clara beizustehen (Erschienen 1856, Breitkopf & Härtel, GA: Bd. XIV, Nr. 2). Brahms lernte damals Herders Sammlung »Stimmen der Völker« kennen. Die Sagenwelt nordischer Völker zog den Komponisten stark an, sie korrespondierte mit der Herbheit und Strenge seiner musikalischen Sprache.

Für die *1. Ballade* (Andante, 4/4, d) hat der Komponist seine Quelle bezeichnet: *Nach der schottischen Ballade »Edward« in Herders ›Stimmen der Völker‹.* Eindringlich wird hier der Dialog um den Vatermord musikalisch gezeichnet. Der Balladenbeginn, »Dein Schwert, wie ist's von Blut so rot?« kann den ersten beiden Takten geradezu als Text unterlegt werden. Zwei Quintsprünge zeichnen die Anrede nach: »Edward, Edward?« Das altertümliche Kolorit erreicht Brahms vor allem durch Vermeiden von Halbtonschritten. Mit den Fragen der Mutter, den ausweichenden Antworten des Sohnes wächst die Spannung in großem Crescendo. Ein pochendes Triolenmotiv charakterisiert das nagende Gewissen. Dann das grausige Geständnis: »Ich hab geschlagen meinen Vater tot« und der Fluch auf die Mutter: »... denn Ihr, Ihr rietet's mir«. Hinweise auf literarische Anregungen fehlen bei den anderen Balladen. Unverkennbar bleibt aber der balladeske Zug, die epische Haltung. Die *2. Ballade* (Andante, 4/4, D-Dur) scheint nächtliche Stimmungen zu beschwören. Stakkati, Oktavschläge und scharfe Dissonanzen im folgenden Allegro non troppo, h-Moll, erinnern an die 1. Ballade. Das nächste Stück hat Brahms als *Intermezzo* (Allegro, 6/8, h) bezeichnet. Schumann empfand es als dämonisch. Im Fis-Dur-Mittelteil hörte Clara Schumann »friedlichen Engelsgesang«.

Die *4. Ballade* (Andante con moto, 3/4, H) schlägt einen innigen Erzählerton an, in schlichter Liedweise, mit Schumannscher sanft abwärts gleitender Achtelfiguration.

Acht Klavierstücke op. 76

Nach den Paganini-Variationen hat Brahms fünfzehn Jahre lang keine Klavierkompositionen angefertigt. Im Sommer 1878, in dem auch das Violinkonzert entstand, schrieb der nun Fünfundvierzigjährige auf der Höhe seiner Schaffenskraft die nächsten Klavierstücke, acht an der Zahl, die er erst nachträglich zu einem Opus 76 vereinigte und in zwei Heften herausgab (Erschienen 1879, Simrock, GA: Bd. XIV, Nr. 4). Die Gesamtaufführung von op. 76 besorgte Hans von Bülow am 29. Oktober 1879 in Berlin. Von den Stücken des 1. Heftes sind zwei »Capriccio«, zwei »Intermezzo« überschrieben, im 2. Heft desgleichen. Brahms war damals mit den Gesamtausgaben der Werke Schumanns und Chopins für Breitkopf & Härtel beschäftigt. Die Stücke op. 76, allesamt reizvolle Klavierminiaturen, sind ein schöpferischer Nachhall dieser Arbeit. Die Bezeichnung »Intermezzo« gilt dabei für Musik besonders verinnerlichten, auch nachdenklichen Charakters. Unter dem Titel »Capriccio« gibt sich Brahms stärker virtuos, nach außen wirkend. Im *1. Capriccio* (Un poco agitato, 6/8, fis), mit dem Heft 1 eröffnet, herrscht darum auch bewegter Balladenton. Heiterer Kontrast ist das ungarisch gefärbte *2. Capriccio* (Allegretto non troppo, 2/4, h). Im Mittelteil wird an ein Brahms-Lied erinnert: »Der Mond steht über dem Berge«. Im *Intermezzo* (Nr. 3) (Grazioso, 4/4, As) herrscht sinnende Abendstimmung. Schatten ziehen auf im *Intermezzo Nr. 4* (Allegretto grazioso, 2/4, B). Auch das zweite Heft eröffnet ein *Caripiccio (Nr. 5)* im Balladenton (Agitato, ma non troppo, 6/8, cis). Das *Intermezzo Nr. 6* (Andante con moto, 2/4, A) wird von »sanft bewegter«, pastoraler Stimmung geprägt. Das *7. Intermezzo* (Moderato semplice, alla breve, a) weist auf Chopin-Nähe. Und das *Capriccio Nr. 8* (Grazioso ed un poco vivace, 6/4, C) mündet in ritardierendem Adagio-Schluß.

Zwei Rhapsodien op. 79

Während des Sommers 1879 entstanden in Pörtschach die beiden Rhapsodien, die Brahms der Seelenfreundin Elisabeth von Herzogenberg gewidmet hat. Sie war beeindruckt von dem »sonderbare Ebben und Fluten« besonders der zweiten, der g-Moll-Rhapsodie. Beide Werke sind wieder größer dimensioniert. Die g-Moll-Rhapsodie nutzt letztmals in Brahmsscher Klaviermusik die Sonatenform. Das Werk erschien 1880 bei Simrock (GA: Bd. XIV, Nr. 5). Die Uraufführung der damals noch als »Caprices« betitelten Stücke spielte der Komponist aus dem Manuskript, am 20. Januar 1880 in Krefeld, in einer Veranstaltung mit nur eigenen Werken.

Die *1. Rhapsodie* (Agitato, alla breve, h) ist ein Spiegelrondo (ABACABA) aus drei Melodien gespeist. Das herbe Thema des B-Teils wurde später von Grieg in seine »Peer Gynt«-Suite übernommen (»Ases Tod«). In der *2. Rhapsodie* (Molto passionato, ma non troppo allegro, 4/4, g) herrschen Stimmungen balladesker Tragik vor. Der Sonatensatz wird um ein drittes Thema erweitert. Unablässiger Triolen-Rhythmus sorgt für drängende, kämpferische Bewegung.

Klavierstücke op. 116 bis op. 119

Fünf Jahre vor seinem Tode schrieb bzw. vollendete Brahms 20 Klavierstücke als seine »letzten Monologe«. Der Alternde erfreute sich zwar zunehmender Anerkennung, aber er begann sich inmitten der bürgerlichen Welt mit ihrer ausufernden Großmannssucht einsam zu fühlen. In den Stücken op. 116 bis op. 119 vertraute er seine Gedanken noch einmal allein dem Klavier an, seinem Instrument, auf dem er einst den schöpferischen Weg begonnen hatte. Innerhalb dieser ganzen Werkgruppe waltet eine geheime Symmetrie: 7 Fantasien (op. 116) und 3 Intermezzi (op. 117) entsprechen den 6 Klavierstücken (op. 118) und den vier Klavierstücken (op. 119) im Verhältnis 10:10. Die wechselnden Titel wirken manchmal wie Verlegenheitslösungen. Nicht zufällig fragte Brahms seinen Verleger Simrock damals, ob er nicht auch zutreffende andere Bezeichnungen für die Stücke wüßte. Am charakteristischsten bleibt bei diesen Werken die Bezeichnung »Intermezzo«. Robert Schumann hatte sie einst in die Klaviermusik eingeführt. Sie passen am ehesten zu dieser Musik des alternden Brahms, die Rückblick und Vorahnung von Kommendem ist, leise und wehmütig in der Haltung zumeist, gedankenvoll und gedankenverloren die Vergangenheit erinnernd. Die Intermezzi op. 117 hat er selbst als *Wiegenlieder meiner Schmerzen* bezeichnet. Diese Musik läßt allen Zierat, alles Überflüssige weg. Herbe, zunehmend dissonante Harmonik wird erkennbar. Kontrapunkt und thematisch-motivische Arbeit vollziehen sich gleichsam hintergründig. Zugrunde liegt in allen Fällen das dreiteilige Liedschema A-B-A. Dies alles hat eine große Gelassenheit der musikalischen Aktionen zur Folge, hat den Gestus melancholischen Grübelns.

Die *7 Fantasien op. 116* wurden im Sommer 1892 in Bad Ischl vollendet. Manche dieser Stücke sind bereits wesentlich früher entstanden. Im Sommer 1892 hat sie Brahms nach und nach auch den Freunden vorgespielt. Sie erschienen Ende 1892 bei Simrock (GA: Bd. XIV, Nr. 6). Das eröffnende *Capriccio* (Presto energico, 3/8, d) wirkt wie der kraftvolle Auftakt zum gesamten klavieristischen Spätwerk. Als starker Kontrast wirkt dagegen das an zweiter Stelle folgende *Intermezzo* (Andante, 3/4, a). Das Gegeneinander von Triolen (linke Hand) und Achteln (rechte Hand) erzeugt den Eindruck sanften Schwebens. Am Ende ist das allmähliche, melancholische Absinken der melodischen Gebärde in die terzlose Tonika typisches musikalisches Zeichen Brahmsscher Resignation. Nr. 3 ist ein *Capriccio* (Allegro passionato, alla breve, g), wiederum mit stürmisch bewegten Außenteilen kontrastierend. Nun folgen zwei *Intermezzi*. *Nr. 4* (Adagio, 3/4, E) ist in seiner pastosen Freundlichkeit, Versonnenheit und Melancholie eines der zentralen Stücke dieses Zyklus. Auch hier fällt wieder die absinkende Geste der Melodik auf. Im Mittelteil ist die Melodie eigentlich nur eine absinkende Tonleiter. *Intermezzo Nr. 5*, mit der bedeutungsvollen Vortragsbezeichnung: Andante con grazia ed intimissimo sentimento (6/8, e) wirkt in seiner dissonanten Seufzerdeklamation wie eine »schmerzverklärte Erinnerung an den frühen Schumann« (Christof Rüger). Über feierlichen Oktavbässen beginnt sodann das wehmütig-geheimnisvolle Akkord-Schreiten des *Intermezzo Nr. 6* (Andantino teneramente, 3/4, E), während das abschließende *Capriccio* (Allegro agitato, 2/4, d) noch einmal in energischer Bewegtheit aufbraust. Die Reprise des 1. Teiles ist erweitert und gibt diesem Stück als Finale des Zyklus Gewicht, mit einer wild aufbegehrenden, in Sechzehntelbewegung dahinjagenden Coda.

Auch die drei *Intermezzi op. 117* entstanden im Sommer 1892 in Bad Ischl. Sie wurden noch im gleichen Jahr in Wien, London und Hamburg erstmals gespielt. Bei Simrock erschienen sie im November (GA: Bd. XIV,

Nr. 7). *Intermezzo Nr. 1* (Andante moderato, 6/8, Es) erhielt ein zweizeiliges Motto aus Herders Volksliedsammlung, einem der Lieblingsbücher von Brahms, seit er es 1854 kennenlernte. Es handelt sich hier um das »Wiegenlied einer schottischen Mutter«: »Schlaf sanft mein Kind, schlaf sanft und schön! Mich dauert's sehr, dich weinen sehn«. Im ersten Teil erklingt in der Mittelstimme, eingeschlossen von sanft wiegenden Oktavrepetitionen, eine Melodie im Versmaß der Herder-Zeilen:

Dann leitet ein unheimlich wirkendes Oktav-Unisono zum unruhigeren, schmerzlichen es-Moll-Mittelteil (Più adagio). Die Andante-Wiederholung wird ins Lichte, Trostreiche gewendet. Auch die folgenden beiden Intermezzi sind Andante-Sätze, gehören in Anlage und Charakter eng zusammen. Man denke an Brahms' Äußerung, dies seien »Wiegenlieder seiner Schmerzen«.

Das *2. Intermezzo* (Andante non troppo e con molto espressione, 3/8, b) wird von 32tel-Figurationen geprägt, deren Spitzentöne sich zu inniger Melodie zusammenfügen. Akkordisches Des-Dur bringt Licht in diese Szene. Das *3. Intermezzo* (Andante con moto, 2/4, cis) wirkt wie eine Fortsetzung des am Anfang stehenden Es-Dur-Stückes, zumal seines es-Moll-Mittelsatzes in feinster melodisch-harmonischer Arbeit: Mühsames Lösen aus tiefer Trauer, die am Ende doch in monotonem Pendeln versinkt.

Die *6 Klavierstücke op. 118*, im Sommer 1893 in Bad Ischl zusammen mit den *Stücken op. 119* komponiert (GA: Bd. XIV, Nr. 8, erschienen 1893, Simrock, uraufgeführt im Januar 1894 in London durch Ilona Eibenschütz), werden durch ein verhältnismäßig groß angelegtes *Intermezzo 1* (Allegro non assai, ma molto appassionato, alla breve, a) eröffnet. Majestätisches Wogen, unentwegtes Modulieren, gegen Ende ein mächtiger Orgelpunkt auf dem Dominant-E, schließlich in einen verklärenden Dur-Klang mündend, eignen diesem Intermezzo eigentlich mehr balladeske Züge. Das *Intermezzo 2* (Andante teneramente, 3/4, A) macht wiederum seinem Namen Ehre. Es strömt Innigkeit und herzliche Anmut aus, auch im kontrapunktisch angelegten fis-Moll-Mittelteil. Die *Ballade Nr. 3* (Allegro energico, alla breve, g) wiederum hat unmittelbar packende, energische Züge und führt mit ihrer trotzigen Stakkato-Akkordik in ungewohnt kühne harmonische Spannungen. Ein für Brahms-Intermezzi ungewohnt rasches Tempo prägt das *Intermezzo 4* (Allegretto un poco agitato, 2/4, f). Im Mittelteil fallen dynamische Steigerung und der Kanon zwischen Ober- und Mittelstimme auf. Die folgende *Romanze 5* (Andante, 6/4, F) mit geheimnisvollem D-Dur-Mittelteil (Allegretto grazioso) zeigt in durchweg freundlicher Haltung den Komponisten auf kühnen, neuen harmonischen Wegen. Ruhelos dagegen erscheint das *Intermezzo 6* (Andante, largo e mesto, 3/8, es) trotz des verhaltenen Tempos. Ein Klage-Stück, mit schier orchestralem Klangaufwand und donnernden Oktavengängen, im Ges-Dur-Mittelteil sich noch einmal aufreckend. Brahms-Biograph Richard Specht bemerkte dazu:»Ich glaube mich mit der Annahme nicht zu täuschen, daß all diese in sich hineinträumenden Klänge den weißen Grabstein in San Remo umschweben, unter dem Elisabeth von Herzogenberg [mit der Brahms innig befreundet war] seit dem 7. Januar 1892 schlummerte ... « Wie op. 118 entstanden auch die *Vier Klavierstücke op. 119* im Sommer 1893 (und früher). Auch sie wurden im Frühjahr 1894 in London von Ilona Eibenschütz zum ersten Male gespielt (GA: Bd. XIV, Nr. 8). Auf besonders subtile, intime Intermezzi folgt hier eine Rhapsodie in gleichsam sinfonischen Dimensionen, mit der Brahms sein Klavierschaffen endgültig abschloß.

Im *Intermezzo 1* (Adagio, 3/8, h) wird Robert Schumanns ergreifendes Nachspiel zu seinem Heine-Lied »Am leuchtenden Morgen« aufgegriffen. Brahms wies Freundin Clara darauf hin, daß dies ein *ausnehmend melancholisches Stück sei* und *von Dissonanzen wimmle*. In eine innige, chromatisch angelegte Walzer-Episode des Mittelteiles scheint sich gar ein »Tristan«-Anklang einzuschleichen. Das *Intermezzo 2* (Andantino un poco agitato, 3/4, e) entwickelt das melodisch-thematische Material des Beginnes wie die tänzerische E-Dur Melodie des Mittelteiles (Andantino grazioso) aus gleichem Tonmaterial, setzt im Mittelteil dazu noch kanonische Führung ein. Das *Intermezzo Nr. 3* (Grazioso e giocoso, 6/8, C) hat Scherzo-Charakter. Auch hier findet sich reiche modulatorische Arbeit, dazu metrische Differenziertheit (im Zusammenspannen von 6/8- und 3/4-Takt). Die *Rhapsodie Nr. 4* (Allegro risoluto, 2/4, Es) wirkt wie ein großangelegtes, schier sinfonisches Finale des gesamten späten Klavierschaffens von Brahms. Das kompakte, auftaktlose Hauptthema setzt sogleich, in 5-taktiger Phrasierung, energisch ein:

Im As-Dur-Mittelteil schafft Brahms mit in beiden Händen arpeggierten Akkorden (grazioso), Vorschlägen und wunderschönen harmonischen Effekten freundliche, zärtliche Stimmungen. Die wesentlichen Teile des Beginnes werden dann im Schlußteil spiegelartig wiederholt. Eine Besonderheit: In der Coda erscheint statt des erwarteten Es-Dur das es-Moll. Damit wird deutlich: Kraft und Selbstbewußtsein des Komponierenden sind auch am Ende seines schöpferischen Weges ungebrochen!

Werke für Klavier zu vier Händen

Die *Ungarischen Tänze* (WoO 1) von Brahms sind jene Werke, die den Komponisten im Konzertsaal wie beim häuslichen Musizieren populär gemacht haben und die bis heute beliebt sind. Schon früh hat er mit dem Sammeln und Aufschreiben solcher »ungarischen Weisen« begonnen. Eine erste kleine Kostprobe überreichte er 1854 Clara Schumann als Geburtstagsgeschenk für ihren in Endenich untergebrachten Gatten, auch schon mit einem skizzierten Klaviersatz versehen. Brahms und Clara Schumann spielten sie gelegentlich auch zusammen, bald mit großem Vergnügen. Und sie machten Effekt. »Ungarisches« hat im Schaffen von Brahms bekanntlich immer eine große Rolle gespielt. Seit der Zwanzigjährige 1853 durch den ungarischen Geiger Eduard Reményi mit dieser Musik zusammenkam, ist ihm ihr feuriger Klang, ihr reizvolles Kolorit als Symbol aufrechten, kühnen Mannestums im Ohr geblieben. Freilich muß man berücksichtigen, daß diese Melodien und Tänze nicht wirkliche ungarische Folklore im Sinne etwa der später von Bartók aufgezeichneten ungarischen Bauernmusik darstellen. Es handelt sich um volkstümliche, populäre Melodien, vergleichbar dem musikalischen Material der Lisztschen Ungarischen Rhapsodien.

Insgesamt 21 solcher Ungarischen Tänze hat Brahms (ohne Opusnummern) herausgegeben. Zunächst in vier Heften in Fassungen für Klavier zu vier Händen (Heft I und II: Herbst 1868, Hefte III und IV: März 1880, Simrock; GA: Bd. XII, Nr. 5). Später (1872, Simrock; 1882, Edition Peters) erschienen die Fassungen für Klavier-zweihändig (GA Bd. XV, Nr. 10). Schließlich schrieb er auch Orchesterfassungen für die Tänze Nr. 1, Allegro molto, 2/4, g (Aufführungsdauer: 3'):

Nr. 3, Allegretto, 2/4 F (Aufführungsdauer: 5'):

und Nr. 10, Presto, 2/4, transponiert nach F (Aufführungsdauer: 2'). Seine Orchesterbesetzung: Pic, 2 Fl, 2 Ob, 2 Kl, 2 Fg; 4 Hr, 2 Trp; Pk, Trgl, grTr, Bck; Str. Diese Orchesterfassungen erlebten ihre Uraufführung unter Brahms' Leitung am 5. Februar 1874 in einem Konzert für den Außerordentlichen Pensionsfonds im Leipziger Gewandhaus. Auch die übrigen Ungarischen Tänze wurden von anderen Komponisten bald orchestriert. Besonders reizvoll sind die Orchestersätze, die Antonín Dvořák für die Tänze Nr. 17 bis 21 schuf.

1861, im Jahr seines bedeutendsten Variationen-Werkes, der Händel-Variationen op. 24, schrieb Brahms auch *Variationen Es-Dur über ein Thema von Robert Schumann* op. 23, die er Julie Schumann, einer Tochter Claras, widmete. Sie waren wohl für das gemeinsame Spiel von Mutter und Tochter in Erinnerung an den Vater gedacht. An dem Thema hatte Robert Schumann noch unmittelbar vor seinem Selbstmordversuch am Rosenmontag 1854 gearbeitet:

Er hatte es unter der Zwangsvorstellung aufgezeichnet, daß es ihm von den Geistern Schuberts und Mendelssohns als Variations-Vorlage eingegeben worden sei. Brahms beginnt seine insgesamt 10 Variationen mit freundlichen Umspielungen des Themas. Dann erhält es drängend-kämpferische »Florestan«-Gestalt und erscheint in freundlich schwärmerischer »Eusebius«-Melodik. In der 4. Variation (es-Moll) kündigt sich kommendes Unheil an: Sie ergeht sich in verzagtem Klagen, in zwanghafter Kanon-Führung, Pianissimo-Oktavgängen, bittender Sexten-Bewegung und pochenden Bässen. Es ist eine Vorahnung des Brahmsschen Requiems, das durch Schumanns Tod angeregt, aber erst nach dem Tode der Mutter beendet wurde. Brahms' Eigenart im Handhaben des Variierens wird im folgenden immer deutlicher: Schwärmerisch in der 5. Variation, energisch zupackend in der 6. (Allegro non troppo). Nocturnehaft gibt sich die 7. Variation. Die 8. bringt eine terzenselige Fassung des Themas, das dann in der 9. Variation Forte und Energico sich aufrafft, zu einem letzten Aufbegehren, das endlich in der Schlußvariation in Trauermarsch-Intonationen mündet.

Für Robert Schumanns Gattin und Tochter zu gemeinsamem Musizieren bestimmt, ist das ein liebevoll-wehmütiges Erinnern an ihn, den Meister, den Brahms so hoch verehrte. Daß Schumanns »letzter Gedanke« sich für Variationen nicht besonders eignete, hat Brahms dabei wohl gesehen. Seine *16 Walzer für Klavier op. 39* widmete Brahms 1866 in der Erstfassung für Klavier zu 4 Händen dem für sein Schaffen so engagiert eintretenden Musikkritiker und *passionierten à quatre mains-Spieler* Eduard Hanslick. Ein launiger Kommentar begleitete die Widmung: *Soeben den Titel für vierhändige Walzer schreibend, kam mir ganz von selbst Dein Name mit hinein. Ich weiß nicht, ich dachte an Wien, an die schönen Mädchen, mit denen Du vierhändig spielst, an Dich selbst, den Liebhaber von derlei, den guten Freund, ich fühlte die Notwendigkeit, es Dir zuzuschreiben.* Die Walzer op. 39 waren im Januar 1865 in Wien entstanden, wo Brahms sein festes Domizil genommen hatte. Sie sind gleichsam eine Huldigung an diese Stadt des Walzerkönigs Johann Strauß, mit dem er später eng befreundet war. Brahms nannte die Stücke *kleine unschuldige Walzer in Schubertscher Form.* Ein reicher Strauß durchaus brahmsischer Tanzfolgen ist so entstanden. Kraftvollem Beginn (Nr. 1, Tempo giusto, H) folgt Musik unterschiedlichen Charakters, so ein elegischer e-Moll-Satz (Nr. 4, poco sostenuto), ein dunkel fragendes Stück in d-Moll (Nr. 9), ein rasanter C-Dur-Aufschwung (N. 13), der in die Wiegenliedbewegung des vorletzten A-Dur-Walzers (Nr. 15) führt, dem wohl beliebtesten Stück dieses Zyklus:

Clara Schumann und Albert Dietrich spielten die Walzer zum ersten Male am 23. November 1866 am Großherzoglichen Hofe zu Oldenburg. Wenig später gab Brahms auch eine Fassung der Walzer für Klavier zu zwei Händen heraus, von denen er einige am 15. November 1868 in Hamburg erstmals vorstellte. Schließlich schuf er auch eine Fassung für zwei Klaviere, die postum, 1897, erschienen ist. Die vierhändige Fassung erschien 1866 bei Rieter-Biedermann, die zweihändige 1867 ebendort (GA: Bd. XII, Nr. 2).

Reizvolle Walzermusik des Wahl-Wieners Brahms sind auch die *Liebeslieder* (18 Walzer für Gesang <Solo-Quartett bzw. kleiner 4stimmiger gemischter Chor> und Klavier zu vier Händen op. 52). Als op. 52 a erschienen sie auch ohne Gesang. Sie wurden im August 1869 in Baden-Baden vollendet. Später entstanden auch eine Fassung für Klavier zu vier

Händen allein sowie eine Fassung für Gesang und Orchester. Die letztere hielt Brahms zurück. Sie erschien erst 1938 im Verlag C. F. Peters zu Leipzig. Besetzung: 4st gemCh, Fl, Ob, Kl, Fg, Hr, Str. Die Fassung für Gesang und Klavier vierhändig erschien 1869 bei Simrock (GA: Bd. XX, Nr. 5). Als Texte nahm Brahms russische, russisch-polnische, polnische und ungarische Tanzliedverse, sämtlich in der Übersetzung Georg Friedrich Daumers. Die Uraufführung fand am 5. Januar 1870 im Kleinen Redoutensaal zu Wien statt, am Klavier saßen Clara Schumann und Johannes Brahms.

Fünf Jahre später, 1874, wurde die erfolgreiche Serie mit *Neuen Liebesliedern* in gleicher Besetzung als op. 65 fortgeführt. Den 14 Stücken folgt hier der Schlußgesang nach einem Goethe-Text: *Nun, ihr Musen, genug* (Ruhig, 9/4, F). Die Walzer-Texte kamen nun aus dem Türkischen, von Hafis aus dem 14. Jahrhundert, aus dem Lettischen, dem Malayischen, dem Spanischen und Serbischen neben wiederum russischen, russischpolnischen und polnischen Versen. Auch hier erschien daneben eine Fassung ohne Gesang als op. 65 a. Außerdem war eine erst nach Brahms' Tod zugänglich gewordene Orchesterfassung entstanden (vgl. die Liebeslieder-Walzer op. 52). Die »neuen Liebeslieder« erschienen (für Gesang und Klavier zu vier Händen) 1875 bei Simrock (GA: Bd. XX, Nr. 6). Die Uraufführung dieser Neuen Liebeslieder-Walzer fand am 8. Mai 1875 in einem Sinfoniekonzert in Karlsruhe statt. Hier begleiteten Johannes Brahms und Otto Dessoff ein Solisten-Quartett.

CHORWERKE MIT ORCHESTER

Vokales nimmt im gesamten Schaffen von Johannes Brahms einen sehr gewichtigen Platz ein, in großer, vokalsinfonischer Besetzung wie in Chören a cappella, in mehrstimmigen Gesängen mit Instrumentalbegleitung, in Kanons, in Form von Volksliedbearbeitungen und endlich in der bedeutenden Gruppe seiner Kunstlieder. Der Streifzug durch diesen Teil seines Gesamtwerkes macht bald deutlich, wie sich in Vokalem und Instrumentalem die Eigentümlichkeiten der Brahmsschen Tonsprache gleichermaßen ausprägen. Ja, man kann die Ausdruckscharaktere Brahmsscher Melodik und Harmonik im Instrumentalen erst richtig erkennen und begreifen, wenn man ihnen zuvor im Vokalen zusammen mit Sinn und Haltung des gesungenen Textes begegnete.

Das Chorschaffen des Komponisten reicht von einfachen a-cappella-Kontrapunktübungen (Kanon), a-cappella-Sätzen für gemischten Chor, Frauen- oder Männerchor, Chören mit Instrumentalbegleitung zu großangelegten vokalsinfonischen Werken wie dem Deutschen Requiem und weist insgesamt eine erstaunliche Fülle von Gattungen und Formen auf. Brahms knüpft in dieser Musik an das Volkslied und an alte Kompositionsverfahren bis zurück ins 16. Jahrhundert an. Manche seiner Frühwerke erhalten durch ihre polyphonen Strukturen stark archaisierenden Charakter. Von den Stilen, den Techniken, den Formen solcher »alten Musik« erhoffte sich der Komponist eine Erneuerung der zeitgenössischen Tonkunst. Brahms hat sich wie kein anderer seiner Zeitgenossen die kirchentonalen Wendungen des Mittelalters, die kontrapunktischen Spielereien der Niederländer, die venezianische Mehrchörigkeit neu angeeignet, ausgehend von den Werken Palestrinas, Schütz', Händels und Bachs. Im Gegensatz zur klanglich forcierten Kunst etwa Berlioz' oder Liszts zielt die Brahmssche Chormusik auf Kantabilität der Stimmen, Natürlichkeit und Klarheit der Stimmführung und Harmonik, auf mehr epische als dramatische Haltungen; sie verzichtet auf äußerliches Kolorit. Damit hat Brahms aus dem Geist der alten Kunst und ihrer kreativen Regeneration Werke hervorgebracht, die auch heutigentags voller Leben sind.

Für seinen Hamburger Frauenchor schrieb Brahms eine Reihe von Werken mit Orchesterbegleitung. So entstand schon in Göttingen im September 1858 ein *Ave Maria, F-Dur, op. 12* auf den bekannten lateinischen Text aus dem Lukas-Evangelium. Zunächst mit Orgelbegleitung, wurde es dann vom Komponisten auch orchestriert. Zum Frauenchor (2 S, 2 A) kamen 2 Fl, 2 Ob, 2 Kl, 2 Fg; 2 Hr; Str. Aufführungsdauer: 5'. Die erste Aufführung dirigierte Brahms am 2. Dezember 1859 in Hamburg (Erschienen: 1860, Rieter-Biedermann; GA: Bd. XIX, Nr. 5). Das kleine Werk wirkt (Andante, 6/8, F) schlicht und doch auch großzügig in seiner sanften Melodik, seiner Terzenseligkeit, aber auch seiner reichen Gliederung.

Im gleichen Konzert und auch unter Brahms' Leitung kam aber zudem ein wesentlich charakteristischeres, dazu sehr ernstes Werk zur ersten Aufführung: Der *Begräbnisgesang c-Moll, op. 13.* Er war 1858 in Detmold entstanden. Der Text *(Nun laßt uns den Leib begraben)* wurde dem »Gesangbuch der böhmischen Brüder« (Jungbunzlau 1531) entnommen. 1859 hatte Brahms' Freund Joachim stolz mitgeteilt: *Meinen Grabgesang habe ich prächtig intrumentiert! Er sieht ganz anders aus, seitdem ich die ungehörigen Bässe und Celli gestrichen habe.* Das Stück ist als »Freiluftmusik« für fünfstimmigen gemischten Chor (S, A, T, 2 B) und Bläser gesetzt (2 Ob, 2 Kl, 2 Fg; 2 Hr, 3 Pos, Tb; Pk). Aufführungssdauer: 8' (Erschienen 1860, Rieter-Biedermann, GA: Bd. XIX, Nr. 6). Die ernste, herbe Musik dieses Stückes, das kanonisch in den Bässen beginnt (Tempo di Marcia funebre, 4/4, c) und in dem nur das C-Dur-Trio Auflichtung schafft, weist schon nachdrücklich auf den großen Trauermarsch im »Deutschen Requiem« voraus.

Ein deutsches Requiem op. 45

Besetzung: Soli (S, Bar), 4stgemCh, Pic, 2 Fl, 2 Ob, 2 Kl, 2 Fg, Kfg (ad lib); 4 Hr, 2 Trp, 3 Pos, Tb; Pk, Hrf (doppelt besetzt); Str.
Text: Nach Worten der Heiligen Schrift.
Aufführungsdauer: 75'. Erschienen: 1868, Rieter-Biedermann (GA: Bd. XVII)

Dieses Deutsche Requiem op. 45 ist bis heute wohl das populärste Werk von Johannes Brahms im Konzertsaal geblieben. Darüber hinaus hat es für das gesamte Schaffen des Komponisten zentrale Bedeutung. Von hier aus erschließt sich zu einem wesentlichen Teil das volle Verständnis für sein vokales, aber auch instrumentales OEuvre. Bezeichnend dafür ist allein schon die Tatsache, daß der zweite Teil des Requiems, jener berühmte b-Moll-Satz »Denn alles Fleisch, es ist wie Gras« ursprünglich als »langsames Scherzo« für das d-Moll-Klavierkonzert gedacht war.

1861 notierte der achtundzwanzigjährige Brahms die deutschen Bibeltexte für das Requiem auf der Schlußseite des 1. Heftes seiner Romanzen aus Tiecks »Magelone«. Bereits Robert Schumann, der Freund und Förderer, hatte in seinem »Projektenbuch« den Plan eines »Deutschen Requiems« vermerkt. Möglicherweise kannte Brahms diese Absicht und hat sie dann nach dem Tode Schumanns (1856) aufgegriffen. So ist überhaupt viel Persönliches in diese Musik eingeflossen. Es wurde überliefert, daß Brahms den bereits erwähnten b-Moll-Satz des Requiems unter dem Eindruck des Selbstmordversuches Schumanns (27. Februar 1854) konzipierte. Die grausige Situation, da der aus dem Rhein gerettete, geisteskranke Freund von einer Menschenmenge in Faschingskostümen heimgeleitet wurde, mag den tragischen Zug dieses Marsches (er steht überdies, wie mancher Marsch Schumanns, im 3/4-Takt) mitgeprägt haben. Bekannt ist auch, daß der Tod der geliebten Mutter (im Februar 1856) den Komponisten zur Wiederaufnahme der Arbeit am Requiem anregte, daß der 1868 hinzukomponierte 5. Satz, »Ihr habt nun Traurigkeit«, dem *Gedenken an die Mutter* gewidmet wurde.

Darüber hinaus steht dieses Requiem in einer großen, für seine und seines Schöpfers Haltung wichtigen historischen Tradition: Die Wahl deutscher Bibelworte an Stelle der für Requiem-Kompositionen üblichen lateinischen weist über mehr als 200 Jahre zurück auf die »Musicalischen Exequien«, auf jene »Teutsche Begräbnis-Missa«, die Heinrich Schütz 1636 schuf. Und in der grandiosen C-Dur-Fuge »Herr, du bist würdig zu nehmen Preis und Ehre« vor der Wiederkehr des »Selig sind, die da Leid tragen« klingt in diesem Werk unüberhörbar die brausende Fülle und Lebenskraft Händelscher Chorsätze an. Bei vielen kunstvoll polyphonen Strukturen ist zu erkennen, daß die Anregungen von Johann Sebastian Bach kommen. Wir hören, wie Brahms schon vor der Auseinandersetzung mit dem Erbe der Klassik in seinen vier Sinfonien sich an der weiter in die Vergangenheit reichenden humanistischen Tradition deutscher Musik orientiert hat und sie als Verpflichtung für die Gestaltung seiner eigenen Gegenwart empfunden hat.

Die freie Auswahl deutscher Bibeltexte für das Requiem macht deutlich, wie wenig der Komponist daran interessiert war, eine liturgische Totenmesse zu schreiben. Als Gegner orthodoxen Glaubens konnte ihm die Bibel nicht *heidnisch genug* sein. Ihre Worte waren ihm poetisches Gleichnis für irdische, menschliche Situationen und Haltungen. Ähnliches gilt für sein im ganzen Schaffen wichtiges Verhältnis zum Kirchenlied, zum Choral. Im Gespräch wies er darauf hin, daß im ersten und zweiten Teil des Requiems *ein bekannter Choral* eine Rolle spiele. Es handelt sich um die Melodie des Liedes »Wer nur den lieben Gott läßt walten«, dessen Beginn in der Bratschenmelodik des ersten Teiles sogleich (in lichtes Dur gewendet) anklingt, während sie im b-Moll-Marsch vom Chor gleichsam apokalpytisch verwandelt wird.

»Der bibelfeste Ketzer, als der sich Brahms gefiel, hörte und verstand den Choral nicht als frommes Lied der Unterwürfigkeit, sondern als eine Kampfansage aus einer großen Zeit deutscher Geschichte« (Georg Knepler). Darum kann dieses Requiem, das in Teilen am 1. Dezember 1867 im Wiener Großen Redoutensaal von Herbeck mit dem Wiener Singverein aus der Taufe gehoben wurde (1.-3. Satz), das am 10. April (Karfreitag) Brahms selbst im Dom zu Bremen aus dem Manuskript dirigierte (Sätze 1-4 und 6-7) und das am 18. Februar 1869 im Leipziger Gewandhaus unter Karl Reinecke erstmals komplett erklang, durchaus auch als »ein großer Grabgesang des enttäuschten Bürgertums nach 1848« (Walther Siegmund-Schultze) begriffen werden. Aber: Der Brahms der sechziger Jahre des vorigen Jahrhunderts stellte neben Bilder unheimlicher Tragik und Dramatik auch solche hellen, jubelnden Bekennens zu Freude und Zuversicht. Und er führt hier eine in seinem späteren Schaffen an Gewicht zunehmende Haltung ein: Die des Trostes, des Tröstens. Sie wird im Musikalischen durch liedhafte Innigkeit charakterisiert.

In der dramaturgischen Konzeption seines Requiems exponiert Brahms Gedanken des Trostes als Ausgangs- und Endpunkt des musikalischen Geschehens. Sie beherrschen die beiden Rahmensätze: den ersten, dessen dunkel-elegisches Klangbild durch das Fehlen der Violinen im Orchester betont wird, und den letzten (»Selig sind die Toten«), der nicht zufällig musikalisches Material des ersten Satzes wieder aufgreift.

Die Einleitung des *ersten Teiles* (Ziemlich langsam und mit Ausdruck, 4/4, F, *Selig sind, die da Leid tragen*) weist im Orchester in der mit dem erwähnten Choral verbundenen Melodik auf die spätere Textstelle des Chores: *Sie gehen hin und weinen.* Hier wie dort ruht das Geschehen auf dem Fundament eines den ganzen klingenden Bau tragenden Orgelpunkt-F.

Mit dem Chorbeginn auf die Matthäus-Worte »Selig sind, die da Leid tragen« betont Brahms den Trostgedanken mit allem Nachdruck. Eine innige Oboenkantilene (piano, espressivo) schwingt sich dann auf, und die Chorsoprane übernehmen sie:

Wie Brahms hier den Gedanken des Trostes als einzig mögliches Resultat von Leid und Freude erkennt, wird in diesem Satz sehr plastisch deutlich: Er stellt neben die Des-Dur-Klageweise des Mittelteiles *(die mit Tränen säen)* kräftige Entwicklungen *(werden mit Freuden ernten)* und läßt diesen Gegensatz in den »lösenden« Trostgesang des neu aufgegriffenen Beginns münden.

Der *zweite Teil* (Langsam, marschmäßig, 3/4, b-Moll, *Denn alles Fleisch, es ist wie Gras)* beginnt im Orchester (»mezza voce«) mit sordinierten Streichern, gedämpften Bläsern. Dumpfer Paukenrhythmus akzentuiert das dunkel-unheimliche Klangbild, wie man es so eindringlich im Werk von Brahms bis dahin nicht finden konnte. Schmerz wird ins unerbittlich Tragische gewandelt. Piano, dann in dramatischem Forte wiederholt, singt der Chor unisono (Alt, Tenor, Baß):

Der Trauermarsch-Rhythmus des Orchesters wird dabei mit der Choralintonation des Chores verbunden. Zart und beruhigend klingt das Ges-Dur-Trio (Etwas bewegter, 3/4), ehe der Trauermarsch wiederkehrt.

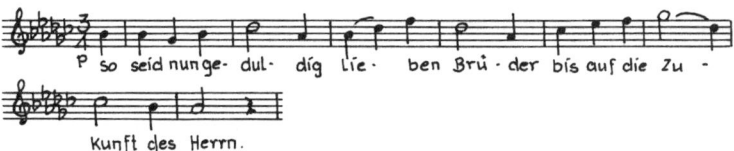

Aber die Schrecken werden überwunden: Un poco sostenuto verkündet der Chor forte, unter auffahrendem, synkopisch akzentuiertem Accompagnato des Orchesters: *Aber des Herrn Wort bleibet in Ewigkeit.* Eine von Händel inspirierte B-Dur-Fuge (Allegro non troppo, 4/4) baut sich mächtig auf,

findet im Gesang von der ewigen Freude tröstlichen Ausklang.

Die Auseinandersetzungen in diesem Teil werden in der sehr genau disponierten Gesamtanlage des Requiems im *sechsten Teil* (Andante moderato, alla breve, g) aufgegriffen und weitergeführt. Wieder erklingen Marschintonationen, singt der Chor: *Denn wir haben hier keine bleibende Statt.* Zum Chor tritt der Solo-Bariton. In mächtigem Aufschwung, der auch hier an Händel gemahnt, erschallt die Auferstehungsposaune (*Denn es wird die Posaune erschallen,* Vivace, B-Dur, 3/4), gipfelnd in den triumphierenden Chorsatz *Der Tod ist verschlungen in den Sieg.* Dem folgt (Allegro, alla breve) die vierstimmige C-Dur-Fuge *Herr, du bist würdig zu nehmen Preis und Ehre und Macht* – ein kraftvoller Preisgesang auf das Leben. Erst von hier findet Brahms zurück zur Trosthaltung des Beginnes, der im letzten, *siebenten Teil,* im Schlußchor wiederaufgegriffen wird (Feierlich, 4/4, F). Hier beginnen die Chorsoprane mit einer ebenso innig herabschwebenden wie sich in der Höhe wieder fangenden Melodie, von den Oboen unterstützt, von sanfter Streicherbewegung gestützt:

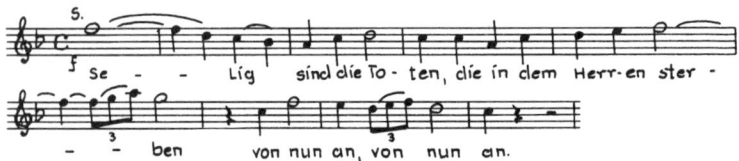

Sie ist geradezu ein Musterbeispiel Brahmsscher volksliedhafter und doch kunstvoll geformter »Trost«-Intonation.

Kontrastierend miteinander angelegt sind auch der *dritte* und *fünfte* Teil des Werkes. Marsch-Intonationen eröffnen wiederum den *dritten Teil* (Andante moderato, alla breve, d) mit dem Bariton-Solo: *Herr, lehre doch mich, daß ein Ende mit mir haben soll.* Die bange Frage: *Herr, wes soll ich mich trösten?* beantwortet der Chor, wiederum mit inniger Melodik: *Ich hoffe auf dich, um dann zuversichtlich zu schließen: Der Gerechten Seelen sind in Gottes Hand.*

Mit dem Bariton-Solo dieses Teiles korrespondiert das Sopran-Solo des *fünften Teiles* (Langsam, 4/4, G):

In zarten Klängen verströmt sich hier wiederum die Brahmssche Trost-Gebärde.

Genau in der Mitte, im Zentrum des Requiems, Anfang und Beschluß gleichsam verbindend, steht als *vierter Teil* (Mäßig bewegt, 3/4) jener sanfte, graziöse Es-Dur-Chor, dessen beruhigende, tröstende Wendungen wir auch im ersten und letzten Teil des Werkes hören:

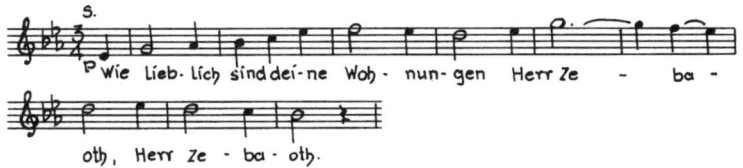

9.

Wie lieb-lich sind dei-ne Woh-nun-gen Herr Ze - ba -

oth, Herr Ze - ba - oth.

Bewundernswert ist also die Architektur des Ganzen: Der erste, der Mittel- und der Schlußteil geben den Gedanken und Empfindungen des Trostes Ausdruck. Der Kampf zwischen Schmerz und Freude, zwischen Trauer und Hoffnung bestimmt die jeweils korrespondierenden Sätze 2 und 6, 3 und 5. Nicht nur das (absichtliche) Fehlen des Namens Christi, sondern auch die hier angedeutete musikalische Konzeption, die Funktion der deutschen Bibelworte ebenso wie die der Choral-Intonation und der Händelschen Fugentechnik zeigen, wie weit Brahmns mit seinem »Deutschen Requiem« davon entfernt war, eine Totenklage in streng religiösem Sinn zu gestalten. Treffend schrieb Clara Schumann darüber 1867 an den Freund: »Es ist ein ganz gewaltiges Stück, ergreift den ganzen Menschen in einer Weise wie wenig anderes. Der tiefe Ernst, vereint mit allem Zauber der Poesie, wirkt wunderbar, erschütternd und besänftigend.«

Rinaldo – Kantate von Goethe op. 50

Besetzung: Solo-T; MCh (2 T, 2 B); Pic, 2 Fl, 2 Ob, 2 Kl; 2 Hr, 2 Trp, 3 Pos; Pk; Str
Text: Goethe nach Torquato Tassos »Befreites Jerusalem«.
Aufführungsdauer: 45'. Erschienen: Simrock. (GA: Bd. XVIII, Nr. 2)

Dieses Chorwerk des dreißigjährigen Brahms entstand im Sommer 1863 in Hamburg-Blankenese. Eine Neufassung des Schlußchores wurde erst fünf Jahre später in Bonn geschrieben. Der Goethe-Verehrer, der eine Gesamtausgabe der Werke des Dichters besaß, gestaltete einen öfter vertonten Stoff aus Tassos »Befreitem Jerusalem«, in dem der Ritter Rinaldo auf dem Kreuzzug aus den Armen der Zauberin Armida befreit wird. Goethes Nachdichtung bietet den Stoff fragmentarisch, in weniger dramatischer Dichte. Brahms sucht auch weniger die dramatische Entwicklung, als mehr die epische Schilderung in großen Abschnitten. Prachtvoll klingen die Männerchöre, und die Solo-Partie (für Heldentenor) stellt hohe Ansprüche, erweist sich aber auch als sehr dankbar.

Der einleitende B-Dur-Chor (Allegro, alla breve, *Zu dem Strande*) zeigt das Befreiungswerk scheinbar schon vollendet. Die kurze Instrumental-Einleitung kombiniert lockende Zaubermotive Armidas mit den Klagen des verliebten Rinaldo. Seine Freunde rüsten zur Abreise. Doch der Ritter unterliegt erneut der Macht der Zauberin: Tenorsolo und Chor (Adagio , 3/4, As, *Stelle her der goldnen Tage* und Un poco Allegretto, 2/4, a, *Bunte, reichgeschmückte Bänder*). Die Gefährten begegnen dem Ritter liebevoll und nachsichtig. Auf seinen erneuten Rückfall reagieren sie aber energischer: *Nein, nicht länger ist zu säumen* (Allegro, 3/2, Es). In der Musik wird das Erscheinen eines geheimnisvollen diamantenen Schildes gemalt. Im Chor *Zurück nur, zurücke* (Allegretto non troppo, 2/4, A) erklingt fröhlich-energischer Reiseton. Aber Armida gibt nicht auf. Sie erscheint, wie die Gefährten berichten, noch einmal, zunächst betrübt und voller Trauer, dann zornig, *umgewandelt gleich wie Dämonen*. Ihre alten Lockmotive stößt sie unwirsch, wütend hervor: Die Paläste stürzen zusammen, Armidas Unholde verbreiten Angst und Schrecken. Auch die Freunde geraten zunächst außer Fassung. Mit Chor und Solo *Schon sind sie erhöret* (Andante, 4/4, C) wird aber erneut froher Reiseton angestimmt. Effektvoll und durchaus mit wagnerschem Klangkolorit, im Zwischensatz *Wie sie schweben* mit deutlichem Einfluß C. M. von Webers, ist der ausgedehnte Schlußchor <Auf dem Meere> (Allegro, alla breve, f-F, *Segel schwellen*) das bedeutendste Stück dieses Werkes.

»Rinaldo« erklang zum ersten Male am 28. Februar 1869 in Wien, im Großen Redoutensaal, mit dem Akademischen Gesangverein Wien, dem Wiener Hofopernorchester, Gustav Walter als Solisten, unter der Leitung von Brahms.

Alt-Rhapsodie op. 53

Besetzung: Solo (A); MCh (2 T, 2 B); 2 Fl, 2 Ob, 2 Kl, 2 Fg; 2 Hr; Str
Text: Fragment aus »Harzreise im Winter« (Goethe)
Aufführungsdauer: 13'. Erschienen: 1870, Simrock (GA: Bd. XIX, Nr. 1)

Die musikalische Anregung zu dieser Komposition erhielt Brahms durch eine 1790 erschienene Rhapsodie Johann Friedrich Reichardts, die allerdings nur den zweiten Teil des Goethe-Textes berücksichtigt. Von Reichardt übernahm Brahms die Tonart und auch die metrische Struktur. Sein Werk entstand 1869 in Baden-Baden. War schon Goethe, als er diesen Text schrieb, auf innerer Flucht – vor der Zuneigung zur Frau von Stein -, auf der Flucht in die Einsamkeit, so klingen auch aus der eindrucksvollen Brahms-Komposition persönliches Leid, Entsagung. Der Komponist wollte anfangs gar, daß diese *etwas intime Musik* nicht gedruckt und aufgeführt werden sollte. Man vermutet, daß diesmal seine Zuneigung Clara

Schumanns Tochter Julie gegolten hat. Sie vermählte sich im selben Jahr, 25jährig, mit einem italienischen Grafen. Clara Schumann, dem Komponisten damals seit 15 Jahren in früher Leidenschaft und später lebenslanger Freundschaft verbunden, berichtete über jene Zeit: Johannes sei »wie umgewandelt, kommt selten und ist einsilbig, auch gegen Julie, gegen die er vorher so liebenswürdig war.« So nannte Brahms sarkastisch seine Alt-Rhapsodie *Brautlied für die Schumannsche Gräfin und Epilog zu den Liebesliedern.* Er berichtet aber auch: *Mit Ingrimm schreibe ich derlei – mit Zorn!*

Komponieren war also eine Art von Selbstbefreiung. Kein Wunder, daß die aus dem Requiem bekannte Brahmssche Trostgebärde auch hier zu finden ist. Das dreiteilige Werk wird von einem Orchestervorspiel in düsteren Farben eröffnet (Adagio, 4/4, c). Sordinierte Violinen, schmerzlich seufzende Melodik (Fagotte, Celli und Kontrabässe im Unisono) prägen das Bild. Dazu die charakteristischen Brahms-Gesten: Etwa chromatisches Absteigen der Violinen und Bratschen im Tremolo. Die tiefe Erregung, die hier gestaltet wird, kommt am Ende in »himmlischem« Streicherklang zur Ruhe. Dann beginnt, rezitativisch, der Alt-Monolog: *Aber abseits, wer ist's? Ins Gebüsch verliert sich sein Pfad.* Zu den Worten der Solistin *(Die Öde verschlingt ihn)* erklingt ein leiser, gespenstisch wirkender Kontrabaß-Ton. Dann steigert sich das Tempo (Poco Andante, 6/4, c). Eine schwermütige Brahms-Melodie, kunst- und anspruchsvoll in großen Gesangsintervallen (von einer bis anderthalb Oktaven Umfang) angelegt, erklingt zu den Goethe-Worten: »Ach, wer heilet die Schmerzen dess, dem Balsam Gift ward? Der sich Menschenhaß aus der Fülle der Liebe trank?« Im dritten Teil der Rhapsodie setzt dann der Männerchor ein. Die klingende Szene hellt sich auf (statt c-Moll C-Dur). Solo und Männerchor singen die innige Trostbitte: »Ist auf deinem Psalter, Vater der Liebe, ein Ton seinem Ohr vernehmlich, so erquicke sein Herz!« (Adagio, 4/4, C):

Die erste Aufführung fand am 3. März 1870 im Jenaer Rosensaal statt. Ernst Naumann dirigierte. Solistin war der damalige Star der Pariser Oper, die Spanierin Pauline Viardot-Garcia. Die Künstlerin, die auch in Baden-Baden lebte, hatte dort mit Brahms Bekanntschaft geschlossen und begonnen, sich dem Liedgesang zu widmen.

193

Schicksalslied op. 54

Besetzung: 4stgemCh (S, A, T, B); 2 Fl, 2 Ob, 2 Kl, 2 Fg; 2 Hr, 2 Trp, 3 Pos; Pk, Str
Text: Friedrich Hölderlin (Aus »Hyperion«)
Aufführungsdauer: 20'. Erschienen: 1871, Simrock (GA: Bd. XIX, Nr. 2)

Noch vor dem Beginn seiner »sinfonischen Jahre« hat der 35jährige
Brahms eine Reihe von vokalsinfonischen Werken geschrieben, die
schon durch ihre Opuszahlen zeitlichen Zusammenhang demonstrieren:
op. 53 (Alt-Rhapsodie), op. 54 (Schicksalslied), op. 55 (Triumphlied). Sie
markieren wie in einem autobiographischen Spiegel sein Lebens- und
auch sein Schaffenszentrum: Auf der einen Seite (Triumphlied) das leidenschaftliche Bekenntnis des Partioten Brahms, auf der anderen der Beginn der »Entfremdung« zwischen der Welt-Wirklichkeit und dem eigenen Lebensgefühl in der Ära der Bismarckschen Reichseinigung von
oben.

Dieser Zusammenhang wirft auf die Komposition des »Schicksalslie-
des« ein besonderes Licht. Zu seiner Art der Vertonung des Gedichtes (aus
Hölderlins Roman »Hyperion«) hat Brahms, der sich seinen literarischen
Vorlagen sonst mit höchstem Respekt näherte, ausnahmsweise Kritisches
bekannt: *Ich sage* (in der Musik) *etwas, was der Dichter nicht sagt, und frei-
lich wäre es besser, wenn ihm das Fehlende die Hauptsache gewesen wäre.*
Hölderlin lieferte in seinen drei Strophen eine Antithese: »Droben im
Licht« sind die Götter, in seligem Frieden und ewiger Klarheit, ohne
Schicksal. Und drunten dagegen existieren die Menschen, ruhelos, ihrem
Schicksal blind ausgeliefert, »wie Wasser von Klippe zu Klippe geworfen.«
Eine Synthese gibt es nicht. Dafür höchstens eine fatalistische Perspektive.
Brahms setzt nun hinter die beiden Antithesen Hölderlins in seiner Musik
eine viel umrätselte Synthese: Er tut dies in einem Orchesternachspiel, ei-
nem instrumentalen Adagio. Die Lösung fand er nach verschiedenen Ver-
suchen, in denen zum Beispiel der Chor noch einmal die ersten beiden
Hölderlin-Textzeilen singen sollte.

Die Komposition, die im Mai 1871 in Baden-Baden entstand, nachdem
Brahms schon 1868 in Oldenburg auf die Hölderlin-Verse gestoßen war
und erste Skizzen gemacht hatte, folgt zunächst mit erstaunlicher tonma-
lerischer Intensität den Versen des Dichters. Da ist zum einen am Beginn
die Welt der Götter (Langsam und sehnsuchtsvoll, 4/4, Es, *Ihr wandelt droben im Licht*). Dann folgt in jähem Kontrast die unruhevolle, unheilvolle
Welt der Menschen (Allegro, 3/4, c, *Doch uns ist gegeben*). Viele Phrasen
des knappen Hölderlin-Textes wurden hier wiederholt, um »Raum« für

ausgeführte, hoch dramatische Musik zu gewinnen, in der das Orchester
eine wichtige Rolle spielt.

Chor unis.

Doch uns ist ge - ge - ben.

Und endlich der Brahms-Kommentar im Orchesternachspiel (Adagio, 4/4,
C): Der Komponist greift auf die Orchestereinleitung des Beginnes zurück,
mit wundervoll verklärender Musik: Seiner versöhnenden Trost-Gebärde.
Um dieses Nachspiel ist viel gerätselt worden. Wird da die menschliche
Zerrissenheit verklärt, ist das die Vision eines ewigen Friedens, der ir-
gendwann auch den Menschen zuteil wird? Oder wird ganz einfach auf die
»erlösende« Kraft der Tonkunst gesetzt? Eduard Hanslick, der Brahms-
Verehrer, meinte jedenfalls klug, dieses Adagio »spricht aus, was sich in
Worte nicht mehr fassen läßt; ein merkwürdiges Gegenstück zu dem um-
gekehrten Vorgang in Beethovens Neunter Symphonie.« Der Komponist
war sich in diesem Fall seiner Sache durchaus nicht sicher. So teilte er
dem Bremer Domkapellmeister Reinthaler brieflich mit: *Der Chor
schweigt im letzten Adagio. Es ist eben – ein dummer Einfall oder was Du
willst, aber es läßt sich nichts machen. Ich war schon so weit, daß ich dem
Chor was hingeschrieben hatte, aber es geht ja nicht. Es mag so ein mißlun-
genes Experiment sein, aber durch solches Aufkleben würde ein Unsinn herauskommen.* Nach der Uraufführung am 18. Oktober 1871 in einem Konzert des Philharmonischen Vereins Karlsruhe, das Brahms aus dem Manuskript dirigierte, reagierte er beinahe erstaunt: *In Karlsruhe hat das
Ding merkwürdigen Eindruck gemacht.*

Triumphlied D-Dur op. 55

Besetzung: Solo (Bar); 2 4stgemCh (Doppelchor); 2 Fl, 2 Ob, 2 Kl, 2 Fg, Kfg;
4 Hr, 3 Trp, 3 Pos, Tb; Pk; Str (Orgel ad lib)
Text: Bibel (Geheime Offenbarung, Apokalypse)
Aufführungsdauer: 30'. Erschienen: 1872, Simrock (GA: Bd. XVIII, Nr. 1)

In deutsch-nationalistischer Begeisterung hatte Brahms wenige Wochen
nach dem Beginn der Belagerung der französischen Hauptstadt durch
deutsche Truppen begonnen, an einem »Lied auf Paris« zu arbeiten. Ende
des Jahres 1870, nach der Schlacht von Sedan, wurde daraus die Idee eines »Te Deum«. Anfang 1871 sandte der Komponist an Reinthaler *den er-*

sten Chor von einem ›Triumphlied‹, dazu bemerkend, das sei eine seiner *politischen Betrachtungen über dies Jahr*. Im Sommer 1871 blieb die Arbeit am »Triumphlied« zunächst wegen der Komposition des so ganz anders gearteten »Schicksalsliedes« liegen, wurde aber, besonders auf Drängen Hermann Levis, im September beendet. Ursprünglich trug das Werk den Untertitel »Auf den Sieg der deutschen Waffen« und war dem Kaiser des deutschen Reiches und Bismarck gewidmet, wurde an anderer Stelle auch nur »Bismarck-Lied« genannt. Am Ende aber versah Brahms die Druckpartitur diplomatischerweise mit einer ergebenen Huldigungs-Widmung an Kaiser Wilhelm I. Die erste Aufführung des 1. Satzes im Bremer Dom am 7. April 1871 unter Brahms' Leitung war noch angekündigt als »Geistliches Konzert zum Andenken an die im Kampfe Gefallenen«. Die Uraufführung der kompletten Komposition fand am 5. Juli 1872 im Hoftheater zu Karlsruhe unter Hermann Levi statt. Julius Stockhausen sang die Solo-Partie.

Es gibt nur wenige Werke, in denen Brahms sich so unmittelbar vom Zeitgeschehen anregen ließ. Früher geschah das schon einmal im Zusammenhang mit dem deutsch-dänischen Krieg von 1864. Da entstanden in Hamburg die Lieder für vierstimmigen Männerchor op. 41 auf Texte von Carl Leucke. Unter ihnen solche mit »militärischen« Titeln wie »Freiwillige her«, »Was freut einen alten Soldaten?« oder »Marschieren«. In Kopenhagen hat Brahms übrigens noch einige Jahre später öffentlich solche scharfmacherischen Töne verbreitet und damit die Dänen so verletzt, daß Freund Stockhausen sich entschloß, dort Lieder von Brahms lieber nicht zu singen.

Musikalisch zeigt das »Triumphlied« Brahms als nun sicher gewordenen Meister des vollklingenden Orchestersatzes, der für die stolzen Siegesgesänge gern auf Händelsche Klangfakturen zurückgreift. So im hymnischen *Halleluja des 1. Satzes* (Lebhaft und feierlich, 4/4, D, Doppelchor). Händelisch geben sich auch die punktierten Rhythmen des *2. Satzes* (Mäßig belebt, 3/4, G, Doppelchor, *Lobet unsern Gott*). Der *3. Satz* (Lebhaft, 4/4, D-d, *Und ich sah den Himmel aufgetan*) beginnt mit dem Solo-Bariton, dem sich der Chor anschließt. Der *Schlußchor* (Feierlich, 4/4, D, Doppelchor, *Ein König aller Könige*) ist wiederum voll des Händelschen Pathos, macht klanglich durchaus nachdrücklich Effekt. Dem Anliegen dieser Musik gemäß hat Brahms auch besondere Bezüge hergestellt: Im Thema des ersten Teiles verbirgt sich die Melodie des »Heil Dir im Siegerkranz«. Und ein wichtiges Thema des zweiten Satzes klingt an an den Anfang des Chorals »Nun danket alle Gott«.

Dieses merkwürdige Werk mit seinem Hurra-Patriotismus, das umfänglichste dieser Art bei Brahms, stand bei ihm selbst nicht lange in

Gunst. Er hat es zwar noch mehrfach selbst dirigiert, nannte es aber bald sein *Ungetüm*, sein *Schreistück*, den *Kaiserschmarrn*. Auch die Begeisterung an dieser Arbeit hielt nicht allzulange vor. Immer wieder drängten sich ihm andere eigene Arbeiten, so eben das »Schicksalslied« nach Hölderlin, in den Vordergrund. In ihm spielten – durchaus auch aktuell gesehen – Gedanken an die Leiden der Menschen, ihr schreckliches Sterben (im Krieg!) eine Rolle.

Nänie op. 82

Widmung: Frau Hofrat Henriette Feuerbach zugeeignet
Besetzung: 4stgemCh (S,A,T,B); 2 Fl, 2 Ob, 2 Kl, 2 Fg; 2 Hr, 3 Pos; Pk,
Hrf (möglichst mehrfach besetzt); Str.
Text: Friedrich Schiller
Aufführungsdauer: 14'. Erschienen: 1881, C. F. Peters (GA: Bd. XIX, Nr. 3)

Auf das Schiller-Gedicht »Nänie«, einen großen, mythologischen Klagegesang, wurde Brahms bereits 1875 aufmerksam. Aber damals kam es nicht zur Vertonung, denn es gab bereits eine von Hermann Goetze. Fünf Jahre später, als er aus Anlaß des Todes des Maler-Freundes Anselm Feuerbach (im Januar) einen geeigneten Text für eine Komposition suchte, fielen ihm die Schiller-Verse erneut ein, zumal die Worte »Siehe, da weinen die Götter, es weinen die Göttinnen alle« und »Daß das Schöne vergeht, daß das Vollkommene stirbt. . .« Die Komposition wurde im Sommer 1881 in Preßbaum bei Wien vollendet. Brahms widmete sie der Mutter Feuerbachs. Er wollte damit, wie er ihr schrieb, seine Musik mit dem Namen des Sohnes verbinden.

Die Grundstimmung dieser Musik ist wiederum traurig, aber doch voll des charakteristischen Brahmsschen Trostes. Andante, 6/4, D-Dur beginnt die Musik festlich-milde. Dann setzt der Chor in streng figuriertem Satz ein: *Ach, das Schöne muß sterben.* Die Entwicklung führt weiter aus dem hellen D-Dur in strahlend leuchtendes Fis-Dur: Die Meeresgöttin Thetis steigt aus den Fluten, um ihren gefallenen Sohn Achilles zu beklagen, mit dem das Schöne verging und das Vollkommene starb:

Aus dem satten Fis-Dur-Chorklang kehrt die Musik endlich nach D-Dur

zurück: *Auch ein Klaglied zu sein im Mund des Geliebten ist herrlich.* Der
leicht kontrapunktisch gehaltene Satz fächert sich auf zu farbig differen-
ziertem a cappella-Klang um das Textwort »herrlich«. Das erinnert an die
Schlüsse der langsamen Sätze im Requiem, aber auch an die 3. Sinfonie.

Gesang der Parzen op. 89

Widmung: Dem Herzog Georg von Sachsen-Meiningen
Besetzung: 6-stimmiger gemCh (S, 2 A, T, 2 B); Pic, 2 Fl, 2 Ob, 2 Kl, 2 Fg, Kfg;
4 Hr, 2 Trp, 3 Pos, Btb,; Pk; Str
Text: Johann Wolfgang von Goethe (Schluß des 4. Aktes von »Iphigenie auf
Tauris«)
Aufführungsdauer: 14'; Erschienen: 1883, Simrock (GA: Bd. XIX, Nr. 4)

Im Sommer 1882 schrieb der neunundvierzigjährige Brahms in Bad Ischl
dieses letzte chorsinfonisch-kantatenhafte Werk. Sein Biograph Kalbeck
berichtet, daß ihn die »Iphigenie«-Darstellerin Charlotte Wolter am Wiener Burgtheater dazu angeregt habe. Das Manuskript ging an Freund Billroth mit dem scherzhaften Bemerken, auf die die Lebensfäden spinnen-
den und abschneidenden Parzen bezogen: *Es geht Dich ein wenig besonders an – es wird ja mit Schere und Faden gearbeitet!* Möglicherweise
wollte Brahms mit diesem Werk zu den Schiller-Versen der »Nänie« nun
noch einmal ein Goethesches Pendant haben. Im Umkreis dieses Werkes
entstanden vor allem heitere Kompositionen. Der »Gesang der Parzen«
wirkte da wie ein »Außenseiter«. Zum anderen rundet der Komponist mit
ihm ein Dreigestirn klassisch-antiker chorsinfonischer Werke, zusammen
mit dem »Schicksalslied« (Hölderlin) und der »Nänie« (Schiller). Der
Grundton ist ernst, die Tonart d-Moll; das Stück erinnert an die »Tragische
Ouvertüre«, die ja auch für das Burgtheater entstand. »Gewiß ist es ein ge-
faßter Trauergesang auf das gesamte Menschengeschlecht im Sinne des
antiken Schicksalsgedankens – es verkündet aber, an die Linie Requiem,
Alt-Rhapsodie, Schicksalslied, Nänie anknüpfend, den gefestigten Stand-
punkt eines reifen Künstlers, der durch beispielhafte Verallgemeinerung
zu realistischem Ausdruck gelangt« (Walther Siegmund-Schultze).

Einer 19taktigen, dramatisch gespannten Orchestereinleitung (Maestoso, 4/4, d) folgt der Chor, der in dreistimmigem Satz Männer- und
Frauenstimmen einander folgen läßt, in feierlich-anapästischem Metrum:
»Es fürchte die Götter das Menschengeschlecht! Sie halten die Herrschaft
in ewigen Händen und können sie brauchen, wie's ihnen gefällt«:

Maestoso

Es fürch-te die Göt- ter das Men-schen-ge-schlecht

Der Gesang wird aus dem Thema der Einleitung gewonnen. Das erklingt noch einmal mit äußerster Kraft und führt in den nun sechsstimmigen, majestätischen Gesamtchor. Mit ernster, intensiver Tonmalerei wird der Text gedeutet: Der Bericht von den Menschen, die »in nächtliche Tiefen« gestürzt werden und dort »vergebens harren, im Finstern gebunden«, während die Götter »bleiben in ewigen Festen an goldenen Tischen. Sie schreiten vom Berge zu Bergen hinüber...«. Ein D-Dur-Seitensatz klingt in seligem A cappella. Dann kehrt der Anfang wieder. Leise verklingt die Coda.

Gestalterisch war eine Schwierigkeit zu überwinden: Die Goetheworte werden original von der Priesterin vorgetragen. Bei Brahms singt ein Chor.

Die Uraufführung dirigierte Brahms am 10. Dezember 1882 im Baseler Musiksaal aus dem Manuskript.

Vier Gesänge für Frauenchor op. 17

Besetzung: FrCh (2 S, A); 2 Hr, Hrf
Text: Friedrich Ruperti (1), William Shakespeare <Aus »Was ihr wollt«> (2),
Joseph von Eichendorff <»Aus dem Leben eines Taugenichts«> (3),
Ossian: Fingal <deutsch: Gottfried Herder> (4)
Aufführungsdauer: 16'. Erschienen: 1861, Simrock (GA: Bd. XIX, Nr. 7)

Die vier Stücke entstanden Anfang 1860 in Hamburg. Der siebenund-zwanzigjährige Brahms, noch immer ein junger Schwärmer, hat sie für seine Frauenchöre in Detmold und Hamburg geschrieben. Ihm lag sehr an einfacher Ausführbarkeit. So hat ihm ein Orchestergewand für die Nr. 4 am Ende auch nicht gefallen. Das erste Lied (Adagio, con molto espres-sione, C, *Es tönt ein voller Harfenklang*) wirkt mit Hörnerruf und Harfen-rauschen wie ein Vorspiel, aus dem sich der schlichte, aber auch zu elegi-scher Chromatik gesteigerte Gesang der drei Frauenstimmen sanft her-vorhebt. Das zweite Lied (»Lied von Shakespeare«, Andante, 2/4, Es, *Komm herbei, komm herbei, Tod*) ist schlicht zweistrophig. Hörner und Harfe wechseln mit punktierten Einwürfen ab. Größer angelegt wurde das dritte Lied (»Der Gärtner«, Allegretto, 6/8, Es, *Wohin ich geh' und schaue*), vor allem mit wirkungsvoll gesteigertem Schluß. Das vierte Lied (»Gesang aus Fingal«, Andante, 2/4, c, *Wein' an dem Felsen der brausenden Winde)* setzt Hörner und Harfe nicht nur illustrierend ein. Sie legen den daktylischen Rhythmus fest, der sich oft für tragisch-balladeske Musik bei Brahms findet. Im As-Dur-Mittelteil grundieren dissonierende Horn-Töne den zarten A cappella-Gesang. Dann folgt der veränderte, zudem reich begleitete erste Teil wieder und führt zu leise verklingendem C-Dur.

Zur Uraufführung dirigierte Brahms am 15. Januar 1860 in Hamburg seinen dortigen Frauenchor.

CHORWERKE A CAPPELLA UND MIT INSTRUMENTEN

Die *Sieben Marienlieder op. 22* (in der Fassung für gemischten Chor 1862, Rieter-Biedermann, GA: Bd. XXI, Nr. 1) wurden zunächst von Brahms für seinen Hamburger Frauenchor 1859 komponiert. 1861 bot er sie seinem Verleger in der Besetzung für gemischten Chor an. Aufführungsdauer: 19'. Besetzung: 4stgemCh

Texte und Melodien entstammen alten Volks- und Kirchenliedern. Nr. 1: *Der englische Gruß* (Niederrheinisches Volkslied, Con moto, 3/4, Es, *Gegrüßet Maria, du Mutter der Gnaden*) ist sechsstrophig. Die letzte Strophe wird im Tempo verlangsamt und ist imitatorisch angelegt. *Nr. 2 Marias Kirchgang* (Rheinisches Volkslied, Andante con moto, 4/4, es, *Maria wollt zur Kirche gehn*) ist ein viertaktiges Lied mit 6 Strophen. Der Baß wird nur klangmalerisch zur Imitation des Glockengeläutes eingesetzt, wenn Maria entschlossen ist, sich lieber ins Wasser zu stürzen, als sich dem verliebten Fährmann hinzugeben. *Nr. 3 Marias Wallfahrt* (nach einem niederrheinischen Geißlerlied, Con moto, 4/4, c, *Maria ging auswandern*) wurde in bewußter Anlehnung an ein älteres deutsches Chorlied gestaltet, die letzte Strophe in strenger Bar-Form gesetzt. Mensurale Mehrstimmigkeit durchbricht das starre Taktschema. *Nr. 4 Der Jäger* (Volkslied, Allegro ma non troppo, 4/4, G, *Es wollt gut Jäger jagen*): In 7 Strophen wird dargestellt, wie ein Engel bei der Verkündigung das Horn bläst. Mit eigener Melodie in den Strophen 3-5. Das Ganze hat den Charakter eines munteren Jagdliedes. *Nr. 5 Ruf zur Maria* (Volkslied aus dem 16. Jahrhundert, Poco adagio, 6/4, B, *Dich, Mutter Gottes, ruf wir an*): Nach Art eines Wallfahrerliedes gestaltet. Nach erster und letzter Zeile jeder Strophe folgt der litaneiartige Ruf: *Bitt' für uns, Maria!*. *Nr. 6 Magdalena* (Volkslied, Poco lento, 4/4, g, *An dem österlichen Tag*) ist in knappen 8 Takten angelegt. *Nr. 7 Marias Lob* (Niederrheinisches Volkslied, Allegro, 4/4, Es, *Maria, wahre Himmelsfreud'*) beginnt in jeder Strophe 4/4, geht dann nach altem volkstümlichem Tanzbrauch zum 3/4-Takt über. Brahms dirigierte den 2. Chor zum ersten Male am 17. 4. 1864 in Wien.

Die *Zwei Motetten op. 29* wurden 1860 vollendet. Nr. 2 ist eines der frühesten Chorwerke des Komponisten und war schon 1857 entstanden. Erschienen: 1864, Breitkopf & Härtel (GA: Bd. XXI, Nr. 2). Aufführungs-

dauer: 18'. Besetzung: 5stgemCh (S, A, T, 2 B <in Nr. 2, 3. Satz auch 2 A>).
Die *1. Motette, Es ist das Heil uns kommen her* wurde auf die erste Strophe
eines alten Kirchenliedes von Paul Speratus komponiert. Die Melodie erscheint zunächst in vierstimmigem Choralsatz (4/4, E). Der folgende Alle-
gro-Teil (alla breve, A) bringt in einer »Fuga à 5« abschnittsweise Durchi-
mitation des Cantus firmus.

Großräumig, an Bachs Motettenpraxis mit mehreren in sich geschlossenen Teilen orientiert, ist die *2. Motette, Verwirf mich nicht von deinem
Angesicht.* (Text: Psalm 51, Vers 12-14). Satz zwei (Andante, espressivo,
4/4, g) wird streng vierstimmig fugiert. Es folgt ein ungewöhnlicher zweistimmiger Kanon im Abstand einer Septime.

Erstmals ist eine Aufführung für den 17. April 1864, in einem Brahms-
abend der Wiener Singakademie, nachzuweisen.

Op. 37, Drei geistliche Chöre für Frauenchor a cappella, entstand zwischen
1859 (Nr. 1 und 2) und 1863 (Nr. 3). Besetzung: 2 S, 2 A (Sopran- und Alt-
solo in Nr. 3). Aufführungsdauer: 6'. Erschienen 1865, Rieter-Biedermann,GA: Bd. XXI, Nr. 14. Die ersten beiden Sätze brachte Brahms am 19.
September 1859 in der Hamburger St. Petri-Kirche vor geladenem Publikum mit seinem Hamburger Frauenchor zur Uraufführung. Der *1. Satz*
(Moderato espressivo, alla breve, *O bone Jesu*), ein Gebetstext nach Lukas
und Petrus, ist ein Musterbeispiel komplizierter satztechnischer Anlage.
Brahms notierte: »Canone, per arsin et thesin, et per motus contrarium.«
Das heißt: Die Folge der Kanons wird so angelegt, daß die Beantwortung
immer auf der leichten Taktzeit (Thesis) einsetzt, während das Thema zuvor auf der schweren Takzeit (Arsis) begann. Der Abstand der Einsätze er-
fordert also eine Taktzeit. Der *2. Satz* (Allegro, alla breve, a, *Adoramus te*),
auf Antiphon-Texte der Passionszeit, ist als Kanon mit paarigen Einsätzen
gearbeitet. Der *3. Satz* (Allegro, 4/4, F, *Regina coeli*) auf den Text der Ma-
rianischen Antiphon zur Osterzeit stellt dem Chor-Tutti je eine hohe und
eine tiefe Frauenstimme als Solisten gegenüber. Die Soli bilden einen
strengen Kanon in Gegenbewegung, der Tutti-Chor gliedert in schlichtem
Satz mit dem *Alleluja* nach jeder Zeile.

Eine erste nachgewiesene Aufführung des *op. 30, Geistliches Lied (Laß
dich nur nichts dauren)* auf einen Text von Paul Flemming (1660) fand am
2. Juli 1865 in der Chemnitzer St. Jacobi-Kirche statt. Besetzung: 4st-
gemCh, Orgel (Klavier). GA: Bd. XX, Nr. 2. Erschienen 1864, Breitkopf &
Härtel, Aufführungsdauer: 6'.

1856 erhielt Joachim das Werk mit der Bitte um Korrekturen. Die Musik besteht aus Doppelkanons im Intervall der Unternone. Sopran und Alt

werden mit einem Takt Abstand von Tenor und Baß imitiert. Das Ganze ist dreiteilig und hat zwei Rahmenteile. Voran geht ein 8-taktiges Orgelvorspiel, und ein 15-taktiges *Amen* über einem Orgelpunkt bildet den Schluß.

Die *Drei Gesänge für sechsstimmigen Chor a cappella, op. 42* sind zwischen 1859 und 1860 entstanden. Brahms hat die ersten beiden Nummern am 17. April 1864 mit dem Chor der Wiener Singakademie im Saal der Wiener Gesellschaft der Musikfreunde zur Uraufführung gebracht. (Erschienen: 1868, Crantz. GA: Bd. XXI, Nr. 6. Aufführungsdauer: 10')

In stimmungsvollem Nebeneinander von melodischen und harmonischen Elementen des 16. und 19. Jahrhunderts präsentiert sich das *Abendständchen (Nr. 1)* auf Worte Clemens Brentanos (Langsam, alla breve, g-G, *Hör, es klagt die Flöte*). *Vineta (Nr. 2)* hat einen Text aus Wilhelm Müllers »Volksharfe« (Con moto, 3/8, H, *Aus des Meeres tiefem, tiefem*). Der gemischtchörigen Fassung ging hier ein Satz für vierstimmigen Frauenchor voraus. In lyrisch großer Geste, im Barcarolen-Rhythmus des Wellenschlages entsteht ein romantisches »Meerstück«. *Darthulas Grabgesang* (Nr. 3) ist eine Ossian-Vertonung in der deutschen Herderschen Fassung (Moderato, ma non troppo, alla breve, g, *Mädchen von Kola, du schläfst*). Das ist ein dreiteiliger, dramatischer Klagegesang. Der G-Dur-Mittelteil zeichnet kontrastierend das sanfte Bild der erwachenden Natur.

Zwischen 1859 und 1860 entstanden in Hamburg und Detmold die *Zwölf Lieder und Romanzen für vierstimmigen Frauenchor a cappella oder mit willkürlicher Begleitung des Pianoforte op. 44.* Sie erschienen 1866 bei Rieter-Biedermann. Aufführungsdauer: 18'. GA: Bd. XXI, Nr. 15. Erste Aufführungen einzelner Nummern sind für Januar 1861 in Hamburg durch Brahms und seinen Hamburger Frauenchor nachgewiesen. Ein buntes Programm von Gesängen im Volkston läßt die Freude ahnen, die der Komponist hatte, da er den Silberklang der frischen Frauenstimmen zu nutzen wußte. *Nr. 1 Minnelied* (Text: J. H. Voss, Con moto, 3/8, E, *Der Holdseligen sonder Wank*). *Nr. 2 Der Bräutigam* (Text: Joseph von Eichendorff, Allegro, 6/8, Es, Von allen Bergen nieder). Nr. 3 Barcarole (Text: unbekanntes italienisches Volkslied, Allegretto grazioso, 6/8, E, *O, Fischer auf den Fluten, Fidelin*), für Vorsänger und Chor. *Nr. 4 Fragen* (Text: Slawisches Volkslied, Sehr lebhaft und rasch, 6/8, C, *Wozu ist mein langes Haar mir dann*), ein variiertes Strophenlied. *Nr. 5 Die Müllerin* (Text: Adalbert von Chamisso, Allegro, 6/8, c, *Die Mühle, die dreht ihre Flügel*) in vier melodisch gleichen, aber verschieden gesetzten Strophen. *Nr. 6 Die Nonne* (Text: Ludwig Uhland, Andante, 4/4, g, *Im stillen Klostergarten*) – Eine Nonne wird in der Mondnacht unter dem Madonnenbild mit dem verstorbenen Geliebten vereint. Nr. 7-10 *Vier Lieder aus dem Jungbrunnen* (Text: Paul Heyse, Nr. 7: Allegro, 3/8, fis, *Nun stehn die Rosen in Blüte*, Nr. 8: Andantino, 2/4, a, *Die Berge sind spitz*, Nr. 9: Angenehm bewegt, 6/8, A, *Am Wildbach die Weiden*, Nr. 10: Andante, 3/4, e, *Und gehst du über den Kirchhof*). Nr. 11 *Die Braut* (Text: Wilhelm Müller, Andante espressivo, 3/2, d, *Eine blaue Schürze*). Nr. 12 *Märznacht* (Text: Ludwig Uhland, Poco Allegro, 6/4, b, *Horch, wie brausend*) schildert die Entfesselung der Naturgewalten einer stürmischen Märznacht im Quintkanon mit paarigen Einsätzen.

Sieben Lieder für gemischten Chor a cappella op. 62: Komponiert um 1854, erschienen 1874, Simrock, GA: Bd. XXI, Nr. 7, Aufführungsdauer: 11'. Erste Aufführung von Nr. 2-4 am 8. 11. 1874 in Wien unter der Leitung von Brahms.

In diesem Zyklus steht einer der beliebtesten Brahms-Chöre, *Nr. 3 Waldesnacht* (Text: aus dem »Jungbrunnen« von Paul Heyse, Etwas langsam, 4/4, D, *Waldesnacht, du wunderkühle*). Naturreflexion und Stimmung lassen es Schumanns Sololied »Mondnacht« ebenbürtig erscheinen. Zugleich finden wir strenge Formgestaltung, die auch den Kanon einbezieht. *Nr. 1 Rosmarin* (Text aus: Des Knaben Wunderhorn, Gehend, 3/4, g, *Es wollt die Jungfrau früh aufstehn*); *Nr. 2 Von alten Liebesliedern* (Aus: Des Knaben Wunderhorn, Lebhaft, 4/4, D, *Spazieren wollt' ich reiten*) – Die strophische Anlage mit Refrain wird hier durch eine Wechselrede unterbrochen und gerät so zur anmutigen Chorballade. *Nr. 4 Dein Herzlein mild, du liebes Bild* (Text: Paul Heyse, Andante grazioso, 3/4, A*). Nr. 5 All meine Herzgedanken* (Text: Paul Heyse, Con moto, 4/4, F) – den Madrigalsätzen des 16. Jahrhunderts nahestehend, mit kunstvollem, hoch polyphonem Mittelteil. *Nr. 6 Es geht ein Wehen* (Text: Paul Heyse, Ziemlich langsam, 4/4, e) – strophische Variationsform von romantischer Ausdrucksdichte. *Nr. 7 Vergangen ist mir Glück und Heil* (Text: Altdeutsch, nach Franz L. Mittler, Andante, alla breve, d) – Notierung in altertümlich langen Notenwerten.

Zwei Motetten op. 74 für gemischten Chor a cappella, dem Musikforscher, Bach-Biographen und Brahms-Bewunderer Philipp Spitta gewidmet, wurden 1877 vollendet, zum Teil in über mehrere Jahre sich erstreckendem Arbeitsprozeß. Besetzung: gemCh (Nr. 1: S, A, T, B /2 S, A, T, 2 B / S A T B. – Nr. 2: S, A, T, B). Aufführungsdauer: 18'. Erschienen: 1878, Simrock. GA: Bd. XXI, Nr. 3

Es handelt sich um ernste Werke im Umkreis der 2. Sinfonie. »Einflüsse der älteren Volksmusik, die von den alten Niederländern über die Venezianer bis hin zu Bach reichen, verbinden sich mit der Formstrenge modernen Denkens, dem Ausdrucksstreben des Spätromantikers, getrieben von dem schmerzlichen Pessimismus des Menschen Brahms« (Kross). *Motette Nr. 1, Warum ist das Licht gegeben dem Mühseligen?* (Text: Hiob III, 20-23), bringt im 1. Satz (Langsam und ausdrucksvoll, 4/4, d) nach Bachschem Vorbild zweimal die Frage des gemarterten Menschen nach dem Sinn von Leid und Schmerzen. Im 2. Satz (Wenig bewegter, 6/4, F, *Lasset uns unser Herz*) erklingt ein Gruppenkanon. Im 3. Satz (Langsam und sanft, 4/4, C, *Siehe, wir preisen*) fällt langsam durchlaufende Achtelbewegung in den Stimmen auf. Der 4. Satz (Choral, 4/4, d, *Mit Fried und Freud ich fahr dahin*) schließt mit der Strophe eines Luther-Chorals im Stil Bachscher Choralsätze. *Motette Nr. 2, O Heiland, reiß die Himmel auf* (Text: Friedrich von Spee, David Gregor Corner im »Groß-Catholisch Gesangbuch«, 1631) bringt 5 Choralvariationen, in denen die durch die Stimmen wandernde Choralmelodie unverändert bleibt, einfacher Choralsatz und kontrapunktische Gestaltung wechseln.

Die erste Motette wurde am 8. Dezember 1878 in Wien uraufgeführt, die zweite erklang am 30. Januar 1880 in Hamburg zum ersten Male.

Die Fünf Gesänge für gemischten Chor a cappella op. 104 wurden im Sommer 1888 in Thun vollendet. Die Arbeit zog sich über mehrere Sommer hin. Der komplette Zyklus erklang zum ersten Male am 3. April 1889 in Wien unter Eusebius Mandyczewski. Erschienen: 1888, Simrock. Nr. 5 erschien in erster a-Moll-Fassung erst 1983 im VEB Deutscher Verlag für Musik, Leipzig. Aufführungsdauer: 15'. GA: Bd. XXI, Nr. 9.

Der Zyklus gehört zum Spätwerk Brahms' und erinnert in seiner resignierenden Haltung an die »Vier ernsten Gesänge« op. 121. *Nr. 1 Nachtwache I* (Text: Friedrich Rückert, Langsam, 4/4, h, *Leise Töne der Brust*) erscheint in dichter motivischer Arbeit. *Nr. 2 Nachtwache II* (Text: Friedrich Rückert, Feierlich bewegt, 3/2, Es, *Ruhn sie? rufet das Horn des Wächters*): Die Quarte abwärts *(Ruhn sie?)* und die antwortende aufwärts *(sie ruhn)* beherrschen die thematische Konstruktion des Satzes; er wurde bei Brahms' Beerdigung gesungen. *Nr. 3 Letztes Glück* (Text: Max Kalbeck, Ziemlich langsam, 2/4, f, *Leblos gleitet Blatt um Blatt*) – drei Melodiezeilen wechseln in den Stimmen und werden ständig von Oberstimmen überlagert. *Nr. 4 Verlorene Jugend* (Text: Nach dem Böhmischen von Josef Wenzig, Lebhaft, doch nicht zu schnell, 3/4, d, *Brausten alle Berge*): Strophe 1 und 3 bzw. Strophe 2 und 4 entsprechen sich, die erste jeweils in Moll, die zweite in Dur. Die Frage nach der verlorenen Jugend wird also am Ende in tröstlichem Dur vorgetragen! *Nr. 5 Im Herbst* (Text: Klaus Groth, Andante, 6/4, Es, *Ernst ist der Herbst*) – eingangs in Halbtönen sich bewegende Melodik korrespondiert zur Vorstellung vom Herbst, vom Sterben. Aber der Tod wird hier als Erfüllung des Lebens verstanden.

Fest- und Gedenksprüche op. 109

Besetzung: Achtstimmiger Chor a cappella (Chor I und Chor II je S, A, T, B).
Widmung: Carl Petersen, dem Bürgermeister von Hamburg.
Aufführungsdauer: 11'. Text: Psalm 22/5-6, Psalm 29/11 (deutsch, Nr. 1); Lukas
11/21 und 17 (Nr. 2); 5. Buch Mose 4/9 (Nr. 3)
Erschienen: 1890, Simrock. GA: Bd. XXI; Nr. 5.
Uraufführung: Während des Hamburger Musikfests in der Gewerbe- und Industrie-Ausstellung am 9. September 1889. Der auf rund 400 Sänger verstärkte
Cäcilienverein sang unter Julius Spengel in Anwesenheit des Komponisten.

In diesem a-cappella-Chorzyklus wie in den ein Jahr später vollendeten
Drei Motetten op. 110 griff Brahms noch einmal die großen Chortraditionen von Schütz bis Bach und Händel auf. Für diese Chöre hat er erneut
deutsche Bibelverse und geistliche Dichtungen selbst ausgewählt und zusammengestellt. Und wieder weisen Texte und Musik auf weit mehr als
geistliche Tatbestände. Spürte doch Brahms in seiner letzten Schaffensperiode immer schmerzlicher, daß seine großen Erwartungen in die Bismarcksche Reichsgründung »von oben« (Marx) illusionär waren.

So sind die klangprächtigen Fest- und Gedenksprüche wohl noch einmal als partiotisches Bekenntnis zu verstehen. Als Brahms die Stücke dem
Hamburger Bürgermeister als Dank für die Verleihung der Ehrenbürgerschaft seiner Heimatstadt überreichte und widmete, schrieb er dazu: *Es
sind drei kurze, hymnenartige Sprüche. . . , die geradezu für nationale Fest-
und Gedenktage gemeint sind und bei denen recht gern und gar ausdrücklich Leipzig, Sedan und Kaiserkrönung angegeben sein dürften*. In Klammern steht aber bezeichnenderweise dahinter: *Doch besser nicht!*

Bei genauerem Hinhören und bei näherer Textbetrachtung zeigt sich,
daß Brahms hier bei aller Festlichkeit mahnen, vielleicht sogar warnen
wollte. So hebt der *erste Chor* (Feierlich bewegt, 3/2, F, *Unsere Väter*) in
kunstvoll kontrapunktischem Satz am Ende nachdrücklich die Worte hervor: »Der Herr wird seinem Volk Kraft geben, der Herr wird sein Volk segnen mit Frieden«. Und im Mittelteil des *zweiten Chores* (Lebhaft und entschlossen, 3/4, C, *Wenn ein starker Gewappneter*) klingen in jäher Moll-Wendung, deklamatorisch akzentuiert, die Worte »Ein jeglich Reich, so es
mit ihm selbst uneins wird, das wird wüste, und ein Haus fället über das
andere.« Der *dritte Satz* schließlich (Froh bewegt, 3/4, F, *Wo ist ein so herrlich Volk?*) mahnt: »Hüte dich nur und bewahre deine Seele wohl, daß du
nicht vergessest der Geschichte, die deine Augen gesehen haben, und daß
sie nicht aus deinem Herzen komme alle dein Lebelang.«

Drei Motetten op. 110

Besetzung: Nr. 1 und Nr. 3 (zweichörig, je S, A, T, B), Nr. 2: 4stgemCh (S, A, T, B). Text: Nr. 1 Psalm 69/30, 2. Buch Mose 34/6-7. Nr. 2: Altes Kirchenlied. Nr. 3: Paul Eber (16. Jahrhundert)
Aufführungsdauer: 10', Erschienen: 1890, Simrock, GA: Bd. XXI, Nr. 4
Uraufführung: 15. Januar 1890, Hamburg, Leitung: Julius Spengel.

Aus den im Sommer 1889 in Bad Ischl vollendeten Motetten op. 110 klingt uns noch einmal die resignierende Haltung des »späten Brahms«, der sich aus der Öffentlichkeit zurückgezogen hat, entgegen. Die drei Werke bilden einen Zyklus: Zwei doppelchörige Sätze (Nr. 1: Andante con moto ed espressivo, 4/4, e, *Ich aber bin elend;* Nr. 3: Andante, 4/4, g-C, *Wenn wir in höchsten Nöten sein*) umrahmen einen homophon konzipierten schlichten vierstimmigen Choral (Con moto, 6/4, f, *Ach, arme Welt, du trügest mich ja*). In zum Teil herber Klangsprache, voll innigen Ausdruckes, aber auch mit energischem, klanglich geschärftem Gestus sind die beiden doppelchörigen Rahmen-Motetten gearbeitet: »Ich aber bin elend, und mir ist wehe« und, die Chorkunst der Bach-Zeit nachdrücklich beschwörend: »Wenn wir in höchsten Nöten sein«. Dieser Chorsatz, in Abschnitte mit wechselndem 4/4- und 3/4-Takt gegliedert, steht in g-Moll. Zum Schluß aber wendet sich die Entwicklung in einem Preisgesang des Lebens zu hellem C-Dur.

Dreizehn Kanons für Frauenstimmen op. 113

Brahms komponierte gern Vokal-Kanons. Er meinte, sie seien *freilich zum Singen, nicht zum Hören gedacht. - Ich möchte glauben, daß das häusliche Quartettsingen durch meine Arbeiten der Art nicht wenig wieder in Aufnahme gekommen ist. Das Gleiche möchte ich vom Kanonsingen wünschen.* Die 13 Kanons, die er unter der hohen Opuszahl 113 1891, 58-jährig, zusammenstellte, stammen aus mehreren Schaffensphasen. Einige wurden schon für den Hamburger Frauenchor geschrieben, einige stammen noch aus der Düsseldorfer Zeit. Erschienen sind sie 1891 bei C. F. Peters (GA: Bd. XXI, Nr. 16). Aufführungsdauer gesamt: 8'. Die Texte entstammen dem Volkslied, sind Verse von Goethe, Hoffmann von Fallersleben, Joseph von Eichendorff und Friedrich Rückert. Die meisten Stücke sind Kanons im Einklang (Nr. 1: *Göttlicher Morpheus,* Andante espressivo, 4/4, Goethe; Nr. 2: *Grausam erweiset sich Amor an mir,* Andante con moto, 4/4, Goethe;

207

Nr. 3: *Sitzt a schöns Vögerl*, Allegretto, 3/8, Volkslied; Nr. 4: *Schlaf, Kindchen, schlaf*, Andante, 2/4, Volkslied; Nr. 5: *Wille wille will, der Mann ist kommen*, Allegretto, 2/4, Volkslied; Nr. 7: *Wenn die Klänge nah'n und fliehen*, Andante con moto, 3/8, Eichendorff; Nr. 10: *Leise Töne der Brust*, Andante espressivo, 4/4, Rückert; Nr. 11: *Ich weiß nicht, was im Hain die Taube*, Andante con moto, 4/4, Rückert; Nr. 12: *Wenn Kummer hätte zu töten Macht*, Andante espressivo, 2/4, Rückert; Nr. 13: *Einförmig ist der Liebe Gram*, Poco andante, 3/4, Rückert). Nr. 6 (*So lange Schönheit wird bestehn*, Con moto, 4/4, Fallersleben) ist ein Kanon in der Gegenbewegung (zu 4 Stimmen). Nr. 8 (*Ein Gems auf dem Stein*, Risoluto, 3/4, Eichendorff) und Nr. 9 (*Ans Auge des Liebsten*, Andante, 3/4, Rückert) werden in der Unterquinte beantwortet (ebenfalls zu 4 Stimmen). Der Schlußkanon Nr. 13 (zu 6 Stimmen) ist besonders kunstvoll angelegt: Brahms ließ sich hier von dem berühmten Sommerkanon aus dem mittelalterlichen England anregen. Er legte einen vierstimmigen Kanon der vier Sopranstimmen im Einklang über einen davon unabhängigen zweistimmigen Kanon der beiden Altstimmen. Der vierstimmige Kanon nutzt dabei die a-Moll-Anfangsmelodie von Schuberts »Der Leiermann« aus dessen Zyklus »Winterreise«.

DAS SOLO-LIED

Brahms ist neben Schumann und Hugo Wolf der wohl bedeutendste Lied-Meister des 19. Jahrhunderts. Die Liedkomposition nimmt in seinem Schaffen einen zentralen Platz ein und zieht sich von den Liedzyklen op. 3 bis op. 121 durch sein ganzes schöpferisches Leben. Es sind rund 200 Solo-Lieder, 20 Duette und 60 Quartettlieder, dazu rund 100 bearbeitete Volkslieder. Sie reflektieren sein »künstlerisches Gewissen« (Siegmund-Schultze). Er geht aus vom Volkslied, von der strophischen Anlage, erweitert diese in der Nachfolge Schumanns und fügt den Brahmsschen Klaviersatz in seiner ganzen Fülle und Mannigfaltigkeit hinzu.

Am Beginn dieses gewaltigen Kunstlied-Werkes stehen die *Sechs Gesänge op. 3* (für Tenor oder Sopran und Klavier). Sie entstanden 1852-1853 in Hamburg und Göttingen und erschienen 1853 (Breitkopf & Härtel). GA: Bd. XXIII, Nr. 1. Brahms widmete sie Bettina von Arnim, der Witwe Achim von Arnims und Schwester Clemens Brentanos, die er in Düsseldorf bei den Schumanns kennengelernt hatte. Programmatisch sind sie in dieser Widmung, in der Wahl der Textdichter (Robert Reinick, Hoffmann von Fallersleben, Friedrich Bodenstedt, Joseph von Eichendorff), in dem deutlich werdenden Schumann-Einfluß, in der Technik des Klaviersatzes. Am innigsten wirkt sogleich *Nr. 1, Liebestreu* (Sehr langsam, 4/4, es, *O versenk dein Leid, mein Kind,* Robert Reinick). Das Bemühen um möglichst strenge Ausarbeitung fällt auf im Doppellied *Liebe und Frühling* (Nr. 3 und 4, *Wie sich Rebenranken schwingen / Ich muß hinaus, ich muß zu dir,* Moderato non troppo, 4/4, und Vivace con fuoco, 4/4, Fallersleben), in dem von Kanontechniken und sonoren Baß-Gegenstimmen reichlich Gebrauch gemacht wird. Bedeutend ist hier auch das wiederum in es-Moll stehende Lied Nr. 4 (*Weit über das Feld durch die Lüfte hoch,* Mit feurigem Schwung, 4/4, Friedrich Bodenstedt). »Die herbe kirchentonartliche Färbung, die zwischen Dur und Moll schwankende kräftige Kadenzierung, die drängenden Synkopen, vor allem der prächtig gesteigerte Schluß verraten den kommenden Meister, der sich von solcher Volkspoesie malerischer Prägung gern anregen läßt« (Siegmund-Schultze).

Ähnliches zeigt sich in den *Sechs Gesängen op. 6,* die, zur gleichen Zeit entstanden, den Schwestern Luise (Komponistin; Pianistin) und Minna Japha (Malerin) gewidmet wurden. Erschienen: 1853, Bartholf Senff, GA: Bd. XXIII, Nr. 2. Die Nr. 1, das *Spanische Lied (In den Schatten meiner Locken,* Paul Heyse, Allegretto, 3/4, a) reizt zum Vergleich mit dem Hugo-Wolf-Lied.

Die erste Gruppe von Meisterliedern, *Sechs Gesänge op. 7*, wurde 1851 bis 1853 in Hamburg komponiert. Gewidmet hat sie Brahms Albert Dietrich, einem Schumann-Schüler in Düsseldorf, mit dem er enge Freundschaft schloß. Erschienen: 1854, Breitkopf & Härtel, GA: Bd. XXIII, Nr. 3. Der für Brahms typische melancholische Volkston prägt sich aus, aber auch leidenschaftliche Bravour, etwa im Schlußlied, Ludwig Uhlands *Heimkehr* (Allegro agitato, 4/4, h, *O brich nicht, Steg, du zitterst sehr*). In Hamburg und Göttingen entstanden auch die *Acht Lieder und Romanzen op. 14*, die 1861 bei Rieter-Biedermann erschienen (GA: Bd. XXIII, Nr. 4). In ihnen klingt vor allem auch das Liebeserleben mit Agathe von Siebold, der Göttinger Professorentochter, nach. Die Texte entstammen alle dem alten deutschen Volksliedschatz. Inniger Volksliedton klingt in Nr. 1, *Vor dem Fenster* (Andante, 3/8, g, *Soll der Mond nicht heller scheinen*), mit elementarem Gegensatz von Moll und Dur, interessanter variabler Metrik. *Die Lieder Trennung, Gang zur Liebsten* und *Ständchen* sind offensichtlich Agathe gewidmet. Besonders innig und wehmütig klingt das Erinnern an sie aus dem As-Dur-Sonett *Ach könnt ich, könnte vergessen sie* (Nr. 4, Langsam, sehr innig, 3/4). Nr. 3, *Murrays Ermordung* (Schottisch, aus Herders »Stimmen der Völker in Liedern«, Con moto, 2/4, e) nimmt den in den Klavierstücken op. 10 eroberten Balladenton auf.

1858 wurden in Göttingen und Detmold die *Fünf Gedichte op. 19* geschrieben. Sie erschienen 1862 bei Simrock (GA: Bd. XXIII, Nr. 5). Die beiden Uhland-Texte *So soll ich dich nun meiden* (Nr. 2, Scheiden und meiden) und *Will ruhen unter den Bäumen* (Nr. 3, In der Ferne) sind als zusammengehörig gedacht, so daß der gleiche Themenkopf gesungen wird:

Besonders populär wurde der energische *Schmied* (Nr. 4, Uhland) mit seiner kräftigen Tonmalerei. Erstmals vertonte Brahms hier auch Eduard Mörike (*An eine Äolsharfe*, Nr. 5). 25 Jahre später wird Hugo Wolf in einem gleichfalls berühmten Lied eben diesen Text noch einmal vertonen.

Mit den wenige Jahre später (1864) vollendeten *Neun Liedern und Gesängen op. 32* fand der nun 31-jährige Brahms zur vollendeten Meisterschaft des gesanglichen Ausdrucks im Lied (Erschienen: 1865, Rieter-Biedermann. GA: Bd. XXIII, Nr. 6). Er wandte sich jetzt auch Texten Augusts von Platen zu, die ihn zu leidenschaftlicher Intensität inspirierten. Das wird sogleich im ersten Lied erkennbar: *Wie rafft ich mich auf in der Nacht* (Andante, 4/4, f) entlockt dem Klavier rauschenden Orchesterklang. Die melodischen Phrasen werden zwischen Stimme und Klavier kontrapunktisch verknüpft. Als Textautor tritt für Brahms erstmals der Goethe-Epigone Georg Friedrich Daumer auf den Plan. Dessen »wonnevolle Melancholie« scheint es ihm angetan zu haben. Ein Daumer-Lied nach Hafis (Nr. 9, *Wie bist du, meine Königin, durch sanfte Güte wonnevoll!* Adagio, 3/8, Es) dürfte trotz problematischer Textdeklamation zu Brahms' schönsten Gesängen zählen.

Die schöne Magelone op. 33

Zwischen 1861 und 1869 reifte auch die Komposition der 15 *Romanzen* (Magelone-Lieder) *op. 33*. Brahms hat sie dem Sänger-Freund Julius Stockhausen gewidmet. Der sang sie, von Brahms begleitet, am 4. April 1862 in einem Hamburger Philharmonischen Konzert zum ersten Male. Erschienen: 1865/1869, Rieter-Biedermann, GA: Bd. XXIII, Nr. 7.

Die Texte entstammen der »Wundersamen Liebesgeschichte der schönen Magelone und des Grafen Peter aus der Provence«, nacherzählt in den »Volksmärchen« des Peter Leberecht (Pseudonym für Ludwig Tieck) nach dem Volksbuch des Veit Warbeck vom Ende des 15. Jahrhunderts. Nicht zufällig hat Brahms hier – wie auch in seiner Instrumentalmusik – den Begriff der Romanze genutzt, der zu seiner Zeit bereits als Titel für Salonkompositionen ziemlich in Verruf geriet. Diese 15 Romanzen stehen gedanklich-musikalisch in engstem Zusammenhang. Es bleibt freilich die Schwierigkeit, den Ablauf der alten Geschichte stets gegenwärtig zu haben: Peter, ein tugendsamer Ritter aus der Provence, will die schöne Magelone, Königstochter aus Neapel, heiraten. Als Ritter ohne Namen gewinnt er ihre Zuneigung. Schließlich verrät er ihr seinen Stand und seine Abstammung. Die Liebenden fliehen vom Hofe zu Neapel, um sich der Aufforderung des Vaters Magelones zur Heirat mit jemandem, den sie aber nicht liebt, zu entziehen. Zufällig werden sie getrennt, finden nach mancherlei Gefahren aber wieder zueinander und leben dann glücklich vereint am Hofe in der Provence. Neuerdings hat man mit beträchtlichem Erfolg durch Schauspieler-Rezitationen aus dem Tieck-Roman zwischen den Brahms-Romanzen den äußerlichen Sinngehalt des Ganzen deutlicher zu machen versucht.

In festem musikalischem Gefüge stehen hier die Brahms-Gesänge von Liebe, Leid, Enttäuschung und endlicher Liebesfreude. Überwiegend wird in B-Tonarten musiziert und gesungen. Ein großer Bogen spannt sich vom Es-Dur des 1. Liedes (*Keinen hat es noch gereut*, Allegro, 3/4) zum Es-Dur des Schlußgesanges (*Treue Liebe dauert lange*, Ziemlich langsam,

4/4). Energische Sätze (Nr. 2, *Traun! Bogen und Pfeil sind gut für den Feind*, Kräftig, 3/4, c) oder im vorletzten Lied: *Wie froh und frisch mein Sinn sich hebt*, Lebhaft, e, 3/4) wechseln mit sehnsüchtigen Liedern, etwa dem prächtigen *Sind es Schmerzen, sind es Freuden* (Andante, 4/4, As). Ein feuriges orientalisches Liebeslied soll den Helden von seiner Liebe ablenken: »Sulima« (*Geliebter, wo zaudert dein irrender Fuß?* Zart, heimlich, 2/4, E, Nr. 13). Aber auch Verzweiflung kommt zu Wort in dem virtuosen *So tönet denn, schäumende Wellen* (Nr. 10, Allegro, 3/4, Es). Dazwischen steht volksliedhaft zarte Liedkunst (*Liebe kam aus fernen Landen*, Andante, 4/4, Des, Nr. 4). An dramaturgisch genau berechneten dramatischen Schwerpunkten weiten sich einzelne Romanzen zur kleinen Kantatenform, etwa Nr. 6 *Wie soll ich die Freude, die Wonne denn tragen?* (Allegro, 4/4, A).

Kein Zweifel: Dieser Romanzenzyklus gehört zu den bedeutendsten Liedzyklen des 19. Jahrhunderts.

Ein neuer Höhepunkt im Liedschaffen des Komponisten wurden die *Vier Gesänge op. 43*, 1866 abgeschlossen, 1868 bei Simrock erschienen. GA: Bd. XXIV, Nr. 1.

Hier findet sich Höltys *Die Mainacht* (Nr. 2, *Wann der silberne Mond durch die Gesträuche blickt*, Sehr langsam und ausdrucksvoll, 4/4, Es) und an erster Stelle *Von ewiger Liebe* (Text aus dem Wendischen, *Dunkel, wie dunkel in Wald und Feld*, Mäßig, 3/4, h). Schließlich ist Nr. 4 das berühmte *Lied vom Herrn von Falkenstein* (Allegro, Sehr kräftig, 4/4, c), das schon um 1857 in Detmold entstand. Die dem alten Volkslied nachempfundene Weise erklingt zunächst in barschem Unisono von Klavier und Stimme. In späteren Strophen erscheinen immer neue Veränderungen in Harmonik, im Wandel von Moll nach Dur. Genial wird der aufrührerische Trotz des alten Liedes in der Musik nachgezeichnet.

Ältere Stücke wurden in den 1868 erschienen *Vier Liedern op. 46* zusammengefaßt (GA: Bd. XXIV, Nr. 2). Hier findet sich an 4. Stelle die bezaubernde Hölty-Vertonung *An die Nachtigall* (*Geuß nicht so laut*, Ziemlich langsam, 4/4, E). *Fünf Lieder op. 47* erschienen ebenfalls 1868 bei Simrock, darunter als Nr. 15 Uhlands volksliedhaftes *Sonntag* (*So hab ich doch die ganze Woche*, Nicht zu langsam, 3/4, F). Wunderschöne volksliedhafte Vertonungen finden sich auch in den *Sieben Liedern op. 48*; sie sind leicht slawisch gefärbt. In den *Fünf Liedern op. 49* (1868 abgeschlossen, 1868 bei Simrock erschienen, GA: Bd. XXIV, Nr. 5) steht das berühmte *Wiegenlied* aus des Knaben Wunderhorn (*Guten Abend, gut Nacht*, Zart bewegt, 3/4, Es). Hier nutzte Brahms in der Begleitung die Melodie des Walzerliedes »Du moanst wohl, du glabst wohl, die Lieb laßt si zwinga« von Alexander Baumann.

Nach 1868 konzentrierte sich Brahms mehr auf große vokalsinfonische Arbeiten. Dennoch folgten bald neue Liedgruppen, in denen er immer wieder auch zeitlich früher Entstandenes einfügte. Eine wichtige Gruppe bilden die *Acht Lieder und Gesänge op. 59* (komponiert 1873 und früher, erschienen 1873, Rieter-Biedermann, GA: Bd. XXIV, Nr. 8). Da stehen an 3. und 4. Stelle »Regenlied« und »Nachklang« auf Texte von Klaus Groth. In ihnen wurde die für Brahms typische Stimmung gleichsam nebelverschleierter Wehmut durch melancholische Melodik und durch den Klavierpart als stärkste Stimmungskomponente eingefangen.

Die *Neun Lieder und Gesänge op. 63* bringen im 1. Heft vier Vertonungen von Texten Max von Schenkendorfs, zwei Felix Schumann- und drei Klaus Groth-Vertonungen. Auffallend hier, wie im Lied Erinnerung (*Ihr wunderschönen Augenblicke*, Innig, 3/4, C) die *Lieblichkeit der ganzen Welt* melodisch durch Anlehnung an den frohen Schlußsatz des Mozartschen g-Moll-Quintetts erreicht wird:

Auch die drei Klaus-Groth-Vertonungen am Ende: *Heimweh I, Heimweh II* und *Heimweh III*, sind eine aufeinanderbezogene Lied-Gruppe: Das innige *Wie traulich war das Fleckchen* (Zart bewegt, 2/4, G, Nr. 7) und das trauliche *Ich sah als Knabe Blumen blühn* (Nr. 9, Etwas Langsam, 2/4, A) umschließen das schwermütige Wogen des 8. Liedes (*O wüßt ich doch den Weg zurück*, Etwas langsam, 6/4, E). Der Zyklus ist 1873 bis 1874 entstanden, 1874 bei Peters erschienen. GA: Bd. XXIV, Nr. 9.

Wieder gab es in Brahms' Liedschaffen, wenn man von Duetten absieht, eine Pause. Die wichtige nächste Gruppe sind *Vier Gesänge op. 70*, 1877 abgeschlossen, erschienen 1879, Simrock, GA: Bd. XXV, Nr. 2. Hier herrschen schier impressionistische Farben. In den *Fünf Gesängen op. 72*, 1877-1878 entstanden, erschienen 1879, Simrock, GA: Bd. XXI, Nr. 4, fällt die Clemens Brentano-Vertonung *O kühler Wald* (Nr. 3, 3/2, As) durch seine kühne Harmonik besonders auf, ein zweiteiliges variiertes Strophenlied, in seiner nachdenklich-dunklen Stimmung an das Schubertsche Lied »Am Meer« erinnernd.

Nach einer Pause im Liedschaffen, während der Brahms Sinfonisches und Vokalsinfonisches komponierte, gibt es dann erneut eine Liedfülle, in drei Sammlungen gefaßt: *Fünf Romanzen op. 84, Sechs Lieder op. 85* und

Sechs Lieder für eine tiefere Stimme op. 86. Die fünf Romanzen op. 84 können auch von zwei Stimmen gesungen werden. Als Nr. 4 erscheint einer der beliebtesten Gesänge von Brahms, das *Vergebliche Ständchen* (*Guten Abend, mein Schatz, guten Abend mein Kind*, Lebhaft und gut gelaunt, 3/4, A), ein Meisterstück reizenden Humors und vollendet volksliedhafter Faktur:

Erschienen: 1882, Simrock; GA: Bd. XXV, Nr. 5.

Nach den letzten großen Orchesterwerken erscheinen die nächsten Lied-Gruppen op. 105 bis op. 107. Davon sind viele Lieder meisterhaft; ihr Stimmungsgehalt ist geprägt von zunehmender Wehmut und Resignation, damit gleichsam vorbereitend auf die letzten Klavier-Monologe. Mit Versen seines Landsmannes und Freundes Klaus Groth beginnen die *Fünf Lieder op. 105* (komponiert 1886-1888, erschienen 1888, Simrock, GA: Bd. XXVI, Nr. 1): *Wie Melodien zieht es mir leise durch den Sinn* (Zart, alla breve, A). Die Melodie erinnert an die zweite Violinsonate A-Dur op. 100. Nr. 2, auf einen Text Hermann Lings', erinnert seinerseits an das Solo-Cello im langsamen Satz des 2. Klavierkonzertes (*Immer leiser wird mein Schlummer*, Langsam und leise, alla breve, cis). Noch trüber wird die Stimmung in der Liliencron-Vertonung *Auf dem Kirchhofe* (*Der Tag ging regenschwer* Mäßig, 3/4, c). Brahms erinnert bei der Liedtext-Zeile *wie sturmestot die Särge schlummern* musikalisch an den Bach-Choral »Wenn ich einmal soll scheiden« und präzisiert so die Situation.

Unter den *Fünf Liedern op. 106*, entstanden zwischen 1885 und 1888 (erschienen 1888, Simrock, GA: Bd. XXVI, Nr. 2) steht an erster Stelle Franz Kuglers *Ständchen* (*Der Mond steht über dem Berge*, Anmutig bewegt, 4/4, G), in idyllisch-graziösem Serenadenton, mit Pizzikato-Imitationen des Klavieres. Ein sanfter Lichtblick oder besser ein Rückblick. Die *Fünf Lieder op. 107* (komponiert 1886-1888, erschienen 1888, Simrock, GA: Bd. XXVI, Nr. 3) sind noch einmal ausgesprochen volksliedhaften Charakters, ein heiter-wehmütiger Abschied des Komponisten von Liebe und Glück. Charakteristisch ist dafür das letzte Lied, das *Mädchenlied* (Paul Heyse, Leise bewegt, 3/8, h, *Auf die Nacht in den Spinnstubn*): »Spinnen, Singen, Hochzeitsgeläut, Bangen und Klagen, Tränen, Ratlosigkeit, Trost – alles klingt in diesem wundersamen Lied zusammen zum Gesang des einfachen Menschen in einer inhumanen Umgebung« (Walther Siegmund-Schultze).

Vier ernste Gesänge op. 121

Dieser Zyklus von Solo-Liedern (für Baßstimme) mit Klavier schließt das Solo-Liedschaffen von Brahms ab. Er widmete ihn dem Maler, Radierer und Bildhauer Max Klinger. Der 63-jährige Komponist hatte für diese Arbeit noch einmal Texte aus seinem »Hauptbuch«, der Bibel, ausgewählt (Prediger Salomon 3 und 4, Jesus Sirach 41, Korinther 13). Am 7. Mai 1896 – ein Jahr vor seinem Tode – zeigte er Max Kalbeck das Manuskript mit dem Bemerken, er habe es sich zu seinem Geburtstag komponiert. Als Clara Schumann Tage später, am 20. Mai, starb, sandte er diesen Zyklus als Totengabe für die lebenslange Freundin deren Tochter Marie zu. Das schon früher entstandene letzte Lied (Andante con moto ed anima, 4/4, As, *Wenn ich mit Menschen- und mit Engelszungen redete*) ist zum anderen offenbar eine Grabesspende für die andere »Seelenfreundin«, Elisabeth von Herzogenberg, die 1892 starb. In der Handschrift von Brahms findet sich zu diesem Teil ein Gottfried-Keller-Zitat: »Und im Quell badest du, eine Nixe im goldenen Haar.« Am Ende des Liedes schließlich erklingt zu den bekenntnishaften Bibelworten »Die Liebe ist die größeste unter ihnen« die Musik der Schlußphrase zum Wort »wonnevoll« aus dem Lied »Wie bist du, meine Königin, durch sanfte Güte wonnevoll«, das Brahms einst unter dem Eindruck seiner bezaubernden, damals 16 Jahre jungen Klavierschülerin Elisabeth von Herzogenberg geschrieben hatte.

Selbst schon von der Todeskrankheit gezeichnet, nahm der Komponist in dieser Musik Abschied vom Leben, von denen, die ihm lieb waren. Die »Vier ernsten Gesänge« greifen zurück auf die Heinrich Schütz-Tradition der »Kleinen geistlichen Konzerte«. So ist der *erste Gesang* (Andante, 4/4, d, *Denn es gehet dem Menschen wie dem Vieh*) ein dunkel-erhabener Trauermarsch mit zweimaligem heftigem Aufbegehren. Der *zweite Gesang* (Andante, 3/4, g, *Ich wandte mich und sahe*) und der *dritte* (Grave, 3/2, e, *O Tod, wie bitter bist du*) sind verbunden durch das absteigende Dreiklangsmotiv, das sich schon in der Passacaglia der 4. Sinfonie e-Moll als Todessymbol fand:

215

Brahms nannte seine Vier ernsten Gesänge selbst sarkastisch-ironisch *lustige Schnadahüpferln.* Er hatte ursprünglich auch an eine Orchesterfassung gedacht. Nach einer ersten Privat-Aufführung am 30. Oktober 1896 im Wiener Tonkünstlerverein fand die öffentliche Uraufführung am 9. November gleichen Jahres im Bösendorfer-Saal statt (erschienen 1896, Simrock, GA: Bd. XXVI, Nr. 4).

Es ist kein Zufall, daß etwa zur gleichen Zeit wie die Brahmsschen Ernsten Gesänge Hugo Wolfs Michelangelo-Lieder entstanden, und wenig später Gustav Mahler seine Kindertotenlieder schrieb. Gemeinsam ist ihnen die bange Frage nach dem Sinn von Leben und Sterben, der Zweifel an einer Gegenwart, in der Menschlichkeit zunehmend gefährdet erscheint.

VOLKSLIEDBEARBEITUNGEN

Brahms hat mehr als hundert Bearbeitungen von Volksliedern für Solo-Gesang mit Klavier, dazu etliche für Chöre und für mehrstimmigen Vokalsatz hinterlassen. Mit den Volksliedsammlungen von Grimm und Arnold, von Kretzschmer-Zuccalmaglio hat er sich lebenslang immer aufs neue beschäftigt. Schon auf einem Blatt des Sechzehnjährigen zeigt sich seine Liebe zum Volkslied. Dort deuten sich auch Grundstrukturen seiner Bearbeitungstechnik an: der schlichte akkordische Satz, der zweistimmige Hornsatz, dazu kunstvollere Begleitung durch Vor- und Nachspiel. Der Intonationsfond zumal des alten und neueren deutschen Volksliedes hat den Stil von Brahms' Kunstmusik im Vokalen wie Instrumentalen ebenso geprägt, wie deren Harmonik mit ihren plagalen und kirchentonartlichen Wendungen. Eine erste Sammlung solcher Volksliedbearbeitungen (als WoO 32 in der GA: Bd. XXVI, Nr. 5) sandte Brahms im Sommer 1858 an Clara Schumann und bemerkte dazu: *Meine Volksl. sieh nur nicht für mehr als die flüchtigsten Studien an, sonst würdest Du höchst unbefriedigt sein. Bei einigen geht Dir aber vielleicht eine Ahnung auf. Du solltest die Begleitung bessern! freier zu machen suchen!* Seine letzte Volksliedsammlung stellte der Komponist im Winter 1893/1894 in Wien zusammen. Sie enthält 42 Stücke für eine Singstimme mit Klavierbegleitung, dazu sieben für vierstimmigen Chor und Vorsänger. Etliche davon sind schon früher entstanden (Erschienen: 1894, Simrock, GA: als WoO 33, Bd. XXVI, Nr. 8).

»Das Volkslied ist die Seele der Brahmsschen Musik, das merken wir an der Liebe, mit welcher der Meister an ihm hängt, an der Ausdauer, die ihn über vier Jahrzehnte hindurch immer wieder auf dies Anliegen zurückkommen läßt.« (Siegmund-Schultze) Dabei ging Brahms in der Auswahl durchaus unkonventionell vor. Er bezog auch Melodien ein, bei denen die Komponisten feststanden. Sein Kommentar in solchen Fällen: *Keine Volksweise? Gut, so haben wir einen lieben Komponisten mehr und für diesen brauch ich nicht, wie für mich, bescheiden zu sein – meine eigenen Melodien zu solchen Texten habe ich (fast immer) zurückgehalten.*

Eine Sonderstellung nehmen die 15 *Volks-Kinderlieder für Singstimme und Klavier* ein, die Brahms 1857 in Düsseldorf ausarbeitete und den Kindern Robert und Clara Schumanns widmete (Erschienen 1858, Rieter-Biedermann, GA: als WoO 31 Bd. XXVI, Nr. 9). Hier verbanden sich seine Liebe zu den alten Gesängen und seine Kinderliebe aufs Glücklichste. Clara Schumann bedankte sich für die Lieder:»Ich muß dich aber bitten, geliebter Freund, schüttele nicht so alles, was ich Dir über die Volkslieder gesagt, herab auf die Lieder selbst. Man braucht sich ja doch nur einfach zu fragen, was sind die Lieder ohne Begleitung, was mit Deiner? Du selbst mußt ja am besten wissen, daß solche Begleitung, ein solches Aufgehen, solches Erfassen der Charakteristik eines jeden Liedes, ein solches inniges Ineinandergreifen von Melodie und Harmonie, oft in wunderbar feinen und zarten Zügen, wo man bald sich nicht mehr eines ohne das andere denken kann, kurz, daß nur ein Genie, ein Gemüt, das ganz Poesie und Musik ist, solches schaffen kann, und das bist Du, und weißt auch, daß Du's bist! Diese Überzeugung steht auf dem Grund meiner Seele, wie ein Fels unerschütterlich! Jetzt wirst Du wieder lächeln über meinen Enthusiasmus, wer aber schafft das anders als Du selbst mit Deiner Musik?«

ANHANG

Abkürzungen

A	Alt
acap	a cappella
att	attacca
B	Baß
Bar	Bariton
Bck	Becken
BTb	Baßtuba
Cel	Celesta
Ch	Chor
FCh	Frauenchor
Fg	Fagott
Fl	Flöte
GA	Brahms-Gesamtausgabe
gemCh	gemischter Chor
grTr	große Trommel
Hr	Horn
Hrf	Harfe
instr	instrumental
K	Entstehungszeit der Komposition
Kb	Kontrabaß
Kfg	Kontrafagott
Kl	Klarinette
Klav	Klavier
klTr	kleine Trommel
Ktb	Kontrabaß-Tuba

Ltg	Leitung
MCh	Männerchor
MS	Mezzosopran
NGA	Neue Brahms-Gesamtausgabe
Ob	Oboe
op.	Opus (Werknummer)
Org	Orgel
pic	Piccolo (kleine Flöte)
pizz	pizzicato
Pk	Pauke(n)
Pos	Posaune
S	Sopran
Sol	Solist(en)
Str	Streichinstrumente
T	Tenor
Tb	Tuba
Trgl	Triangel
Trp	Trompete
Vc	Violoncello
Vl	Violine
Vla	Viola (Bratsche)
Vle	Violen
WoO	Werke ohne Opuszahl

Tonarten: Dur- und Moll-Tonarten werden notiert: A oder A-Dur, a oder a-Moll

Literatur- und Quellenverzeichnis

GA: Sämtliche Werke. Ausgabe der Gesellschaft der Musikfreunde in Wien unter der Leitung von E. Mandycewski und H. Gal (26 Bände, Leipzig 1926-1929), Nachdruck Breitkopf & Härtel, Wiesbaden, 1964 ff.

NGA: Neue Ausgabe sämtlicher Werke (G. Henle-Verlag, München), erscheint ab 1996. Erschienen: Serie I, Band 1, 1. Sinfonie op. 68

Johannes Brahms, Thematisch-bibliographisches Werkverzeichnis von Margrit L. McCorkle (Henle-Verlag, München 1984)

Renate und Kurt Hofmann: Johannes Brahms – Zeittafel zu Leben und Werk (Hans Schneider, Tutzing 1983)

E. W. Müller von Asow (Hg.): Briefwechsel mit Mathilde Wesendonck (Wien 1943)

T. Avé-Lallemant: Rückerinnerungen eines alten Musikanten (Hamburg 1878)

Heinz Becker: Brahms (The New Grove, Metzler, 1993)

Otto Gottlieb Billroth: Brahms und Billroth im Briefwechsel (Berlin und Wien 1935)

Brahms – Briefwechsel (17 Bände, herausgegeben von der Deutschen Brahms-Gesellschaft Berlin 1908-1922, Nachdruck Tutzing 1974)

Marie Bülow (Hg.): Hans von Bülows Schriften und Briefe (8 Bde., Leipzig 1895-1908)

Hans Gál: Johannes Brahms, Werk und Persönlichkeit (Frankfurt a. M. 1961)

Karl Geiringer: Johannes Brahms (Wien 1934, Neuausgabe München 1984)

Mathias Hansen (Hg.): Brahms Briefe (Reclam, Leipzig 1983)

Eduard Hanslick: Aus meinem Leben (Berlin 1894)

Kurt Hofmann: Die Bibliothek von Johannes Brahms. Bücher und Musikalienverzeichnis (Hamburg 1974)

Max Kalbeck: Johannes Brahms (8 Bände, Berlin 1904-1914, Nachdruck in 4 Bänden, Tutzing 1976)

Georg Knepler: Musikgeschichte des XIX.Jahrhunderts (Bd. II., Henschel, Berlin 1961)

Berthold Litzmann: Clara Schumann – Johannes Brahms, Briefe aus den Jahren 1853-1896 (Leipzig 1927)

Hans Mayer: Ein Denkmal für Johannes Brahms. Versuche über Musik und Literatur (Frankfurt a. M. 1983)

Hans A. Neunzig: Johannes Brahms (Rowohlt Bildmonographien, Reinbeck 1973)

Hans A. Neunzig: Brahms, Eine Biografie, Wien und München, 1976

Alfred Orel: Johannes Brahms (Olten 1984)

Volquart Pauls: Briefe der Freundschaft. Johannes Brahms – Klaus Groth (Heide 1956)

Walther Siegmund-Schultze: Johannes Brahms, eine Biographie (VEB Deutscher Verlag für Musik, Leipzig 1966)

Richard Specht: Johannes Brahms. Leben und Werk eines deutschen Meisters (Hellerau 1928)

Kurt Stephenson: Brahms in seiner Familie. Der Briefwechsel (Hamburg 1973)

W. A. Thomas-San-Galli: Johannes Brahms (Piper München 1919)

J. V. Widmann: Erinnerungen an Johannes Brahms (Zürich 1980)

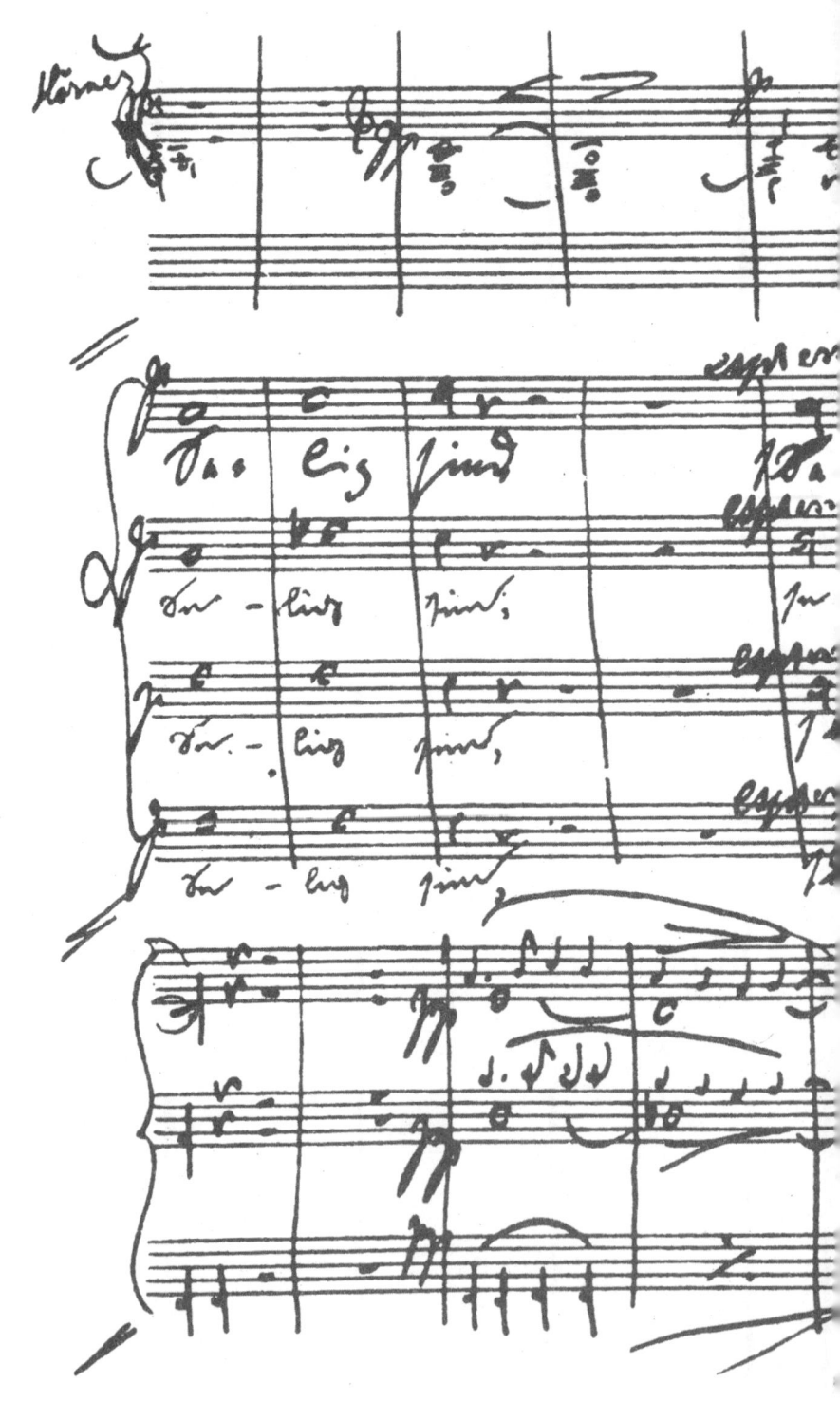